西方史纲

李筠 — 著

文明纵横 3000 年

前言

缘起

你好,我是李筠,欢迎来到《西方史纲》。

看到这本书的名字,你就知道了,这本书是我的"得到"课程《西方史纲50讲》的书稿。有了课,为什么还要有这本书呢?我想,音频课程和书还是有很大差别的。音频课程的容量有限,书可以谈得更自由一些,更从容一些。比如,很多同学都觉得一节课12分钟,意犹未尽,确实,很多我已经写好的内容都因为篇幅有限不幸牺牲了;再比如,很多同学觉得音频语速太快,好像我的声音不那么自然,那是因为"得到"对每一讲的课程时长有规定,我录制的音频都经过了后期处理,被"提速"了。有了这本书,我们之间的交流可以更自由,更饱满,更充实。

这本书想勾画一幅学习西方历史的精要地图,而且,还有学习进阶的指引。我希望你留意我在注释里提到的每一部著作,它们在音频里几乎没有正面出现,即便有一些放到了课程书单里,也没有明确交代它们的背景和意义。注释里的著作,既是我材料和观点的来源,是跟你坦白的我的家底,也是我给你的指引和线索。尤其我在同一个注释里一起提到的好几本著作，如果把它们的相关章节对比着看，更容易从多维的视角看透一件大事。不过，这本书里提及的著作仍然是非常有限的。基于这本书带有入门指南的性质，我提到的著作大多是基础性的，几乎没有涉及艰深晦涩的学术著作（尤其是英文著作）。有了它们，你就可以从它们的注释和参考文献中进一步顺藤摸瓜，进入更精、更深、更专业的领域。学习，就是这样一个按图索骥、步步深入的过程。

显然，这本书只是打开了一扇门，它不可能是面面俱到的通史。一本25万字的书，只能先呈上最精要的线索和思路。至于学习的进一步升级，著作的提示、听书的讲解、阅读的深入、笔记的产出，都是阶梯，都需要一步步下功夫。有了我给你的这张地图，有了我在这本书里教你的观点和方法，你就可以勇敢地去探索自己感兴趣的领域了。同时，我也不会停下脚步，我们的交流仍然会继续下去。我已经一步步展开后续的工作，《罗马史纲》已经在路上，《中世纪史纲》也已经定好了日程，《希腊史纲》也已经策划在案。

那么，这本《西方史纲》到底讲什么呢？它是不是西方历史通识课？它既是通识课，又不是通识课，准确地说，它是"见识课"。

对于西方历史，大多数人略知一二，特别是有关几个大国——美国、英国、法国、德国——的事情。不管是中学历史课还是平时看新闻，知识还真不少。而且，现在出国旅行很方便，去欧洲、美国、日本，都是稀松平常的事情，对西方的文化和生活方式，很多人都有自己的切身感受。但是，关于西方，可能事情知道了不少，但是道理，并不都懂。不信我举几个例子：

——比如，你肯定知道古罗马辉煌灿烂，但是你很可能不知道，雄伟壮丽的大竞技场是罗马皇帝讨好和贿赂罗马人民的"赃物"。

——再比如，一说到中世纪，你第一反应可能就是"黑暗的中世纪"。但是，这种认知大有问题。中世纪绝不是一团漆黑，它的成就直接引出了现代的西方，它是我们熟悉的现代西方得以诞生的母体。

——再说到现代，你可能知道《大宪章》，也大概知道它是宪政的原点，但你可能不知道，《大宪章》一开始只不过是一份贵族和国王争夺权力的协议。那它后来为什么会变成让每个英国人都享有自由的根本大法，为什么享有神圣法典的崇高地位？

这本书的核心不是破解西方历史上的谜团，而是阐明西方文明成长的道理，是揭示西方是沿着什么样的逻辑一步步成长起来的。它不是在通识课的意义上把所谓"你应该知道的西方历史知识"用通俗易懂的讲法交给你，而是锤炼对文明的洞察力，所以它是一门"见识课"。

这本书的名字和体例，都和施展的"得到"课程"中国史纲"有点像。没错，它就是《中国史纲》的兄弟篇，和《枢纽》有很多很多内在的呼应。[1]我和施展在十几年前读博士的时候就已经成了

---

[1] 施展：《枢纽：3000年的中国》，广西师范大学出版社，2018年。

好朋友，后来我们一起加入了"大观"这个学术共同体，这十几年来，可以说我们是一起学习、一起切磋、一起成长，我们共享了很多重要的看法和方法。

如果说，《中国史纲》是带你重新理解中国，那么，《西方史纲》就是带你重新理解西方。如果不了解西方，就难以理解今天的世界，甚至也无法真正理解今天的中国。过去的100多年，中国和西方一直在不断地相互影响、相互融合、相互构造。在中国已经成为世界大国的今天，只有重新理解西方，才能获得完整看世界的眼光，建立起真正的全球视野，也只有这样，才能真正理解中国。

为什么要用"史纲"来写西方？因为"史纲"是从历史中提炼见识的基本方法，是我和施展和"大观"小组的兄弟们共同的研究方法之一。

史纲不是纯粹的简明史或者极简史，浮皮潦草地看个热闹。它是用鲜明的框架和逻辑，抓住历史演进当中重要的节点，讲一套完整的"大逻辑"，历史是药引子，大逻辑才是真见识。"史"是素材，"纲"是逻辑。透过对历史素材的解析，最终要呈现的是一套西方文明的大逻辑。所以，这本书不会带你面面俱到地了解西方，而是寻找独特的"历史切片"来帮你透视西方，在这50个切片当中把握西方文明成长的逻辑和独特的品质，而不是从头到尾连贯地听一遍故事。每一个切片可以建立起一个牢固的知识支点，然后把点连成线，线拼成面，一步步建立起对西方的宏观认识。至于细节，我们随时可以去很多著作或者维基百科里查询。

所以，这本书不是泛泛地聊一聊柏拉图的哲学、恺撒的帝国、耶稣的宗教、达·芬奇的《蒙娜丽莎》、伽利略的物理学、莫扎特的交响曲，或者法式大餐、帝国大厦、汽车飞机原子弹……我不想把西方的文明成就当作"文化口红"，让你出门前擦上一点，满足你的虚荣心，把它当作饭后的谈资。

脑子里那些散点式的印象，对于真正理解西方并没有太大的帮助。只有抓住最关键的大逻辑，把握住历史的演化路径，才能真正理解西方。这本书试图建立一套完整的"大逻辑"来理解西方，我把它叫作"文明的两纵三横"。所谓"两纵"是文明与野蛮、古代与现代这两个大尺度，而"三横"是生存的意志和智慧、权力的生成和流转、文明的融合和冲突这三条大线索。在这套大逻辑之下，我选取了50个最关键的历史节点，把古希腊、古罗马、中世纪和现代的西方怎么一路走来描绘清楚。

西方

西方是一个文明，对中国人来说，既熟悉又陌生。熟悉的是，我们每天都在接触它，不一定要看《纽约时报》、听BBC，看看我们的手机，不是苹果就是安卓，都是美国公司的操作系统；看看我们的衣着，正装出席重要场合，穿的是西服，平时穿的是T恤、牛仔；看看我们的食物，很多人可能不喜欢麦当劳、肯德基、星巴克，不过，很多人可能不知道：黄瓜、蚕豆、香菜和芹菜是张骞从西域带回来的；现在很多日常水果蔬菜，都是明清时候的荷兰人、英国人从美洲带来的，比如玉米、土豆、芒果、菠萝。西方在我们的日常生活当中，已经无处不在了，甚至都已经日用而不自知了。

但另外一方面，我们对西方又很陌生。首先，西方到底在哪里？很简单，西方就是欧洲、美国这些国家和地区。的确，从自然地理上看，美国是西方国家。但问题接着就来了，从地理位置上看，日本明明在东方，那为什么日本通常被当作西方国家？

退一步，我们可以从文化传统上来区分，美国、英国、法国、德国是西方国家。那问题又来了，俄罗斯的文化传统也和这几个国家有很多相似之处，那为什么俄罗斯不是西方国家？还有，位于俄罗斯和英法德之间的那些东欧、南欧国家，它们是西方国家吗？到底哪些是，哪些不是？我再接着追问，这些国家是与不是西方的标准又是什么？如果从历史上算，哪里是西方的源头？是古希腊吗？为什么是古希腊呢？西方到底凭什么是西方？

只要不断追问，很多理所当然的印象式观点都经不起深究，连着问三个问题，很多理所当然就没那么理所当然了。这本书，就是要带你看看西方的门道，让你再说起西方的时候不只是跟大家一起凑个热闹，增加个谈资而已。所以，我们必须找一个可靠的角度来回答"西方是什么"。

西方是一个文明，我们必须站在文明的高度来看西方。以文明的高度来定位，是理解西方的起点。因此，我们必须明确西方文明的核心特征。著名学者亨廷顿在《文明的冲突与世界秩序的重建》里总结前人研究，列出了西方文明的八大特征：1. 古典遗产，也就是古希腊、古罗马文化；2. 天主教和新教；3. 欧洲语言；4. 精神权威与世俗权威的分离；5. 法治；6. 社会多元主义；7. 代议制；8. 个人主义。[1]

凭借这八条特征就可以从文明的高度大致辨别出西方的面貌。但请注意，这八条特征之中，只有第八条个人主义严格来说是属于现代的，其他七条在古代西方就已经成熟了。也就是说，西方在现代以前就已经是西方，就已经有了自己独特的基因和成长逻辑。

而且，事实上，西方从古代走向现代也痛苦得很，在很多地方并不比中国轻松。比如，这本书会专门谈宗教改革，它是现代化的关键步骤，宗教改革引起了残酷的宗教战争，损失了西欧三分之一的人口，这么高昂的代价，用"惨痛"二字都不足以形容。

所以，即便记住了西方文明的八大核心特征，也不见得就能说清楚"西方是什么"，因为它们只是静态的标准，用它们来理解西方，当然比美剧英剧、汉堡可乐的角度深入了不少，但还远远不够。

看西方必须动态地看，从动态中找到结构的生成和演化，才算真正看出文明的门道。这本书要揭示西方到底是怎么成长起来的，当然包括了八大特征的出现，但更重要的是，它们为什么会出现、怎么出现的、出现了之后有什么后果、它们怎么样结合到了一起。

简言之，这本书是站在文明的高度去看西方独特的成长路径，里面会有成长的欣喜，也会有成长的烦恼。沿着这条独一无二的路径成长起来的，就是西方；偏离了这条成长路径的，就不是西方。

---

[1] [美]亨廷顿：《文明的冲突与世界秩序的重建》，周琪等译，新华出版社，1998年，第60-63页。

按照这种文明的成长和演化的思路去理解，西方就不是自然地理概念，也不是任何你印象里的标签，而是从特定的基因中，沿着自己的成长逻辑长出来的文明，只有理解它的成长逻辑才能抓住它的实质。

动态地看西方的成长，必须先明确一些有关立足点和思维框架的根本问题：第一，西方为什么重要；第二，现代化是不是西化；第三，从西方学什么。通过讨论这三个问题，观察西方的视野和方法——"两纵三横"——会逐渐浮出水面。

第一个问题，"西方为什么重要"。西方很重要，比大多数中国人想象的更重要。这绝不是因为我们每天都可能吃到玉米或者土豆，也不是因为我们每天都要用苹果或者安卓，而是因为不了解西方，我们就很难理解自己，很难理解中国。我的思路是，问西方在哪里，其实没问在点儿上，真正的问题是：西方是谁？答案是，西方是中国理解自己最重要的他者。

他者，意思就是"别人"。我们小时候，妈妈会说，别人家小强这次又拿了一百分；长大之后，女朋友会说，别人的男朋友又给她买了宝马。人总是被拿来比较，比较就必须有一个他者。确实，没有比较就没有伤害，但没有比较也就没有认识，比较是认识自己最基本的办法。人最容易在比较当中知道自己的长短，文明也是一样。比较，就必须有别人，无论小强多么让你讨厌，有了他，妈妈才有话说。所以，无论我们喜欢还是讨厌西方，在当今世界上，它就是那个最重要的他者，那个最经常拿来和中国比的别人。和它的比较当中，中国得到了最多的、最重要的关于自己的判断。

还不够，如果只认识到这里，他者其实只不过是个死人，不足为惧，因为我们可以很阿Q地说，我们不跟任何人比，我们自己过自己的日子。但是，他者有更厉害的逻辑：它不只是让我们在比较中认识自己，还会让我们不知不觉地按照它的样子塑造自己，哪怕你讨厌它、甚至憎恨它。

清末睁眼看世界的第一人魏源有句名言：师夷长技以制夷。"夷"本身就带有明显的贬义，却还要去学，学了不是更像夷了吗？所以，后来张之洞讲中学为体、西学为用，就是怕中国学着学着就学坏了。可是，越往深处学，原来的是非曲直就越不那么理所当然，什么是学坏，就越难判断了。中国本来就有见贤思齐的传统，孔子说三人行必有我师。当我们面对一个强者的时候，学习他是必然的，哪怕带着厌恶和仇恨，也在悄悄学他，哪怕是为了打败他，也在努力学他。学久了，就变得像他了，连自己都不知道。[1]

这时候，我们就能理解自己为什么分不清生活当中到底哪些东西是西方的了，因为它不是东西，不是地方，而是活人！两个人交往时间长了，会自然而然变得像对方，因为观念、规矩、行为，甚至小动作，双方都在潜移默化中共享了。中国已经向西方学习了至少170年，尤其近40年来，学得更快，西方已经从纯粹的外部、外国、外在，变成了中国内部、内心、内在的组成部分。西方已经是中国内在的组成部分，用刀是根本切不下来的。反过来说也可以成

---

[1] 对现代化的冲击及其与西化的关系简要的讨论，可参见[美]亨廷顿：《文明的冲突与世界秩序的重建》，周琪等译，新华出版社，1998年，第63-71页。

立，经过40年密切地交往，中国也已经变成了西方的一部分。

中国和西方已经是你中有我、我中有你，往前看，西方在塑造着未来的中国，中国同样也在塑造着未来的西方。

"两纵"

这本书帮助你理解西方的目的是理解中国，尤其是理解中国未来的走向。未来会怎样？我们需要明确第二个大问题，先给你一颗定心丸压压惊：现代化不是西化。

现代化是中国必须实现的目标，但它并不意味着西化。我用一个关键词来解释这是为什么，这个关键词就是前文已经提过的"文明"。现代化就是实现现代文明。这里有两个重要的问题，也就是理解文明的"两纵"：第一，文明和野蛮的关系；第二，现代和古代的关系。弄清楚这两个问题，中国和西方之间的关系就不会让我们那么纠结了。

第一"纵"，文明的产生就是为了克服野蛮，文明的成果如此发达，说明野蛮其实很难克服。历史学、人类学、哲学都对文明有很博大精深的研究，"文明"这个词被这些学问越填越满，满到什么东西都可以往里面装，最后变得没有意义了。一个概念，如果什么都是的话，就什么都不是。所以，我不打算罗列各路名家对"文明"的定义，而是要带你回到这个词的本来面貌。中文的"文明"也好，西文的"civilization"也罢，和我们最朴素的认识一样，抓住它和野蛮相对就好。我们可以把文明理解成：人为了克服野蛮所取得的进步。

那什么是野蛮？公认的共识是暴力。野蛮就是一言不合就动粗，文明就是不动粗嘛。暴力可以是物理性的，也可以是精神性的，动粗可以是挥拳头、抄家伙，也可以是人肉搜索、网络谩骂。驯化暴力、克服野蛮，表面上是禁枪之类的问题，但根本上是纯化人性、软化人心。文明归根结底是人的文明。人会发明器物去驯化暴力、克服野蛮，但这些新发明也会让暴力和野蛮找到新的出路。枪，确实让人更容易动用暴力，但比起刀的时代，动用暴力的人却大大减少了；互联网，让上网的人沟通交流更便利，不是让大家更容易相互理解和宽容吗？也不完全是，暴力和野蛮仍然会通过互联网让你我彼此伤害。这时候我们会发现，文明的进展之所以曲折，很重要的原因是新发明的东西到底有利于文明还是有利于野蛮很难控制，越是大发明，越是文明成就，越隐藏着它的反面，根源不在器物，而在人心。这本书里，我会谈西方怎么样追求文明，很多成就的取得可能是意料之外、歪打正着，很多教训的警示可能是事与愿违、好心办坏事。文明的成就，必须从动机、过程和效果全面地去解剖，从中不断提炼什么是真正的文明的标准。

把文明看作博大、深刻、复杂的状态，就不会把任何人取得的文明成就当作天经地义，成功案例并不是规律，规律必须自己去提取，提取之后必须自己去实践，最终有可能是殊途同归，但文明的追求就像每个人做人一样，都得自己来，别人代替不了。

第二"纵"，现代文明和古代文明到底是什么关系。所有文明的古代和现代形态都不同，现代化对所有古老文明都是重大考验。

西方的古代和现代也大不一样，西方是在近一两百年才变成我们今天熟悉的这个样子，西方从古代到现代的转变也是一波三折。

刚才我们已经谈过亨廷顿总结的西方文明的八大特征，前七个特征是西方在进入现代之前就已经具备了的，第八个特征"个人主义"是在现代才完全形成的，粗略地说，西方从古代到现代的转变是个人主义对前七个特征的重新格式化，让它们变成适应个人主义的状态。这个格式化的过程并没有让从前的一切完全消失，但它们已经不是原来的面貌，意义和原来也不尽相同。因此，比较其他文明更加顺利实现现代化的西方文明，仍然经历了一个天翻地覆的现代化进程。

中国人近170年来身处与西方密切交往乃至激烈碰撞的大潮之中，有一个关键的区分，必须时刻注意：中西之别和古今之变是两回事。中并不必然就是古，西也并不必然就是今。很多错误、混乱、纠结都是因为把古今中西搅成一锅粥，用中国古代的事情跟现代西方的事情比，比如人家有足球，我们有蹴鞠。非要较真地说人家有的我们早就有了，人家没有的我们也早就有了，只是一种弱者的自我安慰，对于成为强者不仅没有好处，反而有害。[1]

说到底，现代文明对于所有古代文明都是革命，都是天翻地覆。这个过程并不是一定要通过政治革命来实现，即便有政治革

---

[1] 参见余英时：《文史传统与文化重建》，生活·读书·新知三联书店，2004年，《总序》《工业文明之精神基础》。

命,也只能完成这个大任务里面的一小部分。[1]如果中国文明必须走向现代化,这种革命、这种天翻地覆就是必须的,对中国来说,它们就是内生的。所以,没有必要去纠结中国是后发现代化国家是因为英国人的炮舰来了,按照这种逻辑,英国人的炮舰不来,中国就不走现代化道路了吗?中国就不追求现代化了吗?问题的关键在于,中国如何实现自己的现代化,无论有多曲折,必须得朝前看,朝前看才能迎头赶上,往回看的怨天尤人,那不是祥林嫂嘛,永远没有进步又招人厌烦。

现代化不是西化,并不意味着现代化就是中国自己想怎么搞就怎么搞,而是用博大的胸怀去看自己、看世界,把别人的经验和教训里面的道理提取出来,把握住大方向,掌握好硬通货,避免犯无谓的错误。西方是中国不能回避的他者,对于它的经验教训,不能置之不理,也不能步步紧跟,而是要像张无忌跟张三丰学太极剑那样,得其神而忘其形,具体的招数不是最重要的,招数背后的道理掌握没有、会不会自己拿来用,才是最重要的,会用了,用得好了,它就是中国的。

"三横"

既然要学,第三个问题就来了,学西方的什么。西方取得的文

---

[1] 参见[美]布莱克:《现代化的动力——一个比较史的研究》,景跃进等译,浙江人民出版社,1989年,第一章。

明成就很多，说起西方文明的标志，你会想起什么？柏拉图的哲学、恺撒的帝国、耶稣的宗教、达·芬奇的《蒙娜丽莎》、伽利略的物理学、莫扎特的交响曲，还是法式大餐的可口、帝国大厦的雄壮、汽车飞机原子弹的发明？《西方文明史》的版本已经很多很多了，其中大部分都是让人望而却步的大部头，就算勒纳主编的这一套《西方文明史》已经很注意选材，仍然是上下两大卷。[1]什么都讲，就什么都讲不深，一本书就很容易变成"文化口红"，你出门前抹上一点，好让别人看起来像是有文化。我不是你的文化化妆师，而是你洞察文明深层逻辑的引路人，这本书的目的是带你去思考文明兴衰的规律，去把握文明真正的力量。要得其神，就要用三条线索切入西方文明的深处，甚至洞见西方人自己都没意识到的秘密。这三条线索是生存的意志和智慧、权力的生成和流转、文明的融合和冲突，也就是"三横"。

第一条线索是生存的意志和智慧。有人才有文明，文明是人的作品，所以它一定渗透了人努力求生存的意志和智慧。看文明，实际上是看人性，更是看人对自己本性的驯服和塑造。想想文明的本

---

[1] [美]勒纳等：《西方文明史》，王觉非等译，中国青年出版社，2005年。还可参考[英]汤因比：《历史研究》，上海人民出版社，2000年。[法]布罗代尔：《文明史纲》，肖昶译，广西师范大学出版社，2003年。[德]斯宾格勒：《西方的没落》（上、下卷），吴琼译，上海三联书店，2006年。[美]斯塔夫里阿诺斯：《全球通史》，上海社会科学院出版社，1999年。[英]韦尔斯：《世界史纲》（上、下卷），吴文藻等译，广西师范大学出版社，2001年。[美]温克等：《牛津欧洲史》（四卷本），丛日云等译，吉林出版集团，2009年。[英]芬纳：《统治史》（三卷本），王震等译，华东师范大学出版社，2014年。[英]尼尔·弗格森：《文明》，曾贤明等译，中信出版社，2012年。

义，它意味着和野蛮相对，克服野蛮，克服野蛮归根结底是纯化人性、软化人心。比如经济，当人有了经济，会经营牧业、农业、工业、服务业，就不必再像动物那样为了谋食而厮杀，所谓仓廪足而知荣辱。

但问题没有那么简单，不是物质生活好了，人自然就文明了。照这种简单的算法，文明只要搞经济就好了，人也不用那么多智慧，只要随着自然条件的好坏迁徙到好地方就可以了。用脚投票解释不了人为什么有强大的生存意志和智慧。我不同意戴蒙德在《枪炮、病菌与钢铁》里面的地理决定论。[1]文明的产生和发展并不绝对被自然条件约束，而且，上帝很公平，没有一种自然条件是完美无缺的。关键是看人在自然条件的约束下有没有强大的生存意志，有没有做出漂亮的文明的文章。古希腊的自然条件就非常差，连像样的平原都没有，粮食自给都成问题，但它取得的文明成就却灿烂无比。在西方文明和所有人类文明的历史上，克服困难取得的成就很多，抓住它们，才能给我们带来钢铁的意志和高超的智慧。

第二条线索是权力的生成和流转。人的文明不是一个个人的成就，而是无数人凝结起来的成就，只要人跟人在一起，合作、冲突、统治、管理就会产生，里面就有权力，权力就是关键。权力是人可以把自己组织起来的最基本武器。看文明，最重要的是看政

---

[1] [美]戴蒙德：《枪炮、病菌与钢铁：人类社会的命运》，谢延光译，上海译文出版社，2000年。

治,是看政治对集体生存的维护是否得当,去发现和掌握实现美好共同体生活的通则。

人聚在一起,权力生成和流转机制的不同,很大程度上决定了这个人群怎么组织、怎么管理、怎么统治,人在集体的、宏观的层次上克服野蛮才会得到深刻的揭示。《蒙娜丽莎》是西方文明的顶级成就,但艺术作品天然的个性优先决定了从它身上找到文明克服野蛮的宏观机制并不容易。相应地,从政治里面是最容易找到宏观机制的,人创造的文明怎么克服野蛮、怎么克服了动物的野蛮又带来了人的野蛮、怎么克服了旧的野蛮又带来了新的野蛮,是一个层层升级的大系统。为了解析这个大系统,这门课选择了抓宏观,抓天生带有宏观属性的政治。

第三条线索是文明的融合和冲突。所有文明都和其他文明有融合和冲突的关系,现代就不必说了,古代这种事情也不少。即便古代的时候文明之间关系不深,比较仍然是必要的,因为这种比较是理解它们之间现代融合和冲突的重要根据。看文明,最根本的是看未来,是看不同的文明成功经验和失败教训背后的文明之道,掌握大道,才真正有前途,自信才真正有根据。

通过西方和其他文明的比较,我们对西方的理解会更深入,对文明之间融合和冲突的理解会更深入。这本书会涉及大量的文明比较,让西方和中国比、和伊斯兰比、和俄罗斯比,一比,特征就鲜明了,就容易掌握。更重要的是,只有拿西方和其他文明相比较,才能发现真正的文明的规律。斯塔夫里阿诺斯的《全球通史》为我们提供了一个很好的榜样:既在多个文明之间展开比较,又从它们之中找到世界连为一体的契机和线索。[1]

西方是当今中国最重要的他者,通过和西方比,中国最容易辨认出自己的长短。当西方变成了这门课的主角,它同样也需要他者的存在。在文明的比较当中,兴衰和得失就容易联系起来,在更长的历史当中,在通向未来的历史当中得到检验;在更广的空间当中,在通向全球化的空间当中得到检验。

这本书的目标和你认识西方的目标是一致的:理解西方的目的是理解中国。西方对中国很重要,它是当今中国理解自己最重要的他者,也是塑造未来中国很重要的力量。不过,现代化不是西化,因为文明是对野蛮的克服,在根本上是对人性的纯化,而所有的古老文明也都要经历现代化的天翻地覆,现代文明只能靠每个文明自己去勇敢和聪明地实现。文明与野蛮、古代与现代,是这本书纵向贯通三千年西方的经线,是这本书取舍西方无数文明成就的标准;生存的意志和智慧、权力的生成和流转、文明的融合和冲突,是这本书横向俯瞰全球性西方的纬线,是这本书鉴别西方文明成就得失的标准。让我们一起通过剖析西方掌握文明的道理,为实现中国的现代文明准备好自信和智慧!

---

[1] [美]斯塔夫里阿诺斯:《全球通史:1500年以后的世界》,吴象婴等译,上海社会科学院出版社,1999年。

目录

第一章 古希腊

- 一、原点：为什么古希腊是西方文明的源头？ /002
- 二、理性：人凭什么成了万物的尺度？ /010
- 三、民主：好东西还是坏东西？ /016
- 四、格局：为什么是城邦林立而不是大一统？ /026
- 五、生计：逼出来的商业文明？ /033
- 六、自由：我是谁，我们是谁？ /041
- 七、内裂：古希腊如何毁了自己？ /048
- 八、抗议：柏拉图为什么批评民主？ /056
- 九、断层：亚里士多德为何没有预见新时代？ /064

第二章 古罗马

- 一、接力：希腊和罗马到底是什么关系？ /074
- 二、共和：小国寡民凭什么崛起？ /082
- 三、军国：罗马走的就是不归路？ /089

四、反叛：斯巴达克斯毁掉古罗马了吗？/ 097

五、转折：共和为什么被帝国取代？/ 103

六、贤帝：罗马到底有多繁荣？/ 109

七、黩武：外战内行，内战也内行？/ 117

八、权宜：帝国为什么分成东西？/ 124

九、崩溃：罗马亡于蛮族之手？/ 130

十、徒劳：查士丁尼为什么收复不了故土？/ 137

第三章
中世纪

一、转折：中世纪真的有那么黑暗吗？/ 146

二、立教：耶稣和保罗教了西方什么？/ 154

三、转圜：君士坦丁大帝救了基督教？/ 160

四、教父：有信仰为什么还需要神学？/ 166

五、守望：教会为什么成了擎天柱？/ 174

六、重建：查理曼翻开了新的一页？/ 181

七、对峙：皇帝为什么给教皇下跪？/ 189

八、回归：亚里士多德又回来了？/ 198

九、巅峰：什么是阿奎那的意料之外？/ 204

十、坍塌：教会为什么陷入了大分裂？/ 212

十一、深渊：西方，毁灭还是新生？/ 219

第四章
现代

一、更新：现代西方是怎么来的？／226

二、翻转：文艺复兴只是文艺？／235

三、裂教：宗教改革有没有摧毁基督教？／244

四、扩张：大航海只有血与火？／252

五、宪章：自由和强国何以兼容？／261

六、蜕变：英国凭什么成了世界第一？／271

七、生意：荷兰为什么输给了英国？／281

八、假象：太阳王路易十四真的风光无限？／290

九、启蒙：什么是经典的现代性？／300

十、革命：天地从此焕然一新了吗？／308

十一、独立：美国是从哪里冒出来的？／317

十二、扩展：美国凭什么成为世界霸主？／328

十三、左右：美国政治的秘密何在？／337

十四、赶超：德国为什么走上了邪路？／345

十五、巨变：工业革命带来了什么？／354

十六、代表：现代民主究竟怎么搞？／363

十七、个人：现代西方文明到底是怎么构成的？／371

十八、网络：独立平等的个人组建起什么样的秩序？／378

十九、未来：西方正在衰败？／386

后记／393

第一章
古希腊

西 方 史 纲

一、原点：为什么古希腊是西方文明的源头？

我们都知道，古希腊是西方文明的源头，它在哲学、科学、艺术等领域留下了丰富的文明成果。这可能会让很多人有这样一个印象：古希腊文明的时间跨度很长。

实际上，古希腊文明真正辉煌的时期是古典希腊时期，也就是从公元前600年到公元前300年这短短300年的时间。[1]所谓"西方文明的源头"，指的就是古典希腊文明。[2]

那么，为什么存在时间短暂的古希腊文明能成为西方文明的源头呢？

■ "异类"古希腊

如果用一句话回答，那就是古希腊文明在古代文明中完全是个异类。它创造了一个完全不同于其他文明的世界观，形成了一个独具特色的体系。最关键的是，古希腊文明对世界的理解和其他文明从根本上就不一样。

---

[1] 关于古希腊的历史分期，参见[美]勒纳等：《西方文明史》（Ⅰ），王觉非等译，中国青年出版社，2005年，第86—107页。[英]柴尔德：《欧洲文明的曙光》，陈淳等译，上海三联书店，2008年，第20—77页。

[2] 若无特别提示，本书中的"古希腊"都指"古典希腊"。

当其他文明都在追求用神秘的宗教认识世界的时候，古希腊文明却在追求建立一个"人居于中心"的世界。在古希腊文明中，人的地位很高，没有匍匐在神的脚下，而且人是自信的、乐观的，是自己的主人。

现代西方是一个以人为中心的世界，这一特征便是从古希腊沿袭而来的。以人为中心的古希腊为后世西方提供了模板、方向和精神家园。[1]换句话说，从古希腊、古罗马，经过中世纪，再到现代，西方兜了一个大圈子，又回到了以人为中心的世界。文艺复兴时期的但丁、彼特拉克、达·芬奇、米开朗琪罗等人的理想，就是要带西方离开中世纪那种以神为中心的世界，走进以人为中心的新世界。

西方之所以把文明的源头追溯到古希腊，就是因为在最深层次上，古希腊和现代西方的底层结构具有高度相似性。[2]

既然古希腊文明在短暂的300年时间里就成了西方文明的源头，那它必定是灿烂无比的。但是，如此灿烂无比的文明为什么没能长存下去呢？这正是我们理解古希腊的关键之处，我将在后文中分享我对这个问题的思考。

---

[1] 黑格尔在《哲学史讲演录》中深情地说，"一提到希腊这个名字，在有教养的欧洲人心中，……自然会引起一种家园之感。……今生，现世，科学与艺术，凡是满足我们精神生活，使精神有价值、有光辉的东西，我们知道都是从希腊直接或间接传来的。"参见[德]黑格尔：《哲学史讲演录》（第一卷），贺麟等译，商务印书馆，1996年，第157页。

[2] 参见[瑞士]布克哈特：《希腊人和希腊文明》，王大庆译，上海人民出版社，2012年，第四章。

■ 古希腊的人文特质

古希腊文明之所以灿烂夺目,是因为它赋予了西方文明最重要的文化基因——人文。这也是西方文明和其他文明区别开来的重要标志。

我们现在提起人文,觉得它似乎是世界各大文明的共识。但是,如果把视线拉回到2500年前的世界,我们会发现,能孕育出"人文"这种文明基因的古希腊完全就是一朵"奇葩"。为什么呢?我们一起来看古希腊人文特质的特点。

古希腊人文特质的第一个特点是高度的世俗精神

这是古希腊人文特质最主要的特点,它具体表现为:古希腊的思想、政治、社会生活不是由宗教主导的,宗教没有支配和渗透到社会生活的方方面面。古希腊人理解世界、解释事物的规律和行为,采用的也不是宗教的神秘解释,而是宗教之外的道理。

为了更深入地理解这一点,我们可以把古希腊和古埃及以及中国古代做一个对比。

在古埃及人的观念里,统治一切的法老是神,不是人。法老对古埃及人的统治,是神对人的统治。金字塔不仅是法老的陵墓,更是神庙、神殿,是文明的中心。甚至有学者认为,古埃及众多伟大的发明成就——庞大的社会政治组织、高效的行政管理、复杂的记账方式和税收系统——都是围绕修建金字塔这项大工程发展起来的,整个古埃及文明现实中的辉煌就是为法老死后进入神的世界做准备。[1]

中国古代也是这样。中国最古老的成熟文字——甲骨文——记录的几乎都是占卜的内容。比如，商朝的君王向上天祈雨，希望解除干旱，或者向上天询问征战是不是吉利、会不会赢。此外，商朝的人都像商王一样迷信，自然而然地认为整个世界、所有事情都是由神灵支配的。[2]

而在古希腊人的日常生活中，宗教只是生活的一部分，甚至是不那么起眼的一部分。希腊宗教没有孕育出一套庄严繁复的礼仪，也没有戒律，更没有体系化的教义，也就是说，它对希腊人的日常生活、行为举止、思维方式没有约束，甚至没有引导。

从政治上看，古希腊没有其他古老文明中常见的、拥有崇高威望和巨大权力的专职祭司群体。古希腊的政治权力的基本属性也不是神权统治。[3]

古希腊人文特质的第二个特点是高度的理性主义

理性主义是一种思维方式，它和神秘主义相对。

希腊以外的其他古老文明都以神秘主义为基调——由神主宰的世界是神秘莫测的，人没有能力，甚至没有资格去理解万事万物背

---

[1] 参见[美]汤普逊：《埃及史：从原初时代至当下》，郭子林译，商务印书馆，2012年，第一章至第七章。

[2] 参见[美]史华慈：《古代中国的思想世界》，程钢译，江苏人民出版社，2004年，第一章。张光直："商代的巫与巫术"，载张光直：《中国青铜时代》，生活·读书·新知三联书店，1999年，第252—280页。

[3] 参见[法]库朗热：《古代城邦》，谭立铸等译，华东师范大学出版社，2006年，第一卷。[英]基托：《希腊人》，徐卫翔等译，上海世纪出版集团，2006年，第十一章。

后的原因；世界也没有什么规律可言，一切都取决于神的意志。苏美尔人、古埃及人、古巴比伦人、希伯来人都是通过专职祭司和神沟通，人只能服从于神和祭司，不能自己思考。

古希腊人虽然也会用神灵解释世界，比如风雨雷电、一年四季、昼夜之分、恒星和星座等现象，但他们很快就走出了一条不寻常的路。他们认为万事万物背后都有原因和规律，这些原因和规律是可以被人的理性所把握的，连诸神都不能随意改动。正是因为这种理性精神，古希腊才发展出了高度发达的哲学和科学。

他们挣脱了神秘主义的思维方式，努力用理性认识自己、认识世界，去发现世界运行的规律和法则。毕达哥拉斯创立数学就是很好的例子。所有古老文明都认识"数"，但"数学"是在毕达哥拉斯手上诞生的。他先提出假设，然后用纯粹演绎的方法推导，证明假设究竟是对还是错，由此建立起数学基本的思维方法。他的证明方式既不是用归纳法穷举所有例子，也不是用神秘方法把数的美归功于神，而是用纯粹的演绎推导让数之间的科学关系浮现出来。数学的大厦也由此搭建起来。

古希腊人文特质的第三个特点是人具有崇高地位

当人有了理性精神，能够自主地认识世界，其地位肯定大不相同。和其他古老文明的人相比，古希腊人拥有崇高的尊严和价值。

我们先来看古希腊的神是什么样，就能知道人和神的地位了。古希腊的神不像其他文明的神那样高高在上，神的性格和凡人差不多，甚至连凡人的缺点都一应俱全。

以特洛伊战争的故事为例。这场战争的起因，其实是四位女神在捣鬼。不和女神厄里斯扔出一个金苹果，上面写着"给最美的女神"，天后赫拉、智慧女神雅典娜、爱与美女神阿佛洛狄忒（维纳斯）都想要这个苹果。主神宙斯让她们去找特洛伊王子评判，王子最后把金苹果判给了维纳斯；作为回报，维纳斯帮王子把天下第一美人海伦绑架到了特洛伊。希腊联军因此向特洛伊开战。[1]

这样看来，这些神不仅小气、嫉妒、臭美，还会推卸责任、坑蒙拐骗，有什么神圣和庄严可言？简直和凡人无异。后来，这些女神还参与到特洛伊战争中，与人结盟，和人的界限一点都不分明。

反观特洛伊战争中的人类英雄，比如阿伽门农、阿喀琉斯，他们追求自由和尊严，武功超群、英勇善战、智慧非凡。他们的行动不仅不受神的支配，还会直接影响神的决定和行动，人和神的地位差不多。而在其他古代文明的神话里，人根本没有资格和神平等相处。

法国著名学者韦尔南写过一部名著，叫作《神话与政治之间》，这本书解读了古希腊神话背后的宗教学、政治学、社会学、文化学规律。读完这本书再看古希腊神话，我们就能看到古希腊人的真实生活，而不只是听故事。[2]

古希腊的神和宗教不那么高高在上，神和人之间没有森严的壁垒，这就给人留下了广阔的空间，人可以大胆地追求自由、尊严、

---

[1] [古希腊]荷马：《荷马史诗·伊利亚特》，罗念生等译，人民文学出版社，2003年。

[2] [法]韦尔南：《神话与政治之间》，余中先译，生活·读书·新知三联书店，2005年，第261—342页。另参见[瑞士]布克哈特：《希腊人和希腊文明》，王大庆译，上海人民出版社，2012年，第二章。

崇高和美。从神的世界里挣脱出来,不再是神的附属品,人才成其为人。

■ 古希腊能孕育人文特质的原因

古希腊的人文特质充分展现了人的能力、价值和精神,罗马人惊叹地说:"是希腊人创造了人!"

那么,为什么古希腊能有别于其他文明,孕育出如此浓厚的人文气质呢?大致有三个原因。

第一个原因是外部环境。古希腊面对的外部环境并不十分严酷,因此不太需要强大的精神权威来塑造社会凝聚力。而其他文明不是这样的。无论是两河流域的苏美尔文明,还是尼罗河流域的古埃及文明,要想防止河流泛滥,把河流变成农业灌溉的有利条件,必须集中大量的人力、物力修建水利工程,这就需要通过强大的神权把人组织起来。[1]犹太人家破国亡、流离失所,更需要一个精神上的绝对支柱维系民族的统一。这些事情对古希腊人来说都不存在,他们自然就不需要那么强大的神权。

第二个原因是现实政治。一个文明的精神世界往往和它的现实政治世界相对应。如果一个国家等级森严,那么其神灵也是等级制的,主神高高在上、不可一世、神威莫测,古埃及就是典型的例

---

[1] 关于治水与神权专制政治关系的论述,参见[美]魏特夫:《东方专制主义:对于极权力量的对比研究》,徐式谷译,中国社会科学出版社,1989年。

子。[1]但古希腊的政治格局是城邦林立,各个城邦的实力差不多,诸神的地位也差不多,没有明显的等级划分。由于古希腊的现实政治世界是相对扁平的、多元的、包容的,古希腊的精神世界也是这样,两者具有高度的同构性。

第三个原因是理性飞跃。古希腊人向古埃及人学会了量地学、医学、数学,向古巴比伦人学会了天文学,等等。[2]比古希腊更早的上古世界的理性力量汇集到了古希腊人那里,产生了质的飞跃。

最终,人文成为古希腊文明最根本的特质,使古希腊文明成为一个异类。而这个异类之后要走的路,必然很曲折。

---

[1] 关于宗教中的等级制与现实政治中等级秩序关系的论述,参见[德]马克斯·韦伯:《宗教社会学》,康乐等译,广西师范大学出版社,2005年,第七章。

[2] 关于古希腊哲学和科学汇集了地中海各大古老文明的讨论,参见[德]黑格尔:《哲学史讲演录》(第一卷),贺麟等译,商务印书馆,1996年,第160—163页。[英]丹皮尔:《科学史及其与哲学和宗教的关系》(上卷),李珩译,商务印书馆,1997年,第一章,尤其是第41—45页。另外,在古典希腊学术结晶——亚里士多德的《形而上学》和《物理学》两部著作中都很容易找到地中海各大古老文明的踪迹。

二、理性：人凭什么成了万物的尺度？

古希腊创造了一个以人为中心的世界，这种独特的人文特质孕育出古希腊文明的又一个特征——理性。

人之所以能够成为万物之灵，之所以能站在世界的中心，把整个世界撑起来，就是凭借理性的力量。用古希腊哲学家普罗塔哥拉的一句名言形容就是：人是万物的尺度。[1]

■ 什么是"理性"

理性到底是什么？关于"理性"的定义，哲学、逻辑学、心理学、政治学、法学等领域有许多描述。本书采用了一个最基本的定义：理性是人有意识地认识事物、查明事实、展开推理的能力。

理解这句话需要把握三个要点。

第一个要点，"有意识"，即积极主动地认识和理解世界。古希腊人创造的"哲学"一词由"爱"和"智慧"两个单词组成，其中"爱"这个词就表现了古希腊人主动追求智慧的强烈意愿。

第二个要点，"认识事物、查明事实"，即透过表面看实质。

---

[1] 北京大学哲学系外国哲学史教研室编译：《西方哲学原著选读》（上卷），商务印书馆，1999年，第54页。

认识不能停留在人人都能看到的表面,更要深入探究,看清事物的本来面目。[1]

第三个要点,"展开推理",即抽象地建立事物之间的联系。人要在事情尚未发生或者还没被告知消息时就能预知情况,而不是等到事情已经发生或被告知消息后才明白。[2]当然,这不是巫师卜卦,也不是胡乱猜测,而是借助思维规律去推理,这就是逻辑。

不过,这种定义是把理性看成人的一种内在能力,如果从观察西方文明的角度出发,我们还得把理性看成文明的一种特质,它是一个文明中的人看问题、想事情的基本方法。

具备理性特质的文明,往往会有令人意想不到的特色。法国著名学者韦尔南在《希腊思想的起源》里总结得很好,他认为古希腊人的思想有三个相互关联的特点:第一,古希腊形成了一个外在于宗教、与宗教无关的思想领域;第二,宇宙的秩序不是建立在神的难以捉摸的意志之上,而是建立在规律和法则之上;第三,古希腊人的思想具有明显的几何学性质。[3]下面我会详细解读这三大特点。

■ 古希腊人运用理性的三大特点

古希腊人运用理性的第一个特点是,用宗教以外的方式思考世

---

[1] [古希腊]亚里士多德:《形而上学》,吴寿彭译,商务印书馆,1997年,卷一。
[2] [古希腊]亚里士多德:《形而上学》,吴寿彭译,商务印书馆,1997年,卷三。
[3] [法]韦尔南:《希腊思想的起源》,秦海鹰译,生活·读书·新知三联书店,1996年,第2—3页。

界由什么构成、它从何处来等根本问题。

古希腊第一个哲学家叫泰勒斯,他认为万物的始基是水,也就是说万物都是水做的,水是万物的本源。后来很多哲学家都从始基入手谈论世界,赫拉克利特认为万物的始基是火,德谟克利特认为是原子,还有人认为始基有四种——水、火、气、土,等等。[1]这些对世界本源的讨论,形成了古希腊哲学和科学的起源。

哲学家康德曾经写过一篇著名的论文《答复这个问题:"什么是启蒙运动?"》,他把17世纪启蒙运动的口号概括成一句话:"人,要有勇气运用你自己的理性!"[2]如果用康德的思路来看古希腊人,他们就是西方历史上最早运用理性走出蒙昧、自我启蒙的人。

古希腊人运用理性的第二个特点是,相信在神的意志之外,世界依照客观的、即使是神也不可改变的规律和法则运行。

在探究这些规律和法则的过程中,古希腊人发展出了一个有力的工具——逻辑。其中最典型的就是亚里士多德提出的三段论。如果一个人的推理过程符合三段论的结构,那他得出的结论不一定完全正确;但如果不符合,那结论肯定不正确。亚里士多德的三段论有多经典呢?到了20世纪,波兰学者卢卡西维茨系统地整理了亚里

---

[1] 参见北京大学哲学系外国哲学史教研室编译:《西方哲学原著选读》(上卷),商务印书馆,1999年,第15—74页。[古希腊]亚里士多德:《形而上学》,吴寿彭译,商务印书馆,1997年,卷一。[德]黑格尔:《哲学史讲演录》(第一卷),贺麟等译,商务印书馆,1996年,第一部第一篇。[德]文德尔班:《哲学史教程》(上卷),罗达仁译,商务印书馆,1996年,第一章。

[2] [德]康德:"答复这个问题:'什么是启蒙运动?'",载康德:《历史理性批判文集》,何兆武译,商务印书馆,1997年,第22—31页。

士多德的三段论,将其写成一本书,这本书后来成为逻辑学领域的名著。[1]

逻辑在古希腊成了一门大学问,这说明古希腊人已经有意识地去锻炼自己的理性思考能力。这样一来,理性这种能力就处于自我升级的状态之中了。

古希腊人运用理性的第三个特点是,认为万事万物都符合几何学性质。

这一点理解起来比较抽象,我先用黄金分割的概念来解释一下。根据黄金分割法则,线段的长短符合特定比例,才是合理的、美的、和谐的。而古希腊人认为,整个世界也充满了各种比例,所以它是合理的、美的、和谐的。

在古希腊,几何学不仅仅是关于几何定理的学问,它几乎代表了古希腊人的世界观——万事万物符合几何学性质,都应该具有几何式的美感。

古希腊人对这种"几何式的美感"的追求,几乎达到了强迫症的程度。

柏拉图开学园教徒弟,学园的大门上写着"不懂几何者,请勿入内"[2]。意思是,如果一个人对几何式的美感没有感觉和追求,

---

[1] [波]卢卡西维茨:《亚里士多德的三段论》,李真等译,商务印书馆,2010年。
[2] 几何对于古希腊思维的渗透之深,令人叹为观止,亚里士多德在讨论哲学问题时经常论及几何,还点了毕达哥拉斯、柏拉图等前辈哲学家的名,和他们商讨切磋。参见[古希腊]亚里士多德:《形而上学》,吴寿彭译,商务印书馆,1997年,第6、29、44—45、63、190—192、219、270、300页。

那就学不了哲学。

　　数学家毕达哥拉斯提出毕达哥拉斯定理（勾股定理）后，有个学生问他，如果直角三角形里一条直角边的边长不是3，另一条直角边的边长不是4，它们都是2，那么斜边是多长呢？这个问题引出了数学上无理数、无限不循环小数的概念，但在当时使得毕达哥拉斯勃然大怒，因为这个问题挑衅了几何的美感。他立即处死了那个脑洞大开的学生。

　　而且，古希腊人把这种几何学性质拓展到了社会生活的方方面面，比如亚里士多德讲政治上的平等，就分成了数量的平等和比值的平等。[1]

　　在其他古老文明里，几何学只是世界的一小部分。只有在古希腊，几何学成了人们的世界观，几何学性质渗透了整个世界。

■ 理性贯穿西方三千年

　　古希腊的理性给西方带来了一种贯穿几千年的思维特质。后来的西方文明甚至用理性悄悄改造了宗教，这在其他文明里很少见。虽然伊斯兰教和佛教也融入了大量的理性探索，但都不及西方的基督教和理性精神结合得紧密。

　　基督教自身发展出了庞大的神学体系，而神学就是用理性的方

---

[1] [古希腊]亚里士多德：《政治学》，吴寿彭译，商务印书馆，1997年，第135—137、148—151页。[古希腊]亚里士多德：《尼各马可伦理学》，廖申白译，商务印书馆，2003年，第134—136页。

法来证明信仰。比如，基督教第一个集大成的神学家是奥古斯丁，他的神学就是基督教信仰和古希腊哲学高度融合的产物。再比如，代表中世纪神学思想发展顶峰的阿奎那，他的神学思想则是基督教信仰和亚里士多德哲学融会贯通的成果。可以说，理性、逻辑、三段论是构建神学的基础。

总之，基督教不仅没有使理性消失，相反，它融汇了理性，使理性更加成熟。连以神为中心的世界都被人的理性精神完全渗透，可想而知，理性这种思维特质在西方有多强大，它贯穿了西方三千年的发展。

三、民主：好东西还是坏东西？

理性让古希腊人撑起了属于自己的世界。人成了这个世界的尺度，就必须把它管理好——所谓的"好"，最重要的方面就是人和人相处的原则以及社会运行的机制必须和人文、理性是一致的。因此，古希腊发展出了民主政治。

虽然我们通常认为雅典是古希腊民主的典范，但是，柏拉图、亚里士多德当时并不喜欢民主制度，甚至深刻地批评过民主。可以说，古希腊给西方留下的民主基因，但并不是作为正面的政治资产流传下来的。

西方在之后的两千年里也不喜欢民主，一直把民主看成"坏政治"。即便这样，民主还是留下来了，并成为当今西方乃至世界的政治共识。

为什么民主这么不受古代西方人的欢迎和喜爱，最后却成了西方乃至全世界的共识呢？

■ 民主在古希腊的运行规则

民主的英文是democracy，其中的"demos"是"人民"的意思,"cracy"是"统治"的意思,合起来就是"人民的统治"。[1]人民的统治和神的统治是相对的,人做主,神就不能做主。所以,民主带有浓重的人文味道,它意味着君权神授不仅不是理所当然的,甚至不是人们理解政治的基本模式。

最能代表民主的城邦是雅典,雅典人认定政治是公民们的事情。就连和雅典对立、采用贵族制的城邦斯巴达也认同这一点——几千个贵族之间是平等的,不存在君权神授。相比古代各大文明中充斥的专制王权、君权神授的思想,古希腊的民主完全就是异类。

虽然古希腊的民主制度在两千多年后的演化中被西方改造了不少,和现在的民主存在很多差别。但是,古希腊民主已经蕴含着民主的基本运行逻辑,为后世的民主提供了三条基本运行规则:第一,平等的公民资格;第二,抽签或多数决定的决策规则;第三,政治是公民自己的事业。

■ 古希腊的公民是谁

平等的公民资格,就是每个人享有平等的政治权利或者政治资格。参与政治的门槛对所有公民来说一样高,或者一样低。这一点在讲身份、讲血统、讲神的眷顾的古代社会非常少见。

在古埃及,法老家族是神的后裔,他们身上流淌着神的血液。

---

[1] [古希腊]亚里士多德:《政治学》,吴寿彭译,商务印书馆,1997年,第134—135页。[美]萨托利:《民主新论》,冯克利等译,东方出版社,1998年,第23—49页。[美]达尔:《民主及其批评者》,曹海军等译,吉林人民出版社,2006年,第4—5页。

为了保证血统的纯正和神圣，他们甚至不与别的家族通婚，经常出现姐弟或者兄妹结婚的情况。

在中国古代，尽管陈胜喊出了"王侯将相宁有种乎"的口号，但在正统叙事中，皇室家族确实是"有种"的。《二十四史》中每一朝开国皇帝的《本纪》都要把这个家族的血统往上追溯到黄帝，或者表明开国皇帝是天降异象所生。

虽然古希腊的公民身份并没有覆盖到所有人，妇女、儿童、奴隶、外邦人并没有公民资格，但古希腊人，尤其是雅典人，在人类历史上第一次用自己的实践证明：政治并不只是帝王将相的事情，它完全可以是数以万计的人一起做的事情。

那么，到底什么是公民？有什么样资格的人才能参与民主政治的游戏呢？古希腊的公民资格和现在的定义其实大不一样。

现在的公民是用权利来定义的，比如自由权、选举权、财产权等，宪法和法律规定了一个国家的基本成员享有什么样的权利。当然，宪法和法律也会规定相应的义务，但总体来说，权利为主、义务为辅，所以，公民是个法律概念。

而古希腊的公民不一样，他们并没有对权利和义务进行区分。公民资格既是权利又是义务。比如，参军入伍、征战沙场，这是古希腊公民的权利，只有他们才有资格做这件事情；但从另一个角度看，这也是公民的义务，他们不能放弃、不能推脱、不能逃避。[1]

---

[1] [古希腊]亚里士多德：《政治学》，吴寿彭译，商务印书馆，1997年，第109—116页。[英]芬利：《古代世界的政治》，晏绍祥等译，商务印书馆，2013年，第90—95页。

古希腊公民的实质是，对于城邦享有政治和法律资格的人。公民最主要的资格就是当兵打仗和参与城邦政治事务这两件事，所以，亚里士多德把公民界定成参加公民大会或者陪审法庭的人。

■ 古希腊的民主怎么实行

明确公民资格之后，这么多公民要怎么管理城邦呢？他们要如何做决定呢？有两条基本规则——抽签和多数决定。

特定的公共职位由抽签决定人选，每个公民都有同等的机会。一个职位任期届满后，进行下一轮抽签。在雅典，像五百人议事会成员、陪审法庭成员等重要的公共职位，都是由抽签产生的。只有极少数像"将军"这种专业程度要求高的职位才不由抽签决定，但这样的职位需要由公民大会或五百人议事会来任命。[1]这就好比北京的一个社区，社区居民通过抽签轮流做管理委员会委员，抽到谁，谁就必须干。而少数专业职位，则由社区的委员一起决定谁来担任。

除了通过抽签和任命来分配政治权利，古希腊民主还有自己的决策规则，就是由多数人决定事情怎么办。公民大会和五百人议事会就采用这个原则，少数服从多数的决定。

正是这种规则让民主和理性成了亲密战友。既然公民要一起做

---

[1] [古希腊]亚里士多德：《政治学》，吴寿彭译，商务印书馆，1997年，第141—148页。另详见[古希腊]亚里士多德：《雅典政制》，日知等译，商务印书馆，2014年。

出政治决定，那就只能商量着来。商量就是讲道理，必须得靠理性。这样一来，古希腊人就在玩民主政治的过程中变得越来越理性了。

然而，需要注意的是，理性可以让民主兴盛起来，也会让民主走向衰败。古希腊哲学中有一个重大转折，叫作"从天上到人间"。古希腊的第一代哲学家叫"自然哲学家"，比如泰勒斯、赫拉克利特。他们最关心的是通过始基问题探究世界的构成和运行规则。第二代哲学家叫"智者"，他们关心的是人的事情。柏拉图写了很多关于智者的对话录，很重要的一个目的就是批评这些智者把民主政治搞坏了。[1]

柏拉图为什么批评这些智者？因为民主政治里有一个很重要的机制是演讲和辩论，谁能在公民大会上雄辩滔滔，谁就容易赢得自己想要的政治决定。而智者就是教人们提升口才的，而且收费。民主当然不能只是逞口舌之利。利用雄辩操纵民意、实现私利，一直是民主的致命伤。智者们的成功恰恰是民主走向劣质化的重要原因。

■ 民主带来的爱国奉献

平等的公民们通过抽签或者多数决定来运行政治，自然就会把

---

[1] 比如[古希腊]柏拉图：《理想国》，郭斌和等译，商务印书馆，1996年，第493页。[古希腊]柏拉图：《智者》，詹文杰译，商务印书馆，2016年，第16—19页。[古希腊]柏拉图：《泰阿泰德》，詹文杰译，商务印书馆，2015年，第68页。

政治当成自己的事业。他们热爱城邦，一起经营城邦，亲自参与城邦的公共事务，必要时还会为城邦奉献自己。[1]

这和帝国、王朝的统治形式有很大差别。如果统治来自神对某一个人或者某一家人的眷顾，就会产生一个问题：姓李的为什么要服从姓刘的统治？所以，刘邦在面对秦始皇的巡游时，在心里嘀咕"大丈夫当如是"，项羽更是直接露出不臣之心，要取而代之。[2]而古希腊的民主天然有个好处，服从权力就是服从自己，它会让人觉得政治就是自己的事情。

古希腊人热爱自己的城邦，把政治当作自己和公民同胞们共同的事业，最典型的证据就是一篇著名演讲——《伯里克利在阵亡将士国葬典礼上的演说》。伯里克利是雅典最伟大的政治领袖，在雅典与斯巴达开战不久后，他激情澎湃地发表了演说：

> 我们的制度是别人的模范，而不是模仿任何其他人的。我们的制度之所以被称为民主政治，因为政权是在全体公民的手中，而不是在少数人手中……我们的城邦是全希腊的学校……就是这些人为它慷慨而战、慷慨而死的一个城邦……每个人都应当忍受一切痛苦，为它服务……一个聪明的人感

---

[1] [古希腊]亚里士多德：《政治学》，吴寿彭译，商务印书馆，1997年，第120—129页。[古希腊]亚里士多德：《尼各马可伦理学》，廖申白译，商务印书馆，2003年，第5—12、245—251页。

[2] 司马迁：《史记》（二），中华书局，2007年，第三四四页；司马迁：《史记》（一），中华书局，2007年，第二九六页。

觉到，因为自己懦弱而引起的耻辱比为爱国主义精神所鼓舞而意外地死于战场，更为难过。[1]

这篇著名的演说是歌颂民主的经典，它传达出一种伟大的信念：自由、民主和爱国、奉献是高度一体的。两千多年后，林肯在南北战争后期发表的《葛底斯堡演说》，几乎就是伯里克利演讲的现代翻版：

我们要从这些光荣的死者身上汲取更多的献身精神，来完成他们已经完全彻底为之献身的事业；我们要在这里下定最大的决心，不让这些死者白白牺牲；我们要使国家在上帝的福佑下得到自由的新生，要使这个民有、民治、民享的政府永世长存。[2]

■ 激情与理性的对立

这样看来，民主在古希腊运行得不错，是个好东西，那为什么柏拉图、亚里士多德说它是个坏东西呢？

---

[1] [古希腊]修昔底德：《伯罗奔尼撒战争史》（上册），谢德风译，商务印书馆，1960年，第147—153页。

[2] [美]林肯：《林肯选集》，朱曾汶译，商务印书馆，2010年，第278页。

因为这种民主还是存在一些问题。柏拉图、亚里士多德都深刻地反思过民主的三条运行规则。比如，人和人为什么是平等的？在什么意义上是平等的？人和人之间的平等如果不是绝对的，那抽签和多数决定的规则就站不住脚。[1]再比如，公民大会上的辩论看起来很理性，实际上是别有用心的人在利用大多数人的激情和愚昧来实现自己的私利，就像那些作为第二代哲学家的智者。

此外，爱国这种激情和理性之间存在深刻的对立，很可能是盲目的、自私的、愚昧的。民主是多数人的统治，其中的多数人肯定是穷人。穷人往往激情有余、理性不足，不会考虑长治久安的大计，而永远只盯着眼前的蝇头小利。如果他们掌权，很容易被巧舌如簧的人操纵，很容易做出集体自私自利的决定。[2]

民主在古希腊的恶行，最典型的例子就是"苏格拉底之死"。在古希腊，公民通过辩论和投票是可以判人死刑的，而且被判死刑的居然是全希腊公认的最有智慧的人——苏格拉底。他既没有杀人放火，也没有通敌叛国，不过就是喜欢在街头和人聊天，结果雅典

---

[1] [古希腊]柏拉图：《理想国》，郭斌和等译，商务印书馆，第168—172、344—349页。[古希腊]亚里士多德：《政治学》，吴寿彭译，商务印书馆，1997年，第132、248—252、323—326页。

[2] [古希腊]柏拉图：《理想国》，郭斌和等译，商务印书馆，1996年，第493页。[古希腊]柏拉图：《智者》，詹文杰译，商务印书馆，2016年，第16—19页。[古希腊]柏拉图：《泰阿泰德》，詹文杰译，商务印书馆，2015年，第68页。

人给他安上了"亵渎神灵"和"毒害青年"的罪名。[1]

如果民主可以随意杀人,公民和暴君又有什么区别呢?正是因为民主内部含有这种巨大的危险,西方在之后的两千多年里基本上遵循了柏拉图、亚里士多德的教导,把民主当作暴民统治,看成最糟糕的政治。[2]

既然民主长时间充当了反面教材,它为什么还被留下来了呢?正是柏拉图、亚里士多德的批评,从反面有力地提醒了西方人民主的存在。于是,经过两千多年的各种努力,民主被不断改造,开始符合良好政治的规矩。再配合很多使它可以良性运转的条件,它慢慢变成了好政治。等到社会大潮流一变,它就在19世纪翻身,成为主流的政治制度安排。

所以,民主是好东西还是坏东西,并不是统治者人数多少这一个因素就能决定的。它还要符合许多规矩,需要和许多现实条件相配合。

看起来,古希腊和现代西方都是民主制度,西方似乎又兜了一个大圈子回去了。但是,现代民主和古希腊民主大不相同,它并不

---

[1] 关于"苏格拉底之死"这个公案,柏拉图的《苏格拉底的申辩》是最重要的材料,《克力同》也有涉及,苏格拉底的另一弟子色诺芬也有直接记录,记录了苏格拉底的法庭自辩词。现代作家斯东把这个公案剖析得很有趣。参见[古希腊]柏拉图:《游叙弗伦·苏格拉底的申辩·克力同》,严群译,商务印书馆,2000年;[古希腊]色诺芬:《回忆苏格拉底》,吴永泉译,商务印书馆,2002年。[美]斯东:《苏格拉底的审判》,董乐山译,生活·读书·新知三联书店,1998年。

[2] [美]萨托利:《民主新论》,冯克利等译,东方出版社,1998年,第312—319页。[美]达尔:《民主及其批评者》,曹海军等译,吉林人民出版社,2006年,第13—17页。

是古希腊民主的复刻版。中间的两千多年，民主为什么会没落，君主制为什么会强大起来，后来君主制为什么又衰落了，民主又怎样翻了身，翻身之后是什么新面貌……这一系列问题构成了西方文明三千年发展的重要线索。

带着这些问题看西方文明的兴衰沉浮，才能总结出一个文明的政治要怎么安排，制度的选择和时势的变化应该怎样配合才妥当。

四、格局：为什么是城邦林立而不是大一统？

虽然公民平等、抽签或者多数决定、爱国奉献让古希腊的民主运转得不错，但民主一直作为反面教材在提醒西方，好政治到底应该遵循什么样的原则。

在这一篇，我会从一个明显又奇特的表象切入，深入探索古希腊的政治格局和背后蕴含的底层逻辑，那就是：古希腊为什么是城邦林立，而不是大一统的格局。

■ 分散的政治格局

提起古希腊，可能很多人脑海里最先浮现出来的画面就是雅典卫城。雅典卫城里有一座经典建筑——帕特农神庙，可以说是游客的必去之地。要想看到帕特农神庙，游客需要沿着弯弯曲曲的山路爬到山顶——神庙特意选址在雅典的制高点。[1]

这个选址有什么用意呢？有人可能觉得，神庙修在高处是因为要接近神，但这是中国人修庙的想法。雅典卫城所在的石头山并不

---

[1] 关于帕特农神庙政治意义的简单概述，可参见John Thorley, "Pericles, Politics and the Parthenon", In Mary Marouli, *The Parthenon*, Athens: I. SIDERIS, 2004, pp. 39—43.

高，也不是有仙则灵的样子。其实，雅典卫城的建造跟古希腊城邦林立的政治格局高度相关。

中国人往往觉得大一统是国家的常态，但这只是中国政治的特色。如果环顾人类文明，我们会发现，大一统很稀有，分散分裂反倒是常态。在西方文明中，只有罗马帝国算得上是大一统。但从奥古斯都建立帝制到西罗马灭亡，这个大一统帝国只存续了五百年的时间。因此，这种可以算作中国文明主旋律的"大一统"特色，对西方而言，在大多数时间里只是梦想。

分散的政治格局在古希腊体现为城邦林立，其中的原因，可以归为三个层面：第一层面，军事逻辑；第二层面，国内政治逻辑；第三层面，国际政治逻辑。

■ 军事逻辑

从军事逻辑上看，古希腊的地形很独特，可以用四个字形容：半岛丘陵。"半岛"指的是它位于地中海北岸，三面环海；"丘陵"指的是这个半岛上的主要地貌。三面环海的影响我会在下一篇重点分析，而丘陵地貌则意味着古希腊的城邦是有险可守的，神庙的选址主要就是出于这样的军事考虑。

如果你去过希腊，而且除了雅典和圣托里尼，还去过其他半岛上的城市，你就会发现，卫城并非雅典独有，古希腊的每个城邦都有。雅典只是在一座石头山上修了卫城，而其他城邦——比如科林斯——的卫城建在更大更高的山上，卫城里城墙、神庙、广场、军营一应俱全。

通过这种地形和建筑特点，我们可以推测出古希腊人是怎么打仗的：如果不能正面应敌，就据险而守。当敌人即将到达城邦时，人们就放弃卫城山脚下的民房、农田、集市，全都躲到卫城里，然后趁敌人大意或者疲累时攻其不备。因为内线作战比外线作战的优势大，躲在卫城里伺机而动比围在外面耗着的成功率要大得多，城邦被攻破的可能性就比较小。

即便外线作战的侵入者取得了胜利，拿下了卫城，丘陵造成的交通不便也会使直接统治的成本高到难以接受。而且，古希腊的城邦都是小国寡民，根本没有多少人手可以去管理新占领的城邦。

比如，古希腊最大的城邦雅典在鼎盛时也只有15万公民。除非要对付斯巴达同盟，否则雅典不会举国动员，参战的士兵就更少了。据修昔底德记载，雅典在伯罗奔尼撒战争初期的时候只有1.3万名重装步兵，加上辅助防卫者，大概有1.6万人；此外，还有骑兵1.2万名，射手1600名，战船300艘。[1] 雅典的军队还有一个特点，就是军队由公民而非专业军人组成。打完仗，士兵们就回家种田、做生意去了。

所以，战争的胜利者一般都是在占领地建立间接统治，扶植傀儡，并不会把其他城邦并入自己直接统治的版图。

古希腊历史上最典型的战后控制案例是斯巴达控制雅典。在伯

---

[1] [古希腊]修昔底德：《伯罗奔尼撒战争史》（上册），谢德风译，商务印书馆，1960年，第131页。

罗奔尼撒战争中，斯巴达率领同盟者最终击败了雅典率领的同盟，但斯巴达没有铲平雅典，也没有驻军控制，而是扶植了雅典本地人当傀儡，史称"三十僭主"。[1]

从军事逻辑来看，人少城小的众多城邦据险而守，丘陵地带又天然抬高了统治成本，客观上使城邦之间没办法互相吞并。但除此之外，还有主观上的因素，这就得探究古希腊的文化。

几百个城邦虽然政治上各自独立，但共享同一种希腊文化，可以说是一家人。尤其是共同抵抗波斯的经历，更加强化了这种认同感。这也是西方文明的源头不叫雅典文化、斯巴达文化、科林斯文化、米利都文化，而是统称为希腊文化的原因，就像中国文明不会只上溯到齐、鲁、宋、晋这些诸侯国一样。

文化上的共性会在很大程度上遏制城邦之间的互相毁灭、互相奴役、互相吞并。城邦之间的战争就像奥林匹斯山上众神的争斗一样，永远不会停歇，但谁也不能彻底消灭谁。

除了地理和文化的原因，我们还要深入城邦政治的逻辑，分别从"国内"和"国际"两个方面来看城邦林立的底层逻辑。

■ 国内政治逻辑

从国内政治层面看，政治的规模会抑制政治的复杂性。简言

---

[1] 关于"三十僭主"恐怖统治的详情，参见[英]哈蒙德：《希腊史》，朱龙华译，商务印书馆，2016年，第702—712页。

之，城邦规模太小，导致统治和管理大规模共同体的制度和策略无法产生。

雅典是通过公民大会、五百人议事会、陪审法庭、十将军委员会来实现统治和管理的。当雅典拥有15万公民的规模时，民主制度可以通过抽签和多数决定运转。但如果是150万人呢？如果是整个古希腊文明的1100万人呢？如何决定哪些人拥有公民资格？如何通过抽签决定公民大会参与者的职位，并让他们轮流担任？而且，散落在整个希腊半岛的1100万人，还会像雅典人热爱自己的城邦一样热爱这个庞大的"国家"吗？

举几个简单的例子就能看出规模对制度有刚性要求。美国在立宪的时候拥有280万人，而共和国制度被认为只适用于小国寡民。最终，美国国父们想出了联邦制、三权分立这些现代制度，才算基本解决了大共和国得以成立这个千古难题，[1]堪称制度匹配规模建成大共和国的突破。再看中国，秦国通过商鞅变法实现了对本国大规模领土和人口的有效管理，而被它征服的六国多多少少都进行过类似的变法，因此，秦国战胜六国后很容易接管。[2]所以说，在这个问题上，中国文明是非常早熟的。但即便如此，秦朝的大一统不还是很脆弱吗？汉朝的大一统不也被豪族社会的崛起瓦解了吗？可见，大一统对政治制度和策略的要求其实非常高。

---

[1] 这个问题我在下文细谈，精要的讨论可参见[美]汉密尔顿、麦迪逊、杰伊：《联邦党人文集》，程逢如等译，商务印书馆，1997年，第十篇。[美]戈登·伍德：《美利坚共和国的缔造》，朱妍兰译，译林出版社，2016年，第45—88、366—372、433—465页。

[2] 施展：《枢纽》，广西师范大学出版社，2018年，第133—136页。

小国寡民的希腊由于没有孕育出统治和管理大规模领土及人口的政治制度和策略，即便在军事上取得胜利，大一统仍然不可能实现。雅典的民主做不到，斯巴达的贵族制同样做不到，这是整个古希腊政治的"天花板"。

■ 国际政治逻辑

"打得赢也管不了"的政治局限性，是古希腊城邦林立的内政原因。跳出城邦内部，我们还能从外部形势找到这个现象的成因。

如果说城邦的规模决定其政治制度和策略上的"天花板"，那么它们在这个"天花板"下你争我夺的时候，也会有意无意地一起维护这个"天花板"，维护所有人都有基本的政治生存空间，因为"覆巢之下，安有完卵"。这就是古希腊国际政治的基本逻辑——国际均衡，它同样不利于大一统。

对比中国是如何从春秋战国走向大一统的，就能反衬出古希腊的政治演化在国际政治层面的特征。

春秋时代，各国之间的纷争属于争霸逻辑，目的是使列国臣服。盟主国由于自身资源汲取和动员能力有限，加上战败国资源匮乏，很难从战败国大量掠夺资源。

到了战国时代，战争进入了灭国逻辑，目的是要一统天下。强国自身的资源汲取和动员能力因为变法而大大增强，战败国成为被掠夺的对象。而且，变法为强国管理战败国，将其纳入自身版图提供了政治管理上的可能性，灭国也是一劳永逸地摧毁对手、壮大自身的唯一选择。[1]

因此，战国时，一旦出现一个强国，其他各国都会对它高度警惕，合纵连横就出现了。古希腊城邦之间也有这种合纵连横。一个大城邦击败一个小城邦可能很容易，但周围的城邦会集结起来对付这个大城邦，因为谁都知道唇亡齿寒的道理。

所以，合理的结果就只能像真实的历史那样，古希腊没有实现大一统，只是最终合并为两个军事同盟——雅典同盟和斯巴达同盟。雅典和斯巴达各自带领一堆小弟展开对峙，从冷战到热战，打了个天翻地覆。从国际政治层面上看，古希腊城邦之间基本上只是在玩争霸逻辑的游戏，还没有进入灭国逻辑的游戏。

有学者专门发明了一个词来说明雅典同盟的性质，叫"雅典帝国主义"。但是，雅典的帝国并不是像罗马那样的帝国。它虽然对小弟们有军事统帅权，还向它们收保护费，但那些小城邦都是独立的，雅典人派的总督并没有接管它们的政治、军事和外交。雅典的权力只是盟主的权力，还远远达不到罗马皇帝的权力。[2]小弟们如果受不了大哥的管束，很容易就会翻脸，这正是雅典和斯巴达开战的重要起因。

---

[1] 参见黄朴民：《历史的第三种读法》，江苏人民出版社，2017年，第一章"历史总是重演——春秋争霸与大国角逐""都是虚名惹的祸——夫差之死""君子斗不过小人——越王勾践灭吴"。

[2] [古希腊]修昔底德：《伯罗奔尼撒战争史》（上册），谢德风译，商务印书馆，1960年，第七、八、九章。[美]弗格森：《希腊帝国主义》，晏绍祥译，上海三联书店，2005年，第一、二、三讲。

五、生计：逼出来的商业文明？

古希腊的政治格局始终是城邦林立，没有形成大一统，这就引出了一个问题：在小国寡民的状态下，古希腊人是怎么养活自己的呢？

我先公布答案：他们不是靠农业，而是靠商业养活了自己。而且，古希腊人还活得很滋润。

这让西方文明在起点上就和中华文明存在重大差别。古希腊是典型的商业文明，古罗马也是。中世纪前期商业发展比较脆弱，但在中世纪后期迅速恢复起来。到了现代，西方发展出人类有史以来规模最大、影响力最强的商业文明。

而中国古代一直都是农业文明，在"士农工商"中，商人排在最末流。直到19世纪下半叶的洋务运动，中国才开始出现工业化；而全面、深入地拥抱商业，则是改革开放之后的事情，到现在不过四十多年时间。商业在中西两大文明里所占的比重，有根本性的不同。

如果把视野继续放大，将全世界的古老文明对比来看，我们会发现，大多数文明都和中国古代一样是农业文明，比如古埃及、苏美尔、古巴比伦。

为什么只有古希腊人依靠商业而不是农业为生呢？是他们天生就喜欢或者擅长做生意吗？并不是。答案其实很简单，古希腊人是被逼无奈的。

■ 古希腊商业的成长逻辑

希腊半岛三面环海,而且处于丘陵地带,没有丰富的自然资源,没有广阔的平原,也没有肥沃的大河流域。这样的地形决定了古希腊不可能发展出像古埃及的尼罗河流域、苏美尔和古巴比伦的两河流域以及古代中国的黄河流域那样的大规模农业,相应地就没有资源支撑起庞大的帝国。

不过,古希腊是典型的地中海气候,夏季炎热干燥,冬季潮湿寒冷,适合三种农作物——葡萄、橄榄和谷物,也就是"地中海三宝"[1]——生长。

"地中海三宝"之间的关系很特别。按照农业文明的思路来看,应该是谷物优先,经济作物靠后,人要先吃饱饭再考虑赚钱。但古希腊没有大河灌溉,丘陵高低起伏,气候又会引起周期性歉收,就算以谷物为主发展农业,也无法保证自给自足。据古希腊历史学家希罗多德记载,圣托里尼岛曾经连续七年干旱,岛上几乎寸草不生。[2]既然再怎么努力都达不到及格线,还不如另辟蹊径:粮食不能自给,又必须得有,那就通过交换来获取。之所以说古希腊

---

[1] 参见[英]卡特里奇主编:《剑桥插图古希腊史》,郭小凌等译,山东画报出版社,2005年,第二章。

[2] [古希腊]希罗多德:《历史》(上册),王以铸译,商务印书馆,1959年,第324页。

人发展商业文明是被逼出来的,就是因为他们连吃饭这个最基本的问题都只能靠商业解决。

既然谷物可以通过商业活动换取,无须自己种植,那么另外的"二宝"自然就成了古希腊的主要农作物。葡萄和橄榄本身不仅可以卖出好价钱,还可以加工成价钱更高的葡萄酒和橄榄油。古代的奥运冠军是没有金牌可领的,实际的好处就是可以得到一瓦罐橄榄油,可见橄榄油在当时有多贵。

古希腊的政治家们很早就认识到了葡萄和橄榄的价值。比如雅典最伟大的改革家梭伦,他出台政策鼓励雅典人种植橄榄,出口橄榄油。[1]因此,农业在古希腊迅速地商业化了。

但是,只有葡萄和橄榄并不能形成一个成熟的商业体系,还需要三股力量一起往前推,古希腊才能发展出繁荣的商业文明。

这三股力量是什么呢?首先是手工业,其次是货币,最后是船队和舰队。

先来看手工业。既然已经有了"地中海三宝",为什么还要发展手工业呢?手工业产品虽然不一定比农产品贵,但其生产的稳定性显然比农产品高,人们在家里就可以做出来,受气候变化的影响不大。

古代手工业项目主要是制作陶器、织布、造船、冶炼铜铁。考古资料显示,在公元前800年之前的地中海世界,各大文明在这些

---

[1] [古希腊]普鲁塔克:《希腊罗马名人传》(上册),黄宏煦等译,商务印书馆,1999年,第192—193页。

项目上的表现各有千秋，而古希腊人不管在哪个项目上都还只是业余选手。但是，不过两三百年的时间，古希腊人就后来居上，成了全能冠军。他们生产的所有手工业产品，几乎都成了地中海世界最好的。[1]这样一来，古希腊人就有了能和其他人进行交换的产品。

有了手工业，还得有货币作为产品交换的媒介。因为以物易物的效率实在太低，会限制商业规模和交易频率。古希腊人从地中海东岸的小亚细亚学会了铸币，把它流传到整个地中海世界。这样一来，人们就能顺畅地交换货物。古希腊人还发展出西方最早的货币兑换业务和银行业务。有了金融业之后，商业又上了一个大台阶。

最后，发展商业还得有船队和舰队。且不说希腊半岛的丘陵地形使交通成本居高不下，即使是在平原地带，陆上运输成本也比海上运输成本高不少。而古希腊半岛三面环海，它的买卖主要是通过成本较低的海上交通完成的。商业文明会被称作"海洋文明"（相应地，农业文明通常是"大陆文明"），很大程度上是因为商业活动多是通过海上贸易完成的。海上贸易当然要靠船只运输，而为了保障交易安全，还得有舰队。

雅典是古希腊世界中海军力量最强大的城邦，它在鼎盛时期曾

---

[1] 古希腊有意识地发展手工业，可以从雅典看到明显的证据。雅典最伟大的立法者梭伦曾经出台政策鼓励手工业发展，一方面迫使雅典人掌握技艺，法律规定：父亲若不让儿子学会一门手艺，儿子就没有赡养父亲的责任；另一方面招揽外来手工业人才，给予雅典公民资格。参见[古希腊]普鲁塔克：《希腊罗马名人传》（上册），黄宏煦等译，商务印书馆，1999年，第190—193页。

经拥有三百艘三列桨战舰。历史学家往往强调雅典海军和雅典民主的亲密关系,因为雅典海军的主力军和公民大会的主体高度重合,桨手就是公民。这些人在军舰上的表现决定着城邦的生死存亡,而他们在公民大会上的决议,决定了他们自己是否出海作战、如何在和平时期维护海军。甚至有学者把这个现象拔高成一种政治理论:海军和民主是一伙的,相应地,陆军和专制是一伙的。[1]

有了商业性农业,有了手工业、货币、船队和舰队,以雅典人为首的古希腊人生意越做越大,甚至超出了地中海世界。后来,他们通过黑海和现今俄罗斯南部的土著人做起了生意,还在那里建立了自己的城邦。古希腊成就了古代世界第一个高度繁荣的商业文明。

■ 商业繁荣带来的军备竞赛

古希腊文明虽然灿烂,但它不是恒星,只是一颗耀眼的流星。它在划破夜空、令人炫目的同时,也在急速坠落、走向毁灭。因为在古希腊文明的商业逻辑里,蕴含着毁灭的种子。

为什么这么说?这就要看商业繁荣的古希腊接下来是怎么发展的。

经济繁荣总是和人口增长呈正相关,一旦人口超过经济承载的

---

[1] [古希腊]修昔底德:《伯罗奔尼撒战争史》(下册),谢德风译,商务印书馆,1960年,第637页。这种观点的集中阐释,可参见[美]黑尔:《海上霸主:雅典海军的壮丽史诗及民主的诞生》,史晓洁译,广西师范大学出版社,2012年。

极限，就会发生消灭人口的惨剧——要么是天灾，要么是人祸，要么是天灾带来人祸。

古希腊的农业本来就无法自给自足，经济繁荣后人口增加，使原本就匮乏的粮食变得更不够用了。但古希腊人用一个巧妙的办法延缓了惨剧的发生，那就是移民建立新城邦，进行经济殖民。[1]

古希腊人建移民城邦的思路并没有跳出小国寡民的政治制度以及复杂的国际关系的框架。无论城邦多么繁荣，古希腊都没有在制度上进行扩容，而是不断拆分。每个城邦都保持小规模，复杂制度就无法诞生。随着城邦的数量越来越多，国际关系也变得越来越复杂。众多城邦无论新老都遵循着通行的生计活法，也就是发展商业，而商业关系的亲疏远近构成了国际关系的第一层格局。

如果古希腊只有商业和商业联盟，就不会产生什么问题，但城邦之间的关系不会只停留在生意层面。引起国际商业关系向国际政治关系演进的因素，就蕴含在商业之中。

由于进行贸易的船队需要舰队的军事保护，经济越繁荣，人口越多，商业安全就越重要，相应地，需要的军舰就越多。所以，哪怕不针对任何特定敌人，地中海上也会出现一支"无敌舰队"。

然而，这种由商业所需发展出来的政治和军事保障，将古希腊拖进了"安全困境"的深渊。所谓安全困境，就是：我不信任你，而你的军队很强大，我怕你攻击我，就只能增强自己的武备；而

---

[1] 古希腊人移民新建城邦的情况在希罗多德的《历史》中多有提及，比如希罗多德：《历史》（上册），王以铸译，商务印书馆，1959年，第82—85页。

你认定我增强武备是针对你，于是你也"被迫"增强武备，双方就陷入了军备竞赛，越来越把对方的扩军备战想象成是针对自己的行动。在这样相互助推的态势下，任何一点擦枪走火都会引发战争。[1]

这就给之后的伯罗奔尼撒战争埋下了伏笔。雅典的舰队本来是用来维护贸易安全，尤其是粮食安全的。但和陆上强国斯巴达发生嫌隙之后，斯巴达认为，雅典凭借盟主地位，天天欺负自己的小弟，说不定哪天船头一调就会针对自己，不得不防。于是，二者的矛盾愈演愈烈，毁灭古希腊文明的伯罗奔尼撒战争终于拉开帷幕。

如果把第一次世界大战看成西方列强因为内部矛盾而把全世界都卷入的战争，那么伯罗奔尼撒战争算是真正意义上的"第一次世界大战"。

其实，不信任导致的安全困境困扰了人类几千年。我们现在通过古希腊的历史可以看到，商业文明并不能自然而然地克服这种政治和军事困局，反而很有可能深陷其中，走向毁灭。那么人与人、国与国、联盟与联盟之间的安全困境，是不是会把一切文明都葬送掉呢？美苏冷战积攒的几千枚核弹，或许因为苏联解体、冷战结束而不再那么危险。但是，未来是不是还会发生两大集团对峙呢？人

---

[1] John H. Herz, "Idealist Internationalism and the Security Dilemma", In *World Politics*, Vol.2, No.2, January, 1950, pp.157—180.[美]华尔兹：《国际政治理论》，信强译，上海人民出版社，2003年，第六章。[美]米尔斯海默：《大国政治的悲剧》，王义桅等译，上海人民出版社，2014年，第二章。

类是否能够真正摆脱恐怖的安全困境，不再有"下一次"呢？

西方文明史上层出不穷的精彩故事会让我们不断反思这些问题，进而获得有益的启示。

六、自由：我是谁，我们是谁？

古希腊人因为"被逼无奈"发展了面向海洋的商业文明。随着经济发展，贸易安全问题使城邦间展开军备竞赛。

既然古希腊各个城邦是相对独立发展的，彼此之间还有军备竞赛，它们为什么还能成为一个政治共同体呢？

这背后隐藏着一个重要的问题：古希腊虽然城邦林立，没有形成大一统的格局，但是，各个城邦享有共同的自我认知，它们对"我是谁"的认知是统一的。

■ 文明的自我认知

"我是谁"这个问题通常很难回答。如果问你，你会怎么回答？是父母的孩子？上帝的子民？还是中国人或美国人？人们往往会寻找一些特定的关系给自己定位，越是看重什么样的关系，就越倾向于用什么定义自己。

在这个问题上，中国人和西方人之间存在重大差别。中国人大都把生命的传承看得很重，会把直系血缘关系作为定位自我的首要关系。正所谓"百善孝为先"，孝道就是讲传承。中国人通常把自己定位为父母的孩子，这不只是生物学意义上的传承，还有文化上的传承。

西方人则不是这样（这里主要指信仰基督教之后的西方人），他们定位自我的首要关系是与上帝的关系，父母这层关系得往后放。西方人认为，生命的意义是上帝而不是父母赐予的，每个人都是上帝的子民。爱是人和上帝、人和人、人和世界的基本关系，也是基本的道德要求。《圣经·新约》里有这样一句名言："上帝就是爱"（God is love）[1]，把"爱"的地位抬高到了无以复加的地步。所以，西方人的首要德性是爱，而且爱上帝高于一切。

中国人讲孝，西方人讲爱，这些最核心的价值是不同文明的标志。换言之，核心价值是文明的主心骨。

■ 古希腊共享的核心价值

那古希腊文明的核心价值是什么？是自由。

要想理解这一点，必须从希波战争说起。你可能会觉得很奇怪，古希腊人的自由精神和希波战争有什么关系？实际上，正是通过这场战争，古希腊人把自己的核心价值界定为自由，也由此真正认清楚自己是谁。

希波战争的起因是波斯帝国不断扩张，在地中海东岸的小亚细亚攻城略地。由于地中海东岸有一些属于希腊的城邦，以米利都为

---

[1]《圣经·约翰一书》，第4章第8节。

首的希腊城邦便起义反抗。[1]

波斯决意征服整个希腊世界，对海陆两边都派出了重兵，战争持续了数十年。希腊人奋起抵抗，于是有了斯巴达三百勇士浴血温泉关、马拉松、萨拉米海战等故事。战争的进程，西方的第一部史书——希罗多德的《历史》中有详细记录，有兴趣的话可以看看。[2]这场战场大致可以分成三个阶段。

第一阶段，公元前500年，波斯经过半个世纪的努力，控制了爱琴海东岸的小亚细亚，以米利都为首的希腊城邦发动起义，向斯巴达等邦求援。公元前494年，波斯镇压了起义，矛头直指希腊半岛。到了公元前492年，波斯国王大流士一世派遣将军摩多奴斯率海陆军远征希腊，陆军在色雷斯境内受阻，海军行至亚陀斯海角遭受风暴，损失惨重，无功而返。但波斯并不甘心，继续整军备战。

第二阶段，公元前490年，大流士派遣将军达提斯率约十万军队、六百艘战舰横渡爱琴海，先攻占了海岛，然后在雅典北部的马拉松登陆，爆发了马拉松之战。最终，雅典军队以少胜多，波斯军大败退回。雅典获胜后，传信士兵从马拉松出发，疾跑42.195公里回雅典报信，抵达之后气绝身亡。为了纪念他，就有了马拉松长跑比赛。

第三阶段，公元前480年，新任波斯国王薛西斯一世亲率陆军

---

[1] 古希腊的移民城邦建到了地中海东岸的小亚细亚，米利都就是重要的代表，在那里诞生了古希腊的第一个哲学家泰勒斯。希罗多德的《历史》一开篇就是从这些城邦被波斯占领写起。

[2] [古希腊]希罗多德：《历史》（上、下册），王以铸译，商务印书馆，1959年。

五十万、战舰千艘进攻希腊。波斯陆军夺取了德摩比利隘口（温泉关之战），进占并破坏了雅典城。但海军在绕过苏尼昂海角后，在萨拉米斯湾被雅典打败，仓皇退却。次年，波斯陆军又败于中希腊的布拉。

公元前478年，提洛同盟建立，希腊联军转守为攻。公元前449年，联军在塞浦路斯岛的萨拉米斯城附近打败波斯军，迫使波斯签订了《卡里阿斯和约》，最终取得了战争的胜利。

希波战争作为电影题材被搬上银幕可谓屡见不鲜，2005年上映的《斯巴达三百勇士》便是代表作之一。在这部电影里，斯巴达将军列奥达尼和他的兄弟们不仅武功高强、纪律严明、组织精良，还脸庞俊美、身体健美。而薛西斯率领的波斯大军则是拥有各种特异功能的怪物，又脏又丑。

好莱坞的这种艺术夸张和两千年来西方对战争双方的印象是高度吻合的：希腊一方代表了自由、正义、勇敢和美，波斯一方代表了专制、邪恶、蛮力和丑。

这就引出了一个问题，在很多人印象里，雅典是自由的、民主的，而它的死对头斯巴达是奴役的、专制的，为什么斯巴达在电影里能够代表自由和民主呢？

这是因为，当把雅典和斯巴达做对比时，很容易看出它们的区别，而这种区别慢慢会变成一种脸谱化的认知——雅典成了红脸的关公，斯巴达成了白脸的曹操，忠奸立判。但真实的历史往往不是京剧脸谱，没有那么泾渭分明。更重要的是，雅典和斯巴达共享同一种希腊文化，希腊和波斯才存在着本质上的差别。坚决站在反对奴役和专制的立场,捍卫希腊共同的自由和文明,斯巴达和雅典在这一点上没有分歧,它们共同的对立面就是波斯。

希罗多德记载了一个有趣的故事。希波战争时期,波斯国王问一个斯巴达人:"你们条件那么差,凭什么跟我打?"斯巴达人理直气壮地说:"希腊的国土一直很贫穷,但是由于智慧和强大的法律,希腊人得到了勇气,驱逐了贫困和暴政。我们斯巴达绝对不会接受你的停战条件,因为那等于把所有希腊人变成了奴隶。无论你方如何强大,我方如何弱小,至少我们斯巴达会和你血战到底!"[1]

这个斯巴达人的核心主张是:我们希腊是自由的,你们波斯是专制和奴役的,自由决不向专制和奴役投降。那希腊人的自由是什么呢?这个斯巴达人继续对波斯国王说:"斯巴达人是自由的,但不是在什么事情上都是自由的,我们受法律的统治,我们对法律的敬畏比你的臣民对你的畏惧更厉害。"所以,希腊自由的实质是法治,服从法律而非服从统治者的人才是自由人。

这样一来,希罗多德就把正义属于希腊一方的观点坐实了。古希腊人在为战争的正义性做辩护时,自由就作为古希腊文明的核心价值广为流传,被普遍接受了。因此,希波战争不是普通的战争,而是文明的冲突,是两大文明的直接对抗。[2]

---

[1] [古希腊]希罗多德:《历史》(下册),王以铸译,商务印书馆,1959年,第504—506页。

[2] 参见[美]亨廷顿:《文明的冲突与世界秩序的重建》,周琪译,新华出版社,2002年,第四部分。

从古希腊人的立场来看,他们和波斯血战到底就是为了自由。他们输了就意味着自由输给了专制和奴役,文明输给了野蛮。从历史发展的角度看,如果战败的一方不是波斯而是希腊,那么西方文明就被扼杀在童年了。[1]

通过希波战争可以看到,古希腊是用"自由"回答了"我是谁"这个问题,此后的西方完全把这个答案继承了下来。

■ "自由"本身的不稳定性

不过,故事并没有结束。古希腊是因为和波斯的战争才祭出了"自由"这面大旗,找到了自己的定位。也就是说,"我是谁"这个问题是在高度的敌我关系中找到答案的,正是因为搞清楚了"敌人是谁",才搞清楚了"我是谁"。[2]

这种认识过程和我们普通人的心理状态是非常一致的。"我是谁"这个问题虽然重要,但在日常状况下并不急迫,我们不会时时刻刻去想它。反之,如果处于高度紧张的状态下,这个问题就会变得很急迫,我们必须认真去想。正所谓"知己知彼,百战不殆",如果不弄清楚自己是谁,就根本不可能战胜强大的对手。

---

[1] [英]基托:《希腊人》,徐卫翔等译,上海世纪出版集团,2006年,第107页。[美]勒纳等:《西方文明史》(I),王觉非等译,中国青年出版社,2005年,第112页。

[2] 参见[美]米德:《心灵、自我与社会》,霍林桓译,华夏出版社,1999年,第三章,尤其第165—178页。[德]施米特:《政治的概念》,刘宗坤等译,上海人民出版社,2004年,第106—116页。

但是有一个问题：在敌我关系中界定出来的"自己"，就是最真实的自己吗？比如，到底是日常生活中患有严重拖延症的人是你，还是紧张对峙状态下奋发有为的人才是你？古希腊用"自由"完成自我定位之后，会产生哪些问题呢？

用自由来定义"我是谁"，是高度世俗的，也是高度政治性的。这种自我定位的方式，和用血缘、文化、宗教定位有很大的差别。因为血缘、文化、宗教都是不容易变动的，世俗政治却是非常容易变动的。在不同的政治环境下，斗争关系在变动，敌我关系在变化，这种方式定义出的"自我"具有高度的不稳定性。

尽管如此，古希腊并没有丢掉自由，另找新价值来完成自我定位。恰恰相反，古希腊和后世的西方都没有放弃自由，而是不断地定义自由。

一旦各种势力抢夺自由的大旗，自由就会变成最令人向往却最难说清楚的东西。罗兰夫人有一句名言：自由啊，多少罪恶假汝之名以行！[1]从这个角度看，西方文明史就是一部自由史。这不是说西方文明如何伟大光荣，而是说它一直在寻找自我。

---

[1] 关于西方历史上"自由"的繁复变化，尤其是近代以来的繁复变化，拉吉罗有简要的梳理，参见[意]拉吉罗：《欧洲自由主义史》，扬军译，吉林人民出版社，2001年。

七、内裂：古希腊如何毁了自己？

古希腊人在与波斯的战争中找到了自己的核心价值——自由，并坚定地相信，打败波斯就代表自由战胜了专制和奴役，捍卫了文明的生存和尊严。但自由是一种世俗政治的价值，具有高度的不稳定性。古希腊人的自我定位其实存在重大隐患，为之后的"内裂"埋下了伏笔。

■ "修昔底德陷阱"是一个简单化的误读

古希腊的内裂，主要是两大代表城邦雅典和斯巴达的对抗。前文在谈古希腊生计的时候提过，古希腊在发展商业的同时，不可避免地产生了贸易安全问题，最终导致各个城邦之间的军备竞赛不断升级，大战一触即发。

于是，希波战争结束后没过二十年，希腊内部就发生了一场战争——伯罗奔尼撒战争，它发生在雅典和斯巴达两大同盟之间。

关于这场战争，古希腊历史学家修昔底德专门写了一部著作，叫作《伯罗奔尼撒战争史》。提起修昔底德，很多人或许会联想到一个概念——"修昔底德陷阱"，大意是一个新崛起的大国必然要挑战现存大国，而现存大国必然会回应这种威胁，战争就变得不可避免。按照这个逻辑，在伯罗奔尼撒战争中，"现存大国"就是斯巴达，"新崛起的大国"就是雅典。

但实际上，这种说法误解了修昔底德的原意。虽然修昔底德说过"使战争不可避免的真正原因是雅典势力的增长和因而引起斯巴达的恐惧"[1]，但他本人并没有做出"修昔底德陷阱"这一总结。"修昔底德陷阱"是由美国人在二十一世纪提出的，是后人的"总结"。

修昔底德真正的智慧，不是教人们如何备战和避战，而是有更深层次的道理。概括一下修昔底德的智慧，那就是：国与国之间的斗争（国际斗争），并不仅仅是一个国家和另一个国家的斗争，它往往和国家内部不同集团之间的斗争夹杂在一起。

■ 雅典对斯巴达的挑战

修昔底德为什么会这样理解伯罗奔尼撒战争呢？先来看雅典是如何挑衅老牌强国斯巴达的。

希波战争时，波斯大军压境，他们不只从陆上进攻，还从海上来犯。而斯巴达只擅长陆战，不擅长海战，是雅典人组织起希腊的联合舰队打败了波斯，其中最著名的战役是萨拉米海战。[2]

然而，养海军是件非常烧钱的事情，雅典无法独自担负起这样

---

[1] [古希腊]修昔底德：《伯罗奔尼撒战争史》（上册），谢德风译，商务印书馆，1960年，第21页。

[2] [古希腊]希罗多德：《历史》（下册），王以铸译，商务印书馆，1959年，第622—633页。

高额的成本，就从其他城邦收取贡金。[1]

问题正由此而来。雅典从贸易和舰队的模式中既能赚钱又能当老大，还能拥有联合舰队的指挥权，可作为"小弟"的其他城邦不是这种活法，于是纷纷要求退伙。结果，一方面，雅典当然不允许"小弟"退伙；另一方面，斯巴达会庇护那些要退伙的"小弟"。于是雅典和老牌城邦斯巴达形成对峙，古希腊就此分裂为雅典阵营和斯巴达阵营。

故事讲到这里，看起来好像还是新崛起大国和现存大国之间的博弈，仍然有"修昔底德陷阱"的味道。但我们再来看雅典的对手斯巴达，前文说的更深层次的道理就浮现出来了。

■ 城邦内部的分裂

在柏拉图以前，几乎所有古希腊知识精英都喜欢雅典、讨厌斯巴达，理由很简单——雅典开放，斯巴达封闭。智者们可以在雅典公开传授哲学，教授公民在公民大会上演讲和辩论的技巧；剧作家们的戏剧可以在雅典的剧场上演；商人们可以在雅典自由地做生意；能工巧匠都愿意去雅典做买卖。[2]

---

[1] [古希腊]修昔底德：《伯罗奔尼撒战争史》（上册），谢德风译，商务印书馆，1960年，第17—18页。

[2] [美]勒纳等：《西方文明史》（Ⅰ），王觉非等译，中国青年出版社，2005年，第107—109页。丛日云：《西方政治文化传统》，黑龙江人民出版社，2002年，第一章第五节。

相对而言，斯巴达很封闭，甚至被很多人评价成"专制"。斯巴达的公民都是战士，他们从小就被依照好士兵的标准进行训练，不关心经济营生。他们生活朴素、非常平等，不能过奢侈的生活。有人说，斯巴达简直就是一座兵营，哲学家、剧作家、商人、手工业者都去不了。

而且，斯巴达的政治和阶级模式等级森严，可以说，斯巴达形成了一种非常典型的"士兵平等的寡头政体"：占人口少数的士兵之间是平等的，他们组成了公民大会；公民大会会选出三十名长老组成长老会，其中两人是国王，这三十个人是真正统治斯巴达的寡头。[1]

既然斯巴达人只会作战，那他们靠什么养活自己？答案是希洛人，也就是奴隶。斯巴达吞并了周边两个城邦之后，就把这两个城邦的公民全部变成奴隶，让奴隶进行生产。

然而，斯巴达发展成一座兵营并不是要对外作战，而是为了对付内部的希洛人。但奴役希洛人带来了一个问题：希洛人的反抗在斯巴达层出不穷，士兵平等的寡头政体简直就是坐在火山口上。尽管斯巴达堪称一座兵营，公民们都是战士，但由于内忧不断，斯巴达对外没有进行太大规模的扩张，否则它早就和雅典开战了。

这样一对比就可以发现，雅典是一个由平等的人组成的公社，

---

[1] [美]勒纳等：《西方文明史》（Ⅰ），王觉非等译，中国青年出版社，2005年，第109—111页。丛日云：《西方政治文化传统》，黑龙江人民出版社，2002年，第一章第四节。

雅典公民通过参与公民大会、五百人议事会、陪审法庭来管理城邦，通过演讲、辩论、聊天交换意见。他们可以自由表达意见、自由参与、自由决定，这让民主有自由的味道。而斯巴达是一个由平等士兵组成的战斗团体，长老会和国王执行祖上留下来的传统法律，士兵则通过服从命令和勇敢作战来获取荣誉和晋升。服从命令、严于律己、恪守法度是斯巴达人认同的自由，他们的民主带有保守的味道。了解了当时不同城邦的内部结构，再回头看雅典崛起对斯巴达的挑战，才可以破除"修昔底德陷阱"。

"修昔底德陷阱"最大的错误在于把国家或城邦看作一个整体，看作一个不可再分的原子，误以为一个城邦就像一个人在行动。但实际上，国家或城邦有着非常复杂的内部结构，这些内部结构与其对外军事和外交行动是一体的，不能只看外部而完全忽略内部。

如果只看外部，用安全困境的逻辑推断古希腊的内裂，认为这种内裂是由以雅典和斯巴达为首的城邦对峙和战争导致的，只是找到了浅层次的原因。而把外交和内政打通看就会发现，古希腊世界的内裂比想象的程度更深，后果更恐怖。

一个城邦不是铁板一块，而是由人组成的，更确切地说，是由不同集团组成的。城邦间的斗争往往和城邦内的斗争高度一体，也就是说，只要城邦内存在政治斗争，内外勾结、勾连、"勾兑"是常态。任何一方都在寻找一切有利于增强自己力量的办法，这种行动不会被院墙、城墙或者国界阻止。

城邦内外的政治斗争是什么样的呢？仔细想想，雅典模式虽然有利于工商业发展,但农民会支持吗?地主寡头们会支持吗?反过来,斯巴达模式虽然有利于农业发展,但爱好开放和民主的人不讨厌它吗?奴隶不讨厌它吗?

在雅典内部,反对民众参与、主张大家族联合统治、喜欢斯巴达模式的寡头党一方面通过巧言善辩,赢取公民大会的支持,另一方面又和斯巴达暗通款曲,搞颠覆活动。结局是,在伯罗奔尼撒战争中,雅典城被斯巴达包围,雅典人躲到卫城里和斯巴达硬耗,最后染上瘟疫,失去了抵抗能力。而且,雅典的领袖伯里克利也在其中。伯里克利一死,雅典就失去了主心骨,雅典的内裂变得不可避免。

而斯巴达也好不到哪里去,希洛人始终是斯巴达的隐患。雅典人曾经成功策反希洛人,迫使斯巴达人主动求和,处于上风的雅典当然不会答应和好。寡头党在雅典做的事情,反对大家族联合统治、支持民众参与政治、喜欢雅典模式的民主党在斯巴达也做了。城邦内不同集团的内裂是普遍的,斯巴达也不能幸免。

如果连雅典和斯巴达都不能幸免内裂,其他城邦的情况可想而知。每个城邦内的寡头党都想和斯巴达联盟,民主党都想和雅典联盟。这样一来,古希腊的城邦就不可能再有安宁之日。

■ 人心的分裂

然而,古希腊的内裂到此还没有停止,从外交到内政,最后直指人心,这才是最可怕的。人心是怎么分裂的呢?

前文重点谈过,古希腊把自我的核心价值定位为自由。那么,自由到底是谁的?这种自由到底是什么样子的?对古希腊人来说,rule and be ruled(轮番为治),公民参与政治就是自由。

在斯巴达,士兵寡头们拥有自由,他们按照传统和习俗压制希洛人。但民主党人认为自己在斯巴达没有自由,觉得斯巴达不是他们的城邦。

雅典内部也存在同样的分歧,只不过完全反过来了。在雅典,民主就是自由,公民参与公民大会和陪审法庭是自由,辩论、强词夺理、操纵群众是自由。但雅典的寡头党认为这种民主是暴民统治,他们自然要推翻这种统治。许多城邦甚至发生了寡头党和民主党来来回回的屠杀。

在这种对自由的分歧中,不要说斯巴达人和雅典人之间会有分裂,就是一个雅典人或者一个斯巴达人,他们的心里不也很分裂吗?在内心分裂和外部纷扰一起袭来的情况下,一个人表现得目光短浅、行为失当、顾此失彼,不是很正常吗?

古希腊就是在这种层层内裂的逻辑中最终瓦解了自己。伯罗奔尼撒战争的胜负变得没有意义,它表面上是耗尽了金钱和人命,但最可怕的是它耗尽了人心。[1]

当马其顿的军团打来的时候,希腊已经没有抵抗波斯时的那种自信、决心和团结,被征服是情理之中的事情。

---

[1] [英]芬利:《古代世界的政治》,晏绍祥等译,商务印书馆,2013年,第140—148页。

到此，再回头看"修昔底德陷阱"，你有没有想过，大国崛起不仅会引发国家间的冲突，这些国家内部也会发生冲突，人心里也会发生冲突。这样一来，大国能扛得住内裂吗？

只有把外交、内政、人心全面地连在一起，通盘考虑，才更容易汲取修昔底德的智慧，这种思考也更切合政治的实际状况。

因此，古希腊的内裂不只是以城邦为单位的国际对峙，更是城邦内部派系造成的内政分裂，还有更深层次的人心的分裂和混乱。这种内裂是从最宏观的文明到最微观的人心全面衰败的过程。

八、抗议：柏拉图为什么批评民主？

古希腊经历层层内裂，从最宏观的文明到最微观的人心，最终全面衰败。然而，当一个文明即将落幕，它的政治、经济都在走下坡路，甚至快要跌落谷底的时候，哲学的巅峰往往才到来。

这是为什么？因为哲学是一种反思，是对文明、对生活、对人心的反思。当文明处于上行通道时，社会没有什么大问题，人们都在追逐美好时代，哲学就比较沉默；相反，当文明进入下行通道时，聪明人就会识别出深层次的问题，并反复拷问这些问题。比如，春秋战国时期，孔子把自己生活的时代形容为"礼崩乐坏"；庄子则认为不仅政治崩坏，连学术也四分五裂，"道术将为天下裂"。[1]

哲学家们无法拯救即将毁灭的文明，但他们的思考会提出永恒的问题，让新生的文明汲取其中的养分。我们先从柏拉图的思考入手，一窥古希腊文明的"遗言"。

■ 柏拉图对民主提出抗议

民主在如今这个时代已经成了"政治正确"，成了标准格式，

---

[1] 程树德：《论语集释》（四），中华书局，2014年，第一五八七页。郭庆藩：《庄子集释》（下），中华书局，2004年，第一〇六九页。

柏拉图却对当时的民主提出了强烈的批评和抗议，这是为什么？

要找出这个问题的答案，得先了解柏拉图这个人。柏拉图是雅典人，出生于贵族世家。他是西方历史上最伟大的哲学家，作品涉及神学、形而上学、认识论、价值论等几乎所有哲学的分支，并且提出了系统而深刻的观点。20世纪有位哲学家说，两千年的西方哲学就是柏拉图的注脚。[1]

柏拉图在二十岁时拜苏格拉底为师。跟随苏格拉底学习之后，他觉得自己从前的生活是不值得过的，决意追求哲学的生活。后来，苏格拉底被处死，柏拉图遭受了重大打击。[2]正是劣质的民主，导致柏拉图最敬爱的老师苏格拉底被处死。

这位古希腊文明的骄子与古希腊最重要的民主制度产生了撞击。柏拉图对民主提出了强烈的批评和抗议，认为民主是坏政治，觉得自己生活在一个坏政治横行的时代。

他在《理想国》里借苏格拉底之口，简要又精妙地描绘了民主制度的缺点。民主制度的成长就像没见过世面的年轻人一样，在经济条件紧张的环境中长大（暗示民主政治是穷人政治）。当他尝到了权力、财富、名誉、美女这些"好东西"之后，很容易被"不必

---

[1] [英]泰勒：《柏拉图——生平及其著作》，谢随知等译，山东人民出版社，2008年，第一章。[美]克劳特编：《剑桥柏拉图研究指南》，王大庆译，北京师范大学出版社，2018年，第1—3页。[美]罗素：《西方哲学史》（上卷），何兆武等译，商务印书馆，1963年，第143—144页。

[2] [英]泰勒：《柏拉图——生平及其著作》，谢随知等译，山东人民出版社，2008年，第5—13页。

要的欲望"吸引（吃饭、睡觉才是"必要的欲望"），开始追求浮华、寻欢作乐，甚至结党营私，争权夺利。[1]

■ 劣质化的民主

其实，柏拉图批评的民主，是经历了雅典内裂和衰败后，演化出的劣质化的民主。有两个例子可以直接证明这种民主已经坏得令人匪夷所思了。

第一个例子是雅典的公民大会居然频繁地做出决议，要出钱招雇佣军代替公民去打仗。[2]这个决议有什么不合理的地方呢？公民平等是古希腊民主的基本准则，每个公民平等地享有权利和义务，其中最重要的权利和义务就是当兵打仗。而招雇佣军的决议等于公民主动放弃权利、推脱义务，简直就是出卖民主、出卖城邦。如果公民已经不再承担义务，抽签和多数决定还有什么意义？爱国奉献又从何谈起？

第二个例子是陶片放逐法。雅典公民可以在公民大会上用陶片写下希望被放逐的公民的名字，一旦赞同的人数达到法定数额，此人就会被放逐。这是一种严厉的惩罚，因为放逐一个人就代表剥夺他的公民资格，相当于在政治上和精神上判他死刑。

---

[1] [古希腊]柏拉图：《理想国》，郭斌和等译，商务印书馆，1996年，第335—337页。
[2] [英]卡特里奇主编：《剑桥插图古希腊史》，郭小凌等译，山东画报出版社，2005年，第178页。

那么，公民大会如何判定一个人应该被放逐呢？是因为他罪大恶极吗？不一定，只要有人认为他危害了城邦就行。当时的雅典人往往认为优秀的人对城邦有威胁，就会先把这样的人放逐。决议一旦通过，被放逐者不得申辩，十天之内必须离开城邦。[1]亚里士多德曾经说过："城邦之外，非神即兽。"[2]很多人被放逐并没有什么正当原因，只是因为他们太优秀了。

可是，人多势众就一定对吗？从上述两个例子来看，民主政体在运行过程中，很可能滥用原本恪守的原则，进而破坏原则。

从亚里士多德到孟德斯鸠，他们一直强调一个道理：任何政体都有自己的原则（比如，民主政体的原则是平等），遵循原则的政体会兴盛，背叛原则的政体会衰败。[3]但是，原则执行起来并不容易，故意毁坏和过犹不及会从两个不同的方面侵蚀原则。而且，有很多外力会干扰原则的执行。比如，雅典商业发达之后，必然会产生贫富分化，平等很容易被金钱侵蚀。但偏离原则就意味着退化和堕落，很容易变成打着民主的旗号干集体自私自利的事情。前文的两个例子就很好地证明了这一点。

正所谓"自作孽不可活"，雅典人这样公开毁弃自己的原则，

---

[1] [古希腊]亚里士多德：《雅典政制》，日知等译，商务印书馆，2014年，第29—31页。

[2] [古希腊]亚里士多德：《政治学》，吴寿彭译，商务印书馆，1997年，第9页。

[3] [古希腊]亚里士多德：《政治学》，吴寿彭译，商务印书馆，1997年，第175—183页。[法]孟德斯鸠：《论法的精神》（上册），张雁深译，商务印书馆，1997年，第三章。

就等于自我瓦解、自掘坟墓。难怪柏拉图激烈地批评民主。

■ 城邦的正义

不过,如果你觉得柏拉图只是批评劣质化的雅典民主,那可就小看他了。他还要找到城邦世界最好的秩序,这也是他写《理想国》的目的所在。

在柏拉图如大海般广阔和深邃的智慧中,有一点可以充分展示他对文明的思考,那就是他对灵魂与城邦的类比——人的灵魂和城邦一样,都得遵循正义的德性。[1]

柏拉图认为,人的灵魂中有四种德性,分别是:智慧——理性的力量;勇敢——意气的力量;节制——和谐和秩序的力量;正义——当智慧统领了勇敢和节制就是正义,人的灵魂就是健康的。

相应的,在城邦之中,智慧是统治者应有的德性,勇敢是护卫者应有的品质,节制是生产者应有的品质,智慧的统治者统领着勇敢的护卫者和节制的生产者,城邦就是正义的。

以柏拉图的标准来看,公民们花钱请雇佣军这一行为,是因为商业的繁荣膨胀了他们的欲望,使他们失去了节制的德性,利令智昏,以至于理性的智慧也不复存在。在这种情况下就没有勇敢可言了,正义自然也就荡然无存。

---

[1] [古希腊]柏拉图:《理想国》,郭斌和等译,商务印书馆,1996年,第156—176页。威廉姆斯:《〈理想国〉中城邦与灵魂的类比》,载娄林主编:《〈理想国〉的内与外》,华夏出版社,2013年。

同时，雅典的对手斯巴达也好不到哪里去。希波战争时，崇尚自由、捍卫荣誉、绝不向专制和奴役屈服的斯巴达人，在伯罗奔尼撒战争中堕落了。他们为了打败雅典，不惜和波斯人结盟——斯巴达没有直接动用波斯的军队，而是从波斯人那里拿了不少钱。

虽然柏拉图对雅典民主有切肤之痛，但他批评的不只是雅典的民主。《理想国》也不是政治时评，而是对一切坏政治的批评，是超越政治之上的哲学。民主并非不可批评，坏政治必须予以批评，只不过雅典劣质化的民主首当其冲罢了。[1]

■ 柏拉图投身政治

柏拉图对理想国的追求并非只停留在理论层面，他还积极投身于政治活动中，甚至前后三次在叙拉古意图实现"哲学王"的蓝图，也就是把政治权力交给全知全能的哲学家。不过，柏拉图这些政治上的努力最终都失败了。

柏拉图第一次去叙拉古是受了好友迪翁的邀请。迪翁是叙拉古僭主狄奥尼修斯一世的妻舅。然而，狄奥尼修斯一世对柏拉图批评僭主政治的举动颇为恼怒，因此，柏拉图没有实现把君主改造成哲学王的宏图，最后悻悻离开。

柏拉图第二次去叙拉古，还是受了迪翁的邀请。这个时候老僭主狄奥尼修斯一世已死，新僭主狄奥尼修斯二世上台。然而，因为

---

[1] 丛日云：《西方政治文化传统》，黑龙江人民出版社，2002年，第87—90页。

迪翁在老僭主临终之际劝他把权力分一点给小儿子（迪翁的亲外甥），作为大儿子的狄奥尼修斯二世对迪翁怀恨在心。迪翁邀请柏拉图来访，是想通过哲学王的教育弥合自己与新僭主的矛盾。可惜，四个月后，迪翁就被新僭主流放。柏拉图的教育就算没起反作用，也是徒劳无功。柏拉图只好再次离开。

柏拉图第三次去叙拉古，是应新僭主的邀约。新僭主承诺，若是柏拉图肯来，就允许迪翁回国。可是，等到柏拉图真的去了，新僭主的表现比上次还要糟糕，他完全听不进柏拉图的教导，只想让柏拉图做文化"花瓶"。柏拉图决意离开，却受到威胁。最终，柏拉图想尽办法才得以逃脱。

柏拉图积极投身政治的行动，和我们对哲学家既有的印象不太一样：哲学家不是追求沉思的生活吗？为什么西方头号哲学家要投身政治呢？因为柏拉图有宏大的抱负，他想用哲学改变世界。

在《理想国》中，柏拉图借苏格拉底之口说：统治是件很难做好的事情，聪明人都不愿意做统治者，因为统治本身费力不讨好，统治者要么为了金钱，要么为了荣誉，要么为了避免惩罚才去统治。[1]而柏拉图之所以想当统治者，或者想让自己的学生当统治者，金钱和荣誉都不是主要原因，避免惩罚才是他的动机所在。

柏拉图需要避免什么惩罚？对柏拉图这样一个胸怀世界、有良知、有抱负的人来说，世界的混乱、肮脏、虚伪和不义令他感到焦急又无能为力，这就是不折不扣的惩罚。这种惩罚曾经真切地发生

---

[1] [古希腊]柏拉图：《理想国》，郭斌和等译，商务印书馆，1996年，第28—31页。

在柏拉图身上,那就是眼见着雅典的劣质民主处死了自己的老师苏格拉底。

所以,权力对柏拉图来说很重要。柏拉图之所以投身政治,有一句话可以做出很好的解释:你不掌握权力,离它远远的,那你就会把位子让给你最讨厌的人。

九、断层：亚里士多德为何没有预见新时代？

柏拉图针对古希腊的衰亡设计了许多制度，但他的学生亚里士多德都不太赞同。柏拉图去世后，亚里士多德离开雅典四处游历，后来回到故乡马其顿，担任年仅十三岁的亚历山大的老师——这位亚历山大正是后来征服了希腊、埃及、波斯帝国的西方最伟大的军事领袖。

但是，拥有百科全书式学问的亚里士多德并没有预见自己的学生会取得如此辉煌的业绩，能够开创一个新的时代，他甚至没有对学生的功绩留下任何评论。这是为什么呢？

透过西方文明史上这对最伟大的师生，可以发现西方文明存在着一个重大的断层，就是城邦时代和帝制时代的断层。也就是说，古希腊提供的政治智慧已经跟不上大规模政治共同体的统治需要了。

■ 亚里士多德百科全书式的学问

为了揭示这个重大断层，得先了解亚里士多德的学问。

论深度，亚里士多德可能不及他的老师柏拉图，但论广度，亚里士多德则远远超过了柏拉图。亚里士多德的学问几乎无所不包，神学、形而上学、逻辑学、天文学、物理学、政治学、伦理学、植物学、动物学……在其他古老文明里，论深度，不难找到能够和柏拉图匹敌的大人物，比如中国的老子、孔子；但论广度，很难找到像亚里士多德这样"百科全书式"的人物。

而且，亚里士多德很有主见，他的名言"吾爱吾师，吾更爱真理"便是最好的证据，他在很多著作中都含蓄地批评了自己的老师。[1]

古希腊在衰败之时还能出现亚里士多德这样的人物，有外因和内因两个方面的作用。

所谓外因，就是古希腊经历了三百年如饥似渴的学习和消化，累积的知识总量已经非常可观了。从古埃及人的量地学到古巴比伦人的天文学；从自然哲学家到智者，再到苏格拉底、柏拉图；从能工巧匠到科学抽象——可谓无所不包，无所不有。

但更重要的是内因。亚里士多德一直保持着科学家的好奇心，对所有事物，他都想亲自看看、亲自分析。而且，他不会一直待在书斋里苦思冥想，而是在整个希腊世界旅行。亚历山大知道自己的老师想要穷尽世界上的所有知识，在东征到亚洲的时候，还万里迢迢地把植物、动物的标本送回雅典供老师研究。学生的控制范围超出了古希腊世界，帮助老师成就了百科全书式的学问。

除了被好奇心驱动之外，亚里士多德还通过一个世界性的知识

---

[1] 比如[古希腊]亚里士多德：《形而上学》，吴寿彭译，商务印书馆，1997年，第19—20、308—310页。[古希腊]亚里士多德：《政治学》，吴寿彭译，商务印书馆，1997年，第68—69、91—92、186、196—197页。

框架，把海量的知识分门别类。他有心地把前人的学问记录下来，并做出评价，安排到合适的地方。这件事的厉害之处在于，如果你家里有十本书，即使随手放置，想用的时候也能迅速找到它们；但如果你家里有一万本书，要是不按照某种分类方法归置好，想用的时候根本不可能迅速找到。

从这个角度看，亚里士多德不是古希腊知识宝库的图书管理员，而是整个图书馆的设计者。有了他，人们才能按照图书检索号，在迷宫一般的书库里准确找到自己想要的那本书。

很多古希腊的哲学家、科学家没有写下自己的著作，或者即便写下著作，也在漫长的历史进程中丢失了。这些人之所以能被我们知晓，很大程度上是因为亚里士多德记录了他们，比如泰勒斯、赫拉克利特、阿那克萨戈拉、阿那克西曼德、恩培多克勒。

亚里士多德对知识的极度渴望也许和他的出身有关，对比柏拉图就清楚了。柏拉图出身于雅典的名门望族，以希腊文明最核心的代言人自居。而亚里士多德出生在边陲小城斯塔吉拉。虽然他的父亲是马其顿宫廷御医，他本人也受到宫廷优待，后来还成了帝师，但他的身份仍然比较边缘。因此，亚里士多德非常渴望进入希腊文明的核心，去汲取她的所有智慧。

尽管亚里士多德在柏拉图的学园中成绩优异，是学园之星，但柏拉图去世时并没有指定他为学园的校长。后来亚里士多德自立门户，开创了自己的学园逍遥学派。

在创立逍遥学派之前，亚里士多德在马其顿当了八年帝师。他的学生亚历山大后来不仅征服了希腊全境，还征服了波斯、巴比伦、埃及、印度，成为西方历史上最伟大的军事统帅之一。

■ 横扫世界的小国马其顿

到此，问题就出现了：为什么是位于北部边陲的小国马其顿横扫了整个世界？

我们可以通过一个类比来理解这个问题。马其顿很像春秋战国时的秦国，它们最初都只是小国，但对天下心向往之，又没有太多规矩束缚。它们要想加入大国俱乐部，通常都会力行改革，富国强兵，用实力说话。秦国就是通过商鞅变法增强了自身实力，才能够和齐国、晋国这样的"老牌强国"对抗，最终一统天下。

而马其顿也是边陲落后小国，原本实力也很薄弱，整个国家文化贫乏。它的"商鞅变法"大概是在亚历山大的父亲手里完成的，最终留给亚历山大的是非常高效的国家和强大的军队。而亚历山大本人在十八岁时就显示出极为卓越的军事才能，一生从未吃过败仗。军事史家曾经这样评价亚历山大的军事天才：项羽善于战斗，韩信善于战术，刘邦善于大战略，亚历山大则是三者兼备。

亚历山大征战的过程很多人都耳熟能详，这里就不细细展开，他对西方文明的贡献更值得后人津津乐道。一方面，他热爱希腊，把希腊文明撒向了全世界；另一方面，他开始琢磨希腊文明与东方文明的融合。

先来看亚历山大对传播希腊文明的贡献。有很多证据表明，他自己就是希腊文明的深度热爱者。他喜欢《荷马史诗》，以至于在征战途中都要去落实故事中的地点,甚至凭吊阿喀琉斯。万里迢迢给老师送科研材料,也证明了他对希腊学问的高度认同。

他还在埃及兴建了亚历山大里亚这座城市,并修建了博物院和图书馆,亚历山大里亚此后一直是西方学术的重镇。可以说,亚历山大在自己所到之处传播希腊文化,就像希腊文明的播种机。[1]

再看亚历山大是如何思考希腊文明和东方文明的融合的。随着与亚洲各国交往的深入,亚历山大发现自己的传统观念是有问题的。

希腊人骄傲地认为只有自己是文明人,其他人(尤其是亚洲人)都是野蛮人。亚里士多德则把这种观念上升到政体理论。他认为,文明意味着自由,而野蛮就是"只有一个人是主人,其余人都是奴隶",这就是专制。自由属于希腊,专制属于东方,专制就是野蛮。亚里士多德曾经嘱咐亚历山大:做希腊人的领袖,做野蛮人的主人。

但亚历山大发现,波斯人、印度人、埃及人并非都那么野蛮,他们的文明发展程度也很高,希腊必须将这些文明收为己用。所以亚历山大实施了一系列促进东西方文化融合的措施,比如,迎娶亚洲公主,鼓励部下和异族通婚,开始接受东方君主的服饰礼仪,将马其顿士兵和波斯士兵混编,等等。[2]亚历山大实施的这些措施,

---

[1] [英]彼得·格林:《马其顿的亚历山大》,詹瑜松译,民主与建设出版社,2018年,第142—146、227—235页。

[2] [英]彼得·格林:《马其顿的亚历山大》,詹瑜松译,民主与建设出版社,2018年,第八章。

已经远远超出了他老师的眼界。

■ 城邦时代与帝国时代之间的断层

到此，我们就可以回答开篇的问题了：为什么亚里士多德拥有百科全书式的学问，却没有预见学生亚历山大开创的帝国时代？

亚历山大三十三岁就英年早逝，亚里士多德都比他晚去世一年。因此，亚里士多德见证了自己的学生横扫天下的全过程。但是，他对此没有留下任何评论。之所以这样做，亚里士多德恐怕有政治上的考虑。他的逍遥学园就在雅典，而以雅典为领袖的希腊和马其顿处于战争状态。倘若他大张旗鼓地为自己的学生加油助威，恐怕雅典人会把他的学园连根拔除。即便如此，在亚历山大死后，亚里士多德还是被雅典人指控亵渎神灵。不过，这是外因。他没有像苏格拉底那样慷慨赴死，而是选择了逃亡，之后一年便去世了。

而亚里士多德没能预见学生的丰功伟绩最重要的是内因。亚里士多德仍然停留在希腊以城邦为基本单位的世界中，他无法想象五百万平方公里的庞大帝国是什么样子的。按照他的思路，亚历山大就只能做野蛮人的主人。

文明常常不知不觉地为身处其中的人设定了最大的自我界限：一个人越是热爱自己的文明，就越会把它当成天经地义的存在，越缺乏对它的反思，遇到异质文明冲击时就越容易不知所措。聪明博学如亚里士多德都跳不出这种界限。

实际上，对异质文化的开放、包容、尊重和理解，决定了一个文明本身的高度，有时甚至决定了它的存亡。

那么问题来了，既然亚历山大比亚里士多德见过更大的世面，而且有所行动，如果他能长命百岁，他会成为西方的秦始皇吗？西方会像中国一样变成大一统的格局吗？答案是否定的，因为西方文明在当时的政治想象力和政治工具箱，还完全不足以支撑起大一统。

我在分析古希腊城邦林立的政治格局时，解释了形成这种格局最重要的原因，就是小国寡民提供不了治理大规模共同体的政治制度和策略。如果古希腊始终找不到这种政治制度，亚里士多德也无法凭空想出办法，那他的学生亚历山大怎么能在胜利之后，立刻找到统治大国的方法呢？

庞大的帝国随着亚历山大的去世瓦解，经过残酷的拼杀，亚历山大帝国最终一分为三。这些分治的国王全部采用军事化的方式统治国家。这个时代叫希腊化时代。

在希腊化时代，政治控制极为有限，分裂的国家无法从战争形态进入行政、法律、文化的日常管理形态。秦始皇做到的建设官吏队伍、严刑峻法、书同文、车同轨、焚书坑儒，希腊化时代的国王们完全做不到，甚至连想都想不到。

所以，亚历山大即便没有英年早逝，即便再英明神武，他也做不到这些事情。他建立的帝国看起来很庞大，其实没有落地生根，因此，后来罗马人轻易就把他们降服了。

回头来看，亚里士多德与亚历山大之间的断层是西方文明第一阶段和第二阶段之间的断层，是城邦时代与帝国时代之间的断层。

老师还停留在城邦阶段，学生则开创了帝国阶段，但还远远不足以将它完成。

从这个角度看，古罗马人非常伟大，因为是他们为西方提供了在古代条件下治理大规模共同体的成功经验。下一单元我们会走进古罗马的世界，看它的兴衰存亡，看它为西方文明留下了什么基因，又留下了什么教训。

第二章
古罗马

西 方 史 纲

一、接力：希腊和罗马到底是什么关系？

孕育出人文精神的古希腊文明经历了短暂的辉煌后落下帷幕。西方文明的舞台发生了重大转换，古罗马登场。旋即出现的疑问便是：古希腊与古罗马之间到底有怎样的关联？如果只用一个词形容二者的关系，我会选择"接力"。也就是说，古希腊是西方文明的第一棒，古罗马则是第二棒。

■ 古希腊和古罗马的交接并非严丝合缝

这样的形容也许会加固一个印象：古希腊和古罗马在时间上有明显的先后次序。但事实并非全然如此。

通过对比三个时间节点，我们会发现，古罗马和古希腊文明的起步时间接近，只是二者的成长路径和成长速度不尽相同，才让它们各自的"高光时刻"产生了错位。

第一个时间节点是两个文明的起点。古希腊出现城邦的时间可以追溯到公元前800年。而罗马城的建立时间，据古罗马诗人维吉尔的考证，大致在公元前753年。也就是说，两个文明的起源相差不远，不超过50年时间。

第二个时间节点是两个文明臻于成熟的时间。古希腊文明步入辉煌的标志性事件是梭伦改革，这个改革奠定了希腊的民主基础，它发生在公元前594年。而古罗马在公元前500年左右政治制度发生了剧变，它的政体由王制转向了共和。这两起标志性变革相差不到100年时间。

第三个时间节点则是古希腊于何时开始走向失败，古罗马又是从什么时候开始"接力"的。亚历山大大帝征服希腊，标志着古希腊时代结束——这发生在公元前338年。罗马称霸西方、获得地中海霸主地位的决定性战争，也就是布匿战争，则在公元前264年上演。之后又过了100多年，罗马才真正征服了由亚历山大大帝建立的帝国。

被亚历山大大帝征服后，古希腊已经在政治上和军事上完全失败了。而在当时，古罗马的势力范围还没有超出亚平宁半岛和西西里岛。也就是说，二者虽然起点相近，但古罗马的发展速度慢于古希腊，直到古希腊被征服，古罗马还没能发展成当时的霸主。

这样看来，"接力棒"的交接并非严丝合缝。既然如此，为什么说古希腊和古罗马是接力关系呢？这是因为，虽然两个文明互相独立，各有不同，但它们之间确实存在相当程度的传承，尤其在语言和哲学两个方面。

■ 古希腊和古罗马文明的差异和传承

先来看古希腊和古罗马到底哪里不同。可以说，二者基本的文明特征就像两个人的性格、禀赋一样，存在明显差别。

最明显的差别是自然条件。古希腊和古罗马虽然都处于地中海海域的半岛上，但古希腊所在的半岛以丘陵为主，土壤贫瘠，难以保证粮食自给，必须利用特有的农产品（橄榄油、小麦）和手工制品去交换粮食。由此发展出外向型经济和典型的商业文明。而古罗马所在的亚平宁半岛有广阔的平原，适宜耕种。此外，古罗马少有深水良港，不便于商船展开贸易。因此，罗马人主要依靠农业解决生计问题。

基于不同的自然条件，古希腊和古罗马的生存逻辑产生了巨大差异。古希腊在海上进行贸易活动时需要保护，便发展出了强大的海军。而古罗马以农业为主，农业最需要的生产资料——土地和人口——都可以通过陆军对外征服来获取，古罗马自然就不发展海军。

另外，二者内在的民族性格也有十分显著的差异。古希腊人因为有贸易、哲学、诗歌、戏剧和宽松的政治参与环境，发展出了阳光、活泼、细腻的性格，这种性格反过来也促进了他们在上述领域的成就。古罗马人则很像中国古代的秦人，"刚毅木讷，近仁"，质朴、勇敢、忠诚。而且，古罗马人没有多少文化，他们在家是农民，出门是士兵。[1]

无论是自然条件、生存逻辑还是民族性格，古希腊和古罗马都

---

[1] 参见[古希腊]普鲁塔克：《希腊罗马名人传》（上册），黄宏煦等译，商务印书馆，1999年，第十章。丛日云：《西方政治文化传统》，黑龙江人民出版社，2002年，第243—247页。

有很大不同。但如果从更宏观的时间尺度来看，古罗马确实接下了古希腊递过来的"接力棒"，二者有共同的特质和使命。

比如，古希腊神话中的人物，在古罗马的宗教里全都存在，连诸神的地位、功能、故事都相同，只是名字不一样罢了。古希腊的主神宙斯（Zeus），在古罗马叫朱庇特（Jupiter）；古希腊的天后赫拉（Hera），在古罗马则是朱诺（Juno）；古希腊的战神阿瑞斯（Ares），在古罗马被称为玛尔斯（Mars）；古希腊的爱与美女神阿佛洛狄忒（Aphrodite），在古罗马叫维纳斯（Venus）；古希腊的智慧女神叫雅典娜（Athena），在古罗马叫密涅瓦（Minerva）……[1]

这说明，古希腊和古罗马存在着很多类似的文化特性，在底层有很多相通之处。[2]然而，这并不是古希腊交给古罗马的全部。古罗马从古希腊那里继承的最重要的东西，是语言和哲学。

■ 第一根接力棒：语言

先来看语言，这是古希腊交给古罗马的第一根接力棒。

在大多数人的印象中，古罗马人一直都用拉丁文。但事实是：拉丁文是后来才成熟的，直到罗马共和国晚期之前，罗马人使用的

---

[1] 参见[德]蒙森：《罗马史》（第一卷），李稼年译，商务印书馆，2004年，第24—27页。

[2] [英]沃尔夫主编：《剑桥插图罗马史》，郭小凌译，山东画报出版社，2008年，第五章。

也是来自古希腊的语言文字。拉丁语从一种地方方言变成世界语言、拉丁文从简单粗陋变成世界文字，都经历了一个漫长的过程，罗马人在这个过程中大大受惠于古希腊的语言文字。

亚历山大大帝建立起当时疆域最大的帝国后，希腊语成了各地的官方语言，甚至是整个地中海世界的通用语言。到公元前300年前后，有一种基于希腊语但更为简洁的"柯因内语"（柯因内即Koine，"普通"的意思）开始流传。

当时很多文化名人使用柯因内语来写作，比如，著名历史学家波利比阿、传记作家普鲁塔克、罗马哲学家皇帝马可·奥勒留、新柏拉图主义的宗师普罗提诺、文学家琉善等。它还是《圣经·新约》成书所用的语言。

古希腊的语言文字在古罗马流行，这件事其实并不难理解。因为在罗马还处于幼年、童年阶段时，古希腊已经长成文明巨人，古罗马对古希腊完全是高山仰止、虚心求教。

那古罗马的拉丁文是什么时候成熟的呢？是亚历山大大帝建立帝国又过了200多年之后，罗马共和国已经被罗马帝国取代了，古罗马才算有了自己的"文化人"。比如，独裁者恺撒，他还是伟大的历史学家；西塞罗，他是用拉丁文演讲和写作的完美典范；还有大诗人维吉尔，人们把他的史诗视为罗马历史的源头。

在这一代人中间，拉丁语才从一种地方方言变成了有内涵、有文化、有气魄的拉丁文。[1]不过，即使拉丁文走向成熟，古罗马也没有停止向古希腊求教。无论在此之前，还是之后，罗马人都是希腊人在文化上的门徒。

既然老师使用希腊语，学生在学习过程中自然会去模仿、领会、琢磨，希腊精神就这样传递给了罗马人。

■ 第二根接力棒：哲学

古希腊交给古罗马的第二根接力棒是哲学。

在精神世界的深处，哲学最能体现古希腊和古罗马之间内在的、紧密的联系。不过，这里的"哲学"主要指斯多葛哲学，古希腊哲学里的很多精华被它继承并发扬光大。

斯多葛学派的开创者是古希腊哲学家芝诺。这个学派在希腊化时期（也就是亚历山大征服希腊后的那个时期）获得了世界性的影响力，自然对古罗马影响很大。从罗马共和国后期到罗马帝国全盛时期，斯多葛哲学在很长一段时间都是罗马人普遍的信条，许多名人都为它代言。

比如：作为罗马共和国文化象征的西塞罗，就曾去芝诺创办的学校学习；斯多葛哲学家塞涅卡，曾当过罗马皇帝尼禄的老师和高参；罗马著名的好皇帝哈德良和马克·奥勒留，都曾经在斯多葛哲

---

[1] [美]勒纳等：《西方文明史》（Ⅰ），王觉非等译，中国青年出版社，2005年，第155页。[英]沃尔夫主编：《剑桥插图罗马史》，郭小凌译，山东画报出版社，2008年，第17—20页。

学家爱比克泰德创办的学校学习。奥勒留所著的《沉思录》是公认的斯多葛哲学代表作，奥勒留也成为西方历史乃至人类历史上罕见的哲学家皇帝。

斯多葛哲学的内涵比较复杂，不过，只要抓住其中的三个要点，就能理解古罗马如何接力古希腊的文化和精神，并把这种精神传播到世界各地。

第一个要点是理性。理性是人独特的能力和品质，凭借它，人就可以分辨善恶，选择过善良的生活。

第二个要点是自然法。斯多葛哲学家认为，自然法体现了和谐与正义，好生活和好政治必须要符合自然法。

第三个要点是平等。每个人在拥有理性的意义上都是平等的，奴隶也不例外。正是基于这种平等观念，斯多葛学派在西方历史上第一次把所有人看成同类，"人类"这个伟大的观念由此诞生。

理性、自然法、平等被罗马人普遍接受之后，被全面运用到生活的方方面面。比如，它们完全渗透进了罗马法。平等的人通过签订契约进行各种交易在古罗马非常普遍，相关法律规定在很早的时候就已非常发达，庞大的罗马法体系拥有古代世界中处理平等的人们之间关系最为详尽的规定。[1] 随着罗马帝国的军事扩张和高效管理，罗马法对帝国臣民普遍有效，斯多葛学派的观念也就撒向了整

---

[1] [德]蒙森：《罗马史》（第一卷），李稼年译，商务印书馆，2004年，第十一章。
[英]尼古拉斯：《罗马法概论》，黄风译，法律出版社，2004年，第一、二章。

个世界。[1]

  通过语言和哲学，古罗马完成了一场文明的接力。它和古希腊共通的精神品质是西方文明得以延续的最重要的线索。

---

[1] 关于斯多葛哲学的概要，参见[德]黑格尔：《哲学史讲演录》（第三卷），贺麟等译，商务印书馆，1959年，第8—47页。[德]文德尔班：《哲学史教程》（上卷），罗达仁译，商务印书馆，2009年，第226—239页。[美]福莱主编：《劳特利奇哲学史》（第二卷·从亚里士多德到奥古斯丁），冯俊等译，中国人民大学出版社，2004年，第七章，尤其是第282—290页。

二、共和：小国寡民凭什么崛起？

罗马成长之初就与之不同，她创立了一种独特的政体，叫做"共和"。共和是罗马留给西方文明，甚至是世界文明最重要的遗产。2600多年前，当世界上各大文明都把王制视作理所当然的时候，罗马却十分"奇葩"地发展出了共和制。那么，共和到底是什么？罗马为什么能长出这种政体？它发展壮大之后会出现什么样的危机？

■ 罗马共和的独特性

要理解罗马共和究竟有何独特之处，可以把它和中国历史上的共和做个对比。

西周末年，厉王想把山川河流、草木森林"国有化"，强化自己对资源的直接控制。最终国人无法忍受，于是发起暴动，把厉王赶跑了。国家没了王，就由两位大臣主持贵族会议、控制朝政，代行天子职权。这就是"周召共和"，它发生在公元前841年。[1]

可这个共和的结局是什么呢？十几年后，周宣王即位，共和就结束了。

---

[1] 司马迁：《史记》，中华书局，2007年，第一四一至一四四页。

为什么周召共和的气数如此之短？因为它有三个问题：第一，共和没有取代王制；第二，共和是王制出问题的时候打的补丁，它们其实是同一个制度系统；第三，共和的掌权者是大贵族，发起暴动的国人并没有得到权力。

而罗马共和能够成为一种稳定的政治制度，在罗马持续了近五百年的时间，是因为它有以下三个特点。

首先，罗马共和彻底取代了王制，罗马甚至形成了提防王制的传统。在罗马人心中，王制是坏东西。就算罗马共和后来被帝制取代，罗马的皇帝和周王也不是一回事。罗马皇帝虽然掌握大权，但是会顾忌共和仇视王制的传统。

其次，共和自身是一个制度系统，不是王制的补丁，还对王制有排斥性。罗马人甚至把怀念王制当作罪行，并把这一点写进了刑法。[1]

最后，罗马共和的大部分权力在名义上是属于人民的。罗马国家名字的简写是"SPQR"，意思是"罗马元老院和人民"。共和时是这个名字，改成帝制之后仍然如此，说明罗马人始终认为国家的权力来自人民。[2]

---

[1] [意]格罗索：《罗马法史》，黄风译，中国政法大学出版社，1994年，第203页。
[2] 参见[意]马尔蒂诺：《罗马政制史》（第一卷），薛军译，北京大学出版社，2009年，第十九章，尤其是第367—369页。[英]比尔德：《罗马元老院与人民》，王晨译，民主与建设出版社，2018年，第3—16页。

■ 罗马为何能形成共和

罗马人为什么对共和有这么高的认同感？我们不妨从他们的生存逻辑和人格品质中寻找一些蛛丝马迹。

先来看宗教。在古代，宗教总是包含某种神秘力量，往往和王制联系在一起，是王权用来佐证自己的工具，比如"君权神授"。但古罗马的宗教很特殊，它的功能既不是佐证王权，也不是让百姓寻求心理安慰，而是巩固现实世界的政治秩序。[1]

这一点在罗马神话中就有所体现。前文提过，古罗马的宗教神话和古希腊神话没有太大区别，除了众神的名字叫法不一样，他们的身份、地位、故事都如出一辙。但是，古罗马把古希腊神话中"不端"的内容去掉了。比如，罗马人绝不让他们的神争吵不休，三位女神因为争夺金苹果引发战争这种事情绝不会在罗马神话里出现；罗马人也绝不让他们的神和人混同在一起，宙斯到处找情人这种事情也绝不会在罗马神话里发生。[2]

这跟共和有什么关系？罗马宗教没有浪漫和奇幻的内容，它具有很强的政治性，非常明确地要实现世俗政治的目的，并通过公共仪式凝聚人心。罗马宗教的公共仪式非常丰富，而且都和城邦的政治事务紧密联系在一起。从掌权者的情况来看，罗马专门负责宗教

---

[1] [德]蒙森：《罗马史》（第一卷），李稼年译，商务印书馆，1994年，第十二章，尤其是第150—152页。[德]布林格曼：《罗马共和国史》，刘智译，华东师范大学出版社，2014年，第156—158页。

[2] [德]蒙森：《罗马史》（第一卷），李稼年译，商务印书馆，1994年，第十二章。

事务和仪式活动的僧侣阶层和政治统治阶层高度重合，祭司通常是一个贵族担任政治职务前后的辅助职务。罗马宗教的仪式多、教义少，没有高高在上、神秘莫测的神和玄而又玄的道理，很难培育出神秘感，"君权神授"也就难以从中建立起来，即便建立起来也很容易被推倒。

再看罗马人的品行。罗马人的"人设"是典型的"农民—士兵"，在家老实种田，出门认真打仗。这种类型的人通常具备勇敢、忠诚、朴实的品格，有时甚至有些木讷。这样的人心思单纯、质朴忠厚，更容易把政治共同体当作共同的事业。

最后看罗马人的政治行为逻辑。政治行为逻辑指的是一种能让个人成长和国家繁荣相互促进的制度安排。

那么，罗马人的政治行为逻辑是什么呢？质朴忠厚的罗马人把自己对生活的追求和共和国的军事扩张紧密联系在一起。这就像商鞅为秦国设定的基本激励制度：军功授爵。一个人能有什么样的政治地位，能分到多少田地和奴隶，取决于他在战场上的表现。

这样一来，罗马社会重视现实生活的文化氛围，罗马人忠厚、勇敢的人格品质，以及能够激励罗马人为国奋斗的制度，共同构成了罗马共和诞生的土壤。反过来，共和成为最容易实现个人成长和国家繁荣相互促进的政治制度，罗马人认定国家属于人民的观念也得到了强化。[1]

---

[1] [德]蒙森：《罗马史》（第一卷），李稼年译，商务印书馆，1994年，第62—68页。[德]蒙森：《罗马史》（第二卷），李稼年译，商务印书馆，2004年，第42—46页。

可是，明明古代中国和罗马一样，是农业社会，百姓老实朴素，也设有军功授爵的激励政策，为什么古代中国没有培育出罗马那种共和制？

在古代中国的社会环境里，军功授爵虽然讲究个人实力，但归根结底还是君主的赏赐。韩非子就教秦始皇"赏"与"罚"是君主必须牢牢掌握的工具，名叫"二柄"。[1]罗马人的不同之处在于，他们认为"赏"与"罚"这两个工具应该由人民自己掌握。罗马共和国的赏罚大权很大一部分当然是由官员掌握，但从罗马共和国官制的特点就可以很清楚地看到，人民绝不是完全被动的。罗马共和国官制总的特点是暂时性、集体性、任职结束后究责制和无偿性，包括执政官在内的所有官员都是有任期的（比如执政官一年一换），都是集体联合行使权力（执政官每年两名，合作执政），卸任后会被追究任职时的责任，而且没有工资。而官员的换届、人选、追责都由元老院和平民会议决定。[2]

在了解共和的由来之后再进一步理解共和是什么。罗马共和的基本特征，主要有三个。

第一个特征，共和是人民共同的事业，权力属于人民。人民是谁？西塞罗给出了标准答案：人民就是拥有共同法律的人。也就是说，人民的本质是一个法律共同体。

第二个特征，共和要求人民拥有美德，其中最重要的美德是爱

---

[1] 王先慎：《韩非子集解》，中华书局，1998年，第三十九至四十三页。
[2] [意]格罗索：《罗马法史》，黄风译，中国政法大学出版社，1994年，第147—150页。

国奉献。国家属于人民，人民当然要爱自己的国家。

第三个特征，共和通过复合型的权力结构来管理国家。比如，在罗马，执政官、元老院、平民大会是共和国的三大权力机构，各有职权。历史学家波利比阿认为，它们分别代表君主制、贵族制、民主制。三种政体混合在一起，发挥了各自的优点，克服了各自的缺点。

罗马强大，归根结底是因为它的制度很强大。[1]

■ 罗马共和的问题

但是，罗马共和制并不是完美无缺的，更不是凝固不变的。共和制刚诞生时，罗马还是一个小国。随着罗马扩张的速度越来越快，罗马开始变成一个大国、强国，这个时候，共和制和罗马人民都出问题了。

罗马历经一系列南征北战，还战胜了最强大的对手迦太基，获得了大量的土地、金钱和奴隶。简单来说，原来那个小而穷的共和国，现在变得大而富了。但在这种高速发展的过程中，人民的贫富差距开始拉大。那么，小而穷时期的制度还能适用于大而富的社

---

[1] 古罗马大历史学家波利比阿的名著《通史》（Polybius, The Histories, Vol. I—III, Loeb Classical Library, 1998）和古罗马著名政治家、思想家西塞罗的名著《论共和国》（[古罗马]西塞罗：《论共和国》，王焕生译，上海人民出版社，2006年）都对这个观点予以论证和宣扬，现代学者的分析可参见[英]林托特：《罗马共和国政制》，晏绍祥译，商务印书馆，2016年，第三章、第十二章。

会吗？

贫富差距过大严重威胁了社会稳定。无论罗马人民多么质朴忠厚，如果连生活都得不到保障，军功授爵的激励机制又有什么用？国家的权力还属于人民吗？这让原本就缺乏宗教力量支持的共和统治变得岌岌可危。如果情况继续恶化，一定会伤害罗马的根本。

于是，公元前133年，提比略·格拉古任保民官，提出土地改革法案。法案限制个人和家庭拥有的土地上限，把超额土地收归国库，分给穷人。但是，提比略这种均贫富的改革伤害了贵族的利益，他很快就被贵族刺杀了。后来他的弟弟盖约当上了保民官，推出了更全面、更大胆的改革，最后也被杀死。[1]

格拉古兄弟改革失败意味着贫富差距问题没有得到解决。这同时也意味着，把大而富的罗马往回拉，装进小而穷的框架，这种努力失败了。

任何文明的硬壳都是政治，如果没有好的政治，再美好的文明都活不下来；而好政治的评判标准是，能合理分配资源，使人心安定、人民团结；如果资源分配不公，人心就会变，相应地，政治制度就得变，否则社会就会失控，文明离覆灭也就不远了。

之后的事情，很多人可能已经知道了。罗马共和就此没落，但它没有直接死掉，而是变成了帝国。

---

[1] 格拉古兄弟改革的细节，详见[德]蒙森：《罗马史》（第四卷），李稼年译，商务印书馆，2014年，第二、三章。[德]布林格曼：《罗马共和国史》，刘智译，华东师范大学出版社，2014年，第184—208页。

三、军国：罗马走的就是不归路？

古罗马虽然接过了古希腊的接力棒，但是，这个接力不是严丝合缝的。前文提过，当古希腊发展成巨人时，古罗马还是个幼童；古希腊衰败后，在军事和政治上接替它成为霸主的是亚历山大建立的帝国，那时古罗马的影响力还很有限。

那么，古罗马是如何从小而穷变得大而富，成为我们今天所熟知的样子的呢？总体来说，有两个因素，一个是军国主义，一个是奴隶制。而且，这两个因素不仅促成了古罗马的繁荣，还暗藏着导致古罗马衰败的毒素。

这一篇先来看军国主义是如何成就古罗马的。

■ 三次布匿战争

罗马的军事扩张可以说是人类历史上最成功的征服经验。依靠陆军开疆拓土，它从一个弹丸大小的城邦变成横跨欧亚非三大洲的庞大帝国，连地中海都成了它的内湖。很多人觉得，这其中应该有说不尽的故事。实际上并没有。因为在绝大多数时候，罗马人少有对手。对罗马人来说，在军事上取得胜利就像家常便饭一样。但有一个例外，那就是被所有罗马史大书特书的布匿战争。

总体来说，布匿战争一共打了三次，前后持续了四十多年。最终，罗马消灭了迦太基，再也没有遇到高质量的对手，所到之处都取得了碾压性的胜利。

先来看使罗马人难以忘怀的布匿战争到底是怎么打的，然后再分析罗马在其中获得了什么样的成长。

第一次布匿战争发生时，罗马已经发展到了青壮年阶段，占据了整个意大利半岛。如果继续向外扩张，就会踩到迦太基的地盘。既然罗马要称霸，就不得不和迦太基正面对决。由于迦太基在北非，占据北非的腓尼基人被罗马人叫作"布匿人"，罗马和迦太基的战争就被称作"布匿战争"。

在此之前，罗马军队战无不胜，为什么碰到迦太基就犯了难呢？要知道，罗马厉害的是陆军，但海军并不行。而迦太基是海上霸主，它的强项就是海军。可以说，罗马第一次遇到了对手。

不过，这场战争的结局倒没什么悬念，罗马再次取胜。为了克服不擅海战的缺点，罗马人发明了一种叫"乌鸦吊桥"的方法，如图2-1所示。这样一来，海战就变成了陆战，战争的实质打法就变成了罗马人擅长的近身肉搏。有了这一招，罗马人一步步打败了迦太基，最终迫使迦太基签订了条件苛刻的合约。至此，罗马成了地中海的霸主。

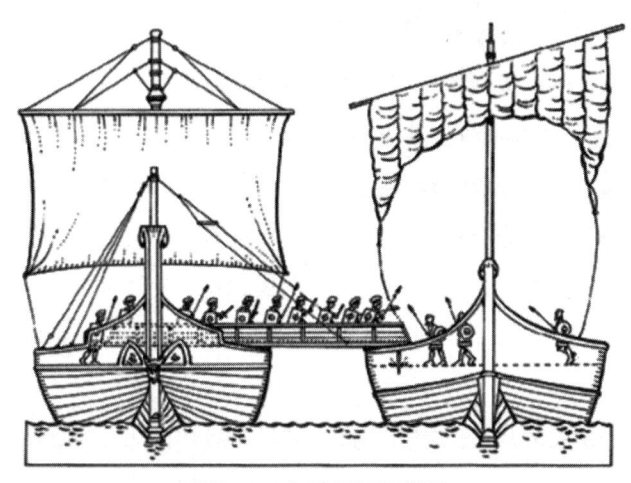

图2-1　乌鸦吊桥示意图

百足之虫，死而不僵。迦太基不甘失败，选择向西北方向推进，渡过隔开非洲和欧洲的直布罗陀海峡，进入西班牙，引发了第二次布匿战争。这次战争的主角是迦太基名将汉尼拔，他是西方历史上最伟大的军事统帅和战略家之一。

汉尼拔见识过人、胆略超凡，率领迦太基军队越过阿尔卑斯山进入意大利，击败了很多罗马将军。在坎尼会战时，汉尼拔带领部队合围全歼了罗马七万士兵。在自己的地盘被敌人蹂躏，这对战无不胜的罗马人来说简直是奇耻大辱。然而，一个个激动万分的将军出去之后全都吃了败仗。

最后，费边担任了罗马独裁官，全权负责军事行动。他的办法就是一个字——拖。不和汉尼拔展开正面对决，而是拖延、回避、周旋。这种避敌锋芒、迂回周旋的战术，从此之后就被冠以费边的名号，叫作"费边战术"。

终于，汉尼拔被拖垮了，在扎马战役中被击败。迦太基不得不再次接受苛刻的和约，其势力范围被限制在自己的城邦周围。这次，罗马是真的打败了迦太基。

那为什么还会有第三次布匿战争呢？答案很简单，这次战争纯粹就是罗马人欺负迦太基人。这一点从时间上就能看出来——前两次战争旷日持久，都打了十几、二十几年，而第三次战争时间很短，只有三年。

第二次布匿战争结束后，迦太基虽然战败，却在战后闷声发大财，尽管以往擅长的贸易受到了重重限制，但他们却把农业干得有声有色。而罗马人被迦太基人伤得太深，一看到它有向好的迹象就很不舒服。罗马著名政治领袖加图每次在元老院演讲都以这样一句狠话结尾：迦太基必须被毁灭！[1]

迦太基此时却授意雇佣兵向其他国家开战，违反了停战协定中放弃宣战权的条款。于是，有刀的罗马决心彻底除掉心头之患。由于迦太基在第二次布匿战争后已经被全面解除了武装，这场战争的结果可想而知，迦太基必然战败。

但迦太基失败的残酷程度超出了很多人的想象。一个辉煌的城邦被罗马大军围困两年，最终被破，士兵、市民对罗马军团展开殊死抵抗，伤亡不计其数。最后，幸存的25万人全部被卖为奴隶。罗

---

[1] [英]迈尔斯：《迦太基必须毁灭》，孟驰译，社会科学文献出版社，2016年，第485—487页。

马兵团在迦太基城内点燃大火，烧了足足三天三夜，整个城市被夷为平地。这还不够，罗马人还在所有地方撒上盐，防止任何生命迹象出现。

至此，罗马算是拔掉了眼中钉、肉中刺。[1]

■ 罗马兴盛的底层逻辑

从这三次布匿战争中可以发现罗马兴盛的底层逻辑。

第一个底层逻辑是，意志品质是文明的内在动力。一个国家是否强盛，最底层的根基是国人的品质。国家中的人如果积极进取、锲而不舍，国家就有希望；国家中的人如果都蝇营狗苟、短视投机，国家迟早要垮台。

迦太基输给罗马很重要的一个原因就是它没有足够坚定的意志品质，在重大压力下内部先分裂了。迦太基在第二次战败后成了罗马的附属国，迦太基人既没有全力以赴准备复仇，也没有乖乖就范安心臣服，而是小动作不断。在罗马发布最后通牒后，他们有人主和、有人主战，被派去罗马的使团不敢答应罗马的苛刻条件，却有团员在返程途中选择了逃亡。总之，迦太基在第二次和第三次布匿战争之间就没有显示出坚定、团结的政治意志。他们在政策上首鼠

---

[1] 关于布匿战争的精彩历史叙述非常多，比如[古罗马]阿庇安：《罗马史》（上卷），谢德风译，商务印书馆，1976年，第七、八卷。[德]蒙森：《罗马史》（第三卷），李稼年译，商务印书馆，2005年，第一章至第八章。[日]盐野七生：《罗马人的故事》（II 汉尼拔战记），田建华等译，中信出版社，2012年。

两端,在行动上左支右绌,总是用小动作惹怒罗马人,却又完全没有为大决战做好准备。[1]而罗马一直憋着一股劲儿,主战派很快就占据上风,整个罗马团结一致坚持自己的目标,不达目的誓不罢休。

第二个底层逻辑是,政治是文明的硬壳。没有好政治的文明很容易消亡,要么因为内部争斗,要么因为外敌入侵。迦太基就是这样。政治是把人群的力量组织起来的最重要方式。拥有良好组织的人群才有力量,才能集结有效的武力抵御外敌、对外扩张,才能形成有效的管理,使大家各司其职、各安其位,才能建立有效的裁判来协调矛盾、化解冲突。但力量的凝聚是件非常讲究的事,它极其难得,又极其易逝。一旦武力、管理、裁判失效,组织就会走向瓦解,这群人就会"四散而逃",大家都回到"无力"的状态,也就很难抵御侵略、消弭内乱,很容易被有组织的力量消灭,或者被严酷的自然条件消灭。

提起文明,我们通常会想到文化活动或经济活动。比如:某个文明重商,人们都喜欢做生意挣钱;某个文明十分文艺,人们喜欢研究哲学、科学,或者写诗、写戏剧、写小说。但是,这些经济、文化活动是文明的成果。文明要成立且持续存在,政治才是最重要的因素。有了政治,其他好东西才保存得下来。

---

[1] 关于第三次布匿战争和迦太基灭亡的过程,详见[古罗马]阿庇安:《罗马史》(上卷),谢德风译,商务印书馆,1976年,第八卷上。[日]盐野七生:《罗马人的故事》(II汉尼拔战记),田建华等译,中信出版社,2012年,第九章。[英]迈尔斯:《迦太基必须毁灭》,孟驰译,社会科学文献出版社,2016年,第十三、十四、十五章。

就像第三次布匿战争前的迦太基，即便仍然繁荣，可它失去了政治的坚定和团结，失去了保卫自己的能力，文明也就很容易被连根拔起。我国古代也有很多这样的例子，掌权者轻易就可以把首富抄家灭门，比如晋朝的石崇、明朝的沈万三。对付一个人是这样，对付一个文明又何尝不是这样？

总之，政治并不是文明的全部，经济、科学、哲学、艺术也很重要，但它们需要政治的保卫。也许有人会想：不对吧，古希腊被亚历山大大帝征服之后，灿烂的古希腊文化仍然保留下来了。但这些文化其实是通过亚历山大大帝和罗马的推崇留下来的，而在人类历史上，很多文明完全没有古希腊这般幸运。一旦在政治上、军事上被击败，其他的辉煌就会迅速随风消散，甚至不再有人知道。所以，一个文明不能指望别人带来好政治，只能自己努力去锻造。

第三个底层逻辑是，资源是文明的营养。一个文明要迅速成长，必须有资源不断地汇入。比如，金钱不仅可以养军队，还可以用来制造各种物品、提供各种服务来改善生活。有了资源，作为文明标志的诗歌、戏剧、艺术才可能繁荣起来，人们才能利用闲暇思考，变成哲学家和科学家。而罗马的资源汇入，主要是通过军事征服实现的。

■ 罗马的军国主义基因

罗马这种靠武力征服开疆拓土的方式是不是很像强盗？确实很像，但"强盗"这个词还不足以说明罗马文明的复杂性。更准确的概括，其实是"军国主义"——军队是国家的支柱，战争是国家最重要的行为方式，甚至是国家的基本生存方式。

虽然"军国主义"这个词容易给人负面印象，但我们必须看清楚其中的道理，它是一种文明的成长逻辑。罗马选择这种成长逻辑，就注定了它要靠人的品质、制度的激励和战争来实现资源的汲取。在古代，土地和人口是最重要的经济资源，大规模获取它们的办法不是开荒和殖民，而是战争。如果最重要的资源变了呢？战争还有必要吗？当然有，但形态恐怕就大不一样了。

军国主义和所有文明的成长逻辑一样，有利就一定有弊。虽然罗马获取了无数土地和战利品，但军国主义的基因使其自身饱受困扰。甚至可以说，罗马成于兵，也毁于兵。这一点在后面的内容里会更清晰地展现。

四、反叛：斯巴达克斯毁掉古罗马了吗？

罗马从小而穷变得大而富，除了靠军国主义对外打天下，还要靠奴隶制对内支撑经济和社会的运转。事实上，奴隶制一方面极其有力地推动了罗马的成长，另一方面也给罗马的衰亡埋下了重大隐患。接下来就来深入了解奴隶制对古罗马的影响。

■ 最发达的奴隶制国家

罗马是人类文明史上最发达的奴隶制国家。像罗马大竞技场、万神殿这些庞大的建筑，都是奴隶建造的。古罗马流传着一句谚语，叫"凡事皆可让奴隶去做"。可以说，罗马文明就建立在奴隶的血汗之上。

此外，罗马奴隶分工之细密，远远超出一般人的想象。在一个大奴隶主家里，负责开门和负责帮主人换鞋的奴隶都各司其职，绝不插手对方的职责。

这些奴隶是从哪儿来的呢？顺着前文的内容很容易就能猜到——战俘。罗马战无不胜就意味着有源源不断的战俘作为廉价劳动力资源汇入罗马。[1]

其实，古希腊也使用奴隶，但它的成长路径不是靠陆军开疆拓土，而是在地中海上进行贸易。这种成长路径无法带来源源不断的奴隶，所以，客观上的供应不足使古希腊使用奴隶的深度和广度都远远不及古罗马。

古罗马使用奴隶的深度主要体现在令人发指的残酷程度，角斗士就是最好的证据。

罗马人天性残酷，见到流血就会兴奋、激动、有快感。这在古代文明里并不罕见，之后的日耳曼人也是这样。但是，在把厮杀变成公共娱乐这件事情上，罗马人做得可谓"登峰造极"。为此，罗马人专门建了竞技场作为公民观赏厮杀的活动场地。政要们更把决斗竞技发展成一种政治工具——人们喜欢这种娱乐方式，政要就提供给他们，以此提升自己的威望。然而，罗马竞技场下面埋着的是无数角斗士的尸骨。

古罗马使用奴隶的广度，主要体现在奴隶的数量极为庞大。以我们最熟悉的斯巴达克斯奴隶起义为例。最初，斯巴达克斯只召集了七十个奴隶；最后，这支起义队伍发展壮大到十万人的规模。

不过，和军国主义一样，奴隶制既给罗马带来了成长，也给罗马的衰败埋下了隐患，最终拖垮了罗马。

---

[1] [美]罗斯托夫采夫：《罗马帝国社会经济史》（上册），马雍等译，商务印书馆，1985年，第38页。

一说奴隶制的隐患，最先想到的就是奴隶起义，其中规模最大的是斯巴达克斯率领的奴隶大起义。

　　斯巴达克斯的老家是色雷斯，在罗马席卷希腊世界的时候，色雷斯战败了。斯巴达克斯沦为战俘，被卖为奴隶，进了卡普阿的角斗士学校，后来成为角斗士之王。

　　斯巴达克斯大起义是很受欢迎的影视题材，但史书并没有对它大书特书。[1]斯巴达克斯在起义后确实所向披靡，不仅击败了清剿队，还击败了正规的罗马军团。一年之后，他的队伍就超过了七万人。克里克斯和他兵分两路之后，很快就被罗马军团围歼。斯巴达克斯则避敌锋芒、逐个击破，多次战胜罗马大军。当他的队伍能够畅通无阻地向北越过阿尔卑斯山，完全脱离罗马获得自由时，却不知为何掉头南下，意图征服西西里岛。这个战略选择使斯巴达克斯的队伍总是在罗马的传统地盘打转，最终被严酷的克拉苏率军合围全歼。起义前后持续了两年时间（公元前73年—公元前71年）。

　　这场起义虽然给罗马带来了很大的麻烦，但并没有推翻罗马的统治。而且，不仅这场起义没有推翻，任何起义都没有做到。那为什么还要说奴隶制拖垮了罗马呢？

---

[1] 斯巴达克斯大起义的故事在文艺作品中被大肆渲染，但在严肃史书中却并不显眼，比如著名罗马史专家蒙森只写了5页（[德]蒙森：《罗马史》，第五卷，李稼年译，商务印书馆，2014年，第69—74页），即便爱讲故事的盐野七生也只写了6页（[日]盐野七生：《罗马人的故事》III 胜者的迷思，刘锐译，中信出版社，2012年，第175—181页）。

■ 奴隶制的软肋

要理解这个问题，就必须先弄清楚两件事：第一，奴隶是不是永远不会枯竭？第二，奴隶经济真的合算吗？

先看第一件事，奴隶是不是永远不会枯竭？按照罗马的成长逻辑，没有奴隶就去打仗。占领了新的领土，自然就有新奴隶。但外疾和内忧很快就阻止了罗马抓获更多的战俘。

外疾表现为越往外扩张，可以侵略的地方就越少。所谓少，不是指土地没有了，而是指土地上没有人了。以罗马帝国最鼎盛时期为例。往南，帝国以撒哈拉沙漠为界，这是因为撒哈拉沙漠里虽然多少有些人，但罗马军团如果征战，损失掉的士兵恐怕比抓获的战俘还要多。往北虽然有很多日耳曼人，但黑森林形成了天然屏障，使罗马军团难有胜果。

更关键的原因其实是内忧。兼并虽然可以消灭外部敌人，把他们变成奴隶，但同时意味着内部统治和管理的成本急剧升高，高到让罗马人无法承受。帝国的规模不是由军团战斗力这个单点决定的，而是由军团战斗力和内部管理能力之间的平衡点决定的。如果打下来却无法管理，用不了几天，罗马人流血流汗拿下的地盘就会拱手送回去。最终，越来越沉重的帝国管理压力会拖住帝国对外开疆拓土的步伐。

如果没有大规模的奴隶输入，罗马会怎样？奴隶的数量少了，价格自然就贵了；奴隶价格上升，就会引起物价普遍上涨；最后，所有东西都会变得更贵。原本建立在超级廉价劳动力基础上的罗马经济就会遭遇重创。

再看第二件事，奴隶经济真的合算吗？不见得。罗马人凡事都让奴隶做，也就是说，因为奴隶太便宜，罗马人就用劳动力尽量替代其他生产要素。反正人工不足惜，反正人工很便宜，为什么要去改进生产工具？一切为了提高效率的技术改进，都因为极端便宜的劳动力变得多余了。这样一来，经济发展最需要的技术改进被严重抑制。

比如，现在意大利所在的地区，当时作为古罗马帝国的重心，是奴隶输入最多的地方，也就是劳动力最便宜的地方。从古罗马建成到西罗马帝国灭亡，那里从来就没有成为罗马的手工业中心。其实，不仅意大利如此，整个罗马在生产技术方面的进步都非常有限。[1]我们可以把这种怪现象看作奴隶制对罗马经济的诅咒。

如果把技术改进被抑制和奴隶供给下降结合起来看，罗马的经济状况就更危险了。技术这种生产要素的家底太薄，就很难缓解劳动力（奴隶）供给下降带来的冲击。[2]再加上政治和军事动荡，时局混乱，没人敢拿钱投资。这样一来，罗马经济全面凋敝就是情理之中的事情了。

罗马帝国虽然不是被奴隶起义推翻的，但奴隶制确实是罗马没落的一大根源。奴隶制成就了罗马的辉煌，同时也给罗马捆上了无

---

[1] [美]罗斯托夫采夫：《罗马帝国社会经济史》（上册），马雍等译，商务印书馆，1985年，第61、141页。

[2] [美]诺思：《经济史上的结构与变迁》，厉以宁译，商务印书馆，2002年，第116页。厉以宁：《罗马—拜占庭经济史》（上编），商务印书馆，2006年，第208—218页。

形的锁链。罗马在军事征服的道路上走得越成功，奴隶制的锁链就越沉重，罗马离经济全面凋敝，离经济、政治、军事危机的总爆发就越近。

当罗马沿着自己的生存逻辑走到下坡路的时候，不再需要斯巴达克斯那样的大英雄来推翻，罗马自己就会病入膏肓。连一个三岁小孩都可以将其轻松推倒——这个三岁小孩就是日耳曼人。关于罗马人和日耳曼人之间的接力关系，将在后面细细展开。

五、转折：共和为什么被帝国取代？

斯巴达克斯大起义失败后，罗马共和很快就覆灭了。人们通常认为，罗马共和的覆灭和野心家们的行动直接相关，比如苏拉、庞培、恺撒。确实，大人物在大事件里很关键。但是，理解大事件的核心不是大人物的纵横捭阖，而是形势、制度和行动之间的关系。通过共和覆灭这个典型场景，我们要理解文明的自我政治升级机制，换句话说，一个文明到底有没有可能进行政治自救。

其实，在群雄逐鹿之前，共和国本身就已经出问题了。下面我们就来看看，共和究竟为什么被帝国取代。

■ 野心家苏拉

这一篇要通过苏拉而不是人尽皆知的恺撒来分析共和的倾覆。

苏拉为了和政敌马略争斗，挥军杀回罗马城。罗马法有规定，军队班师回朝，跨过卢比肯河之前必须解除武装，否则视为叛国。按照法律，苏拉是叛国贼。但他不仅没有受罚，还胁迫元老院授予自己终身独裁官的大权。然后用恐怖统治清洗政敌，让共和国变得鸦雀无声。

如果只从这个角度看待历史，我们很容易这样理解：因为苏拉罔顾法纪、野心膨胀、邪恶残暴,共和才被毁了。但是,此前的执政官难道就没有野心吗?政治制度的良好运转难道都要依靠执政者的个人德行吗?这种解释明显行不通。

放眼整个人类文明历史就会发现一个规律:但凡有大野心家出现的时候,必定时局纷乱,原有的制度近乎失效,无法控制、管理国家或社会的各种事物。用这个规律解释苏拉的行为,我们会得到一个新的看待历史的角度,那就是:在苏拉杀回罗马夺权之前,共和国本身就已经出问题了。

罗马对外征战的成长逻辑虽然壮大了国家,但会带来两个问题:一个是内部管理压力迅速上升,改革派想发明新的管理办法,保守派却坚持用老手段,管理层内部会发生分歧;另一个则是顺应军事征服逻辑的人能成大业,于是人人都想做将军,部队内部会因为战争的指挥权打起来。

格拉古兄弟的改革就是典型的例子。罗马通过征战变得大而富,带来了贫富不均的问题,严重挑战了原有的制度框架,这时就需要改革。但是改革伤害了既得利益者,又会引起新的混乱。

苏拉和马略的斗争看似是政客对权力的争夺,其实本质上是围绕对外征战带来的问题展开的。向外看,广袤的世界等着有作为的将军去征服、去建功立业,可是仗怎么打?谁去打?向内看,随着征服的领土面积越来越广阔,罗马的内部管理成本和管理难度越来越高，国到底怎么治？谁来治？[1]

苏拉强行以武力控制罗马城，等于对这些问题给出了答案：我来打仗，我来治国，其他人都让开！[2]

因此，苏拉不仅没有接受叛国罪的惩罚，还胁迫元老院，摇身成为终身独裁官。

其实，独裁官制度在罗马法中是存在的，但它原本只是共和国救自己于危难的政治保卫机制。国有危难，授权专人解除危机，部分法律停止实施，公民权利相应克减，这个制度本身完全符合共和精神。在苏拉就任终身独裁官之前，罗马共和国最后一次启用独裁官制度是在布匿战争时期，当时是为了对付汉尼拔，费边全权管理军队和国家。[3]

这个制度授予独裁官的权力范围是有限的，独裁的任期也是有限的。而苏拉不仅取消了独裁官的任期，还把自己拥有的权力扩展到几近无限，以前独裁官没有的越法之权他都有。比如，他审判的案件不得再上诉，他可以设立、废除、改变各级地方政府，选什么

---

[1]　关于格拉古兄弟改革失败后罗马政治的乱局，参见[德]布林格曼：《罗马共和国史》，刘智译，华东师范大学出版社，2014年，第208—235页。[德]蒙森：《罗马史》（第四卷），李稼年译，商务印书馆，2014年，第四章。

[2]　[古罗马]阿庇安：《罗马史》（下卷），谢德风译，商务印书馆，1976年，第64—65页。

[3]　关于独裁官制度在罗马政治当中的地位，参见[意]格罗索：《罗马法史》，黄风译，中国政法大学出版社，1994年，第160—161页。[英]林托特：《罗马共和国政制》，晏绍祥译，商务印书馆，2016年，第164—169页。[意]马尔蒂诺：《罗马政制史》（第二卷），薛军译，北京大学出版社，2014年，第226—230页。

人担任高级官员、什么人做他的接班人都由他说了算,不再需要经过元老院批准,等等。正是因为终身独揽大权破坏了共和制度,违背了共和精神,"独裁"才变成了贬义词。

■ 坏君主和坏人民

苏拉的做法不止于此,拿到无限的权力后,他对整个罗马实行了恐怖统治。但请注意,苏拉的恐怖统治并不只是暴君的行为,更是坏君主和坏人民通力合作的典型。

"坏君主"很好理解,苏拉要揽权,要清除政敌,所以实行恐怖统治。但"坏人民"是怎么出现的呢?罗马人民淳厚质朴,拥护共和,认为国家是属于全体人民的啊!

前文提过,西塞罗对人民的定义是"拥有共同法律的人",也就是说,人民是靠法律这根纽带团结起来的。但是,共和末期,社会动荡,大人物们都在徇私枉法、争权夺利,穷人连一点点土地都没有,谁会自觉地遵守法律呢?当人民背德乱法,为了自己的私欲而践踏法律时,他们就不再是人民,而是暴民,共和自然就瓦解了。

而且,共和的传统一直提醒罗马的掌权者,权力来自人民,所以掌权者要讨好人民。在乱局之中,掌权者的讨好方式就变成了败坏人民,教给人民很多能够牟利的坏行为。

苏拉和暴民合作的恐怖统治是这样的:苏拉在广场上贴出名单,宣布谁是"人民公敌",不用执法队去抄家灭门,暴民们就先去了。因为苏拉规定：杀死人民公敌不仅无罪，而且有赏；包庇人民公敌则与之同罪。

人们为了领赏，为了抄家得到好处，也为了政治投机，就疯狂地迫害他人，甚至有的人根本不在名单上。暴民受到挑唆后，先把那些人抄家灭门，再把他们的名字补在名单上。人民竟然利用苏拉的恐怖统治谋求私利，主动加剧了恐怖统治。[1]

漫长的文明史告诉我们：就算国家出现了坏统治者，他仍然是人民的代表，有什么样的统治者就意味着有什么样的人民。反之也成立，有什么样的人民就会有什么样的统治者。

所以，苏拉的出现不仅是因为他的个人野心恰好遇上了乱局，更因为人心已恶，民风不古。在这种情况下，共和已经名存实亡，苏拉只是压垮骆驼的最后一根稻草而已。

无论苏拉的统治多么残暴，多么专横，但他充分利用了坏政治中所有对自己有利的因素，把濒临崩溃的罗马统一到他一个人的麾下。也就是说，罗马分崩离析的态势起码被终止了。

从这个意义上看，共和覆灭其实并不可惜，因为它已经对新形势失去了控制，已经是一种无能的制度。苏拉埋葬共和的举动，也就没有那么可恶了。但他没有把野心和大权转换成新的蓝图，没有

---

[1] 苏拉到底是在利用民众加剧恐怖，还是竭力控制民众减少恐怖，历史学家们意见并不完全一致。支持前一种意见的是蒙森（《罗马史》，第四卷，第306—310页），支持后一种意见的是布林格曼（《罗马共和国史》，第223—224页）。古代史书典型支持前一种意见的是阿庇安的《罗马史》（下卷，第79—87页）。结合苏拉恐怖统治前的作为，以及恐怖统治中的其他政策来看，我选择支持前一种意见。

完成救国大业，这才是真正被有识之士不齿的地方。

苏拉没有系统性地把终身独裁官职权变成稳定合理的帝制，没有凭借自己无上的权力完成对罗马制度的系统更新，也就是说，他没有主动为罗马铺设未来的正轨。最后，他竟然选择了退休，到乡间别墅安享晚年。于是，他没有完成的事情就必须有其他人来完成，后来的庞培、恺撒、屋大维都是沿着独裁者的道路前进的。

在屋大维的手中，帝制终于基本建成，罗马正式获得了一种和大而富的社会状况相吻合的制度，它又可以意气风发地向前飞奔了。

六、贤帝：罗马到底有多繁荣？

苏拉最先动手埋葬共和，但他没能创造出一套新制度，使罗马稳固地存续下去，因此一直被后人看作邪恶的独裁者。我们都知道，后来的罗马帝国经济空前繁荣，疆域也达到鼎盛状态。那么，苏拉之后的"好皇帝们"是怎么把罗马帝国建立起来的？他们用什么办法解决大规模共同体治理的问题呢？

■ 恺撒的独裁时代

苏拉死后，古罗马共和国由"三巨头"（恺撒、庞培和克拉苏）统治。他们曾经是"亲密"的盟友，结成政治联盟（史称"前三头同盟"），一起控制元老院。恺撒还把自己的女儿嫁给庞培，庞培则借兵给恺撒出征高卢。

但实际上，由于"三巨头"亲历了苏拉的恐怖统治，他们都染上了独裁者的病毒。庞培甚至公开表露过自己的野心，他的名言是：苏拉可以，我为什么不可以？

后来，克拉苏战死沙场，"三头"只剩下了"两头"。恺撒那位嫁给庞培的女儿也去世了，亲情纽带随之断裂。与此同时，恺撒已经征服高卢，功勋卓著、声望大涨。庞培则守在罗马城里，他身边的小人不断挑唆，说恺撒会像苏拉一样谋反，使庞培起了嫉妒和猜疑之心。元老院顺势拉拢庞培，谋划反对恺撒。

公元前49年，元老院命令恺撒解散军队，否则就宣布他叛国。恺撒索性率军越过卢比肯河，直接进军罗马。最后，庞培率领多数元老院成员仓皇撤离，逃往希腊。恺撒独裁的时代由此到来。[1]

对比来看，恺撒的前两步行动和苏拉一样——第一步"带兵回京"，第二步独揽大权。但在独揽大权之后，他没有实行恐怖统治，而是极力弥合上层贵族之间的矛盾，运用经济手段安抚下层民众。比如，为了稳定政治上层，恺撒改革了元老院和其他官职，增设大法官、营造官、财务官和许多低级行政官的职位，以适应不断增长的管理需要。充任这些官职的贵族也不全是恺撒的故友旧部，很多曾经跟随庞培和恺撒作对的人，只要愿意合作，也得到了宽恕和官位。为了稳住下层民众，恺撒给回到罗马的士兵发钱，减免地租，举办宴会请他们享用，举办角斗、赛马、体育、海战等表演请他们观看，所有罗马市民都加入其中，其乐融融；而且，恺撒把一半官员的产生交由人民选举直接决定，不再都由元老院决定。

另外，为了缓解罗马的人口压力，恺撒推行了移民计划；为了

---

[1] 前三巨头的格局大致是：他们之间其实并非势均力敌，庞培最强，手握重权；恺撒以其副手的形式与之合作，又暗自竞争；克拉苏钱多，政治履历浅，和恺撒合作对付庞培。因此，前三头政治其实极不稳定，无法形成稳固的制度，一旦出现重大事件，立即刀兵相向，罗马仍然有分崩离析的危险。参见[古罗马]苏维托尼乌斯：《罗马十二帝王传》，张竹明等译，商务印书馆，1995年，第一卷。[德]蒙森：《罗马史》（第五卷），李稼年译，商务印书馆，2014年，第八、九章。[德]布林格曼：《罗马共和国史》，刘智译，华东师范大学出版社，2014年，第288—332页。[英]塞姆：《罗马革命》，吕厚量译，商务印书馆，2016年，第二、三章。

稳定社会秩序，恺撒颁布了大量解决债务纠纷的法律，并且整肃法官队伍，保证司法公正；他还主持了历法改革，并且大兴土木，新建神庙、剧场、图书馆、运河等公共工程。他想把罗马团结起来，使之重新成为"钢铁战车"。[1]

可惜，恺撒很快就被刺杀了。如果他能像苏拉一样心狠手辣，早早杀死政敌，或许不会去世得那么早。

■ 屋大维的帝国时代

恺撒去世后，他的政治继承人屋大维、部将安东尼和雷必达组成"后三头同盟"，清除了反对恺撒的势力。后来，"三巨头"面和心不和的历史再次上演——屋大维消灭安东尼、控制雷必达，罗马归于一统。帝国最终在屋大维手里建立起来。[2]

实际上，共和覆灭的深层原因是共和制度的失灵，换言之，新的政治形势需要新的政治秩序。苏拉用暴力实现独裁，杀出了一条血路，但他的见识和健康状况，都没能支撑他走完重建国家这条路；恺撒已经有了明确的意识去重建国家，可惜早早被刺杀；最终，手握大权的屋大维实现了重建秩序的大业。

具体来看，屋大维带领罗马实现升级换代主要表现在三个方

---

[1] 参见[英]塞姆：《罗马革命》，吕厚量译，商务印书馆，2016年，第四、五、六章。
[2] 详见[古罗马]阿庇安：《罗马史》（下卷），谢德风译，商务印书馆，1976年，第十六、十七卷。

面：名号和体制、军事和管理、社会和文化。

第一个方面，名号和体制。

元老院和军队授予了屋大维两个头衔：一个是"奥古斯都"，意思是带有宗教意味的看守者，可以理解为国家的守护者；另一个是"皇帝"，皇帝的拉丁文是imperator，指的是军队统帅、司令官。一般来说，罗马皇帝通用的头衔就是"奥古斯都"和"恺撒"，奥古斯都是皇帝的正式头衔，恺撒则是副皇帝或者接班人的头衔。而屋大维喜欢把自己称作princept，即"第一公民"，这个称号一般被翻译为"元首"。

屋大维虽然在名号上很谦虚，非常小心地顾及了共和传统，却切切实实地改变了体制：罗马的政治中枢由元老院变成了元首，所有重大政治决策都以元首为核心展开，所有政治机构都由元首设置，对元首负责。其中的关键机构是"内阁"。奥古斯都的头衔并没有带来实质性的权力，它只是巨大的权威和荣誉。要把权威变成权力，对雄才大略的屋大维来说，完全是轻而易举。他建立了"内阁"（Concilium Princepium），可以直译成"第一公民办公厅"。内阁由两名执政官和十五名元老，加上法务官、财务官、监察官、检察官各一名组成，它发布的命令与元老院发布的"终极谕令"具备同等效力。屋大维控制了内阁的人选，又进一步缩减了元老院的人数，还规定元老院一个月只开两次会、每年休会两个月。这样一来，每天照常运转的内阁就取代元老院成为了国家权力中枢。

第二个方面，军事和管理。

屋大维在夺权过程以及掌权后的征战中展现出作为大将军的战

略才华，加之他对军队体制改革有方，获得了军队的完全服从。要知道，军队原本是造成罗马混乱的最主要势力。稳住军队，让军队的力量为己所用，会进一步巩固屋大维的统治。但是，屋大维在独揽大权之后不是扩张自己手里的军队，而是改革军队。首先，裁军并规定帝国常备军的人数保持在十五万左右；其次，把军队分成边防军和禁卫军，留出九千名禁卫军负责罗马城和政治中枢的安全，其余的大多数军队都按照防御性的安全战略戍守边疆；再次，规定了士兵的服役年限、军饷和退伍安置。

与军队体制改革和防御性安全战略的调整相适应，在管理上，屋大维改革行省制度，根据军事和管理的需要重新划定了许多行省的边界，同时对行省的管理权限做出了调整；改革税务制度，建立"国家税务总局"，统一征收管理税赋，为军饷和军费提供稳定的来源；此外，屋大维还建立警察制度和消防队伍，应对城市（尤其是罗马城）复杂管理的需要。有了制度保障，庞大的帝国逐渐变得井井有条。[1]

第三个方面，社会和文化。

屋大维大兴土木，不但营建各种神庙来重塑政治宗教，还主持修建了纵横交错的罗马大道。"条条大路通罗马"这句谚语就和他有关。有了罗马大道，长途贸易变得非常便利，帝国境内得以互通

---

[1] [古罗马]苏维托尼乌斯：《罗马十二帝王传》，张竹明等译，商务印书馆，1995年，第二卷，尤其是第77—83、89—92页。参见[日]盐野七生：《罗马人的故事》（VI 罗马统治下的和平），徐越译，中信出版社，2012年。

有无，再加上币制改革保证了金融秩序，经济很快走向繁荣。

屋大维还庇护了一批顶级罗马文化人，比如：著名诗人维吉尔原本就是屋大维麾下的将军，参加过屋大维与安东尼的大决战；著名诗人贺拉斯通过维吉尔的举荐被屋大维赏识；著名历史学家李维长期担任屋大维儿孙的家庭教师。屋大维本人就是在家庭教师的教育之下学习了斯多葛哲学和各种古典知识，他对文化人崇敬有加，对他们的作品也十分赞赏，为他们提供安全、衣食、别墅。罗马文化正是在这批人手中进入了属于自己的黄金时代。

可以说，屋大维几乎带来了万象更新的局面，开启了罗马帝国长约200年的辉煌之路，史称"罗马治下的和平"。[1]

■ 罗马迅速走向兴盛的逻辑

到这里，我们回过头分析罗马迅速走向兴盛的逻辑。

从国家形势的层面看，帝国取代共和后，罗马呈现出三大特点，为它的兴盛提供了条件。

第一，从整体形势来看，罗马可以征服的地方还有很多。这意味着土地和人口输入的过程还能继续，罗马文明的经济营养没有中断。

第二，从政治权力格局来看，马略与苏拉之争导致的上层分裂

---

[1] [美]勒纳等：《西方文明史》（I），王觉非等译，中国青年出版社，2005年，第182—188页。

引发了大洗牌，新的能人、强人涌现出来。

第三，从政治统治的对象来看，大而富造成的贫富分化使得各种矛盾异常尖锐，必须通过制度创新来解决。

从统治者治理的层面看，国家的新形势要求新的管理方式，要求有管理意识和管理才能的人来统揽大局。

苏拉既没有管理意识，也没有管理才能；恺撒早逝，没有机会大展宏图；屋大维既有意识，又有才能，还有机会。他活到七十七岁，运用无上权威把国家带入了一个适应大而富社会的新轨道。

沿着这个轨道，罗马帝国走过了长约200年的辉煌之路（"罗马治下的和平"）。虽然屋大维之后的继任者们不全是好皇帝，其中有像卡里古拉和尼禄那样的暴君，但由于屋大维搭的大框架足够好，所以没出太大的乱子。

公元1世纪，罗马进入最辉煌的时期——五贤帝时代。五贤帝指的是涅尔瓦、图拉真、哈德良、安东尼·庇护和马可·奥勒留。这五个没有血缘关系的好皇帝接连执政，使得罗马政治稳定、经济繁荣，人民安居乐业，帝国版图扩张到顶峰。

■ 罗马帝国的经验

"罗马治下的和平"代表了罗马帝国最正面的经验。统治者们究竟凭借什么实现了对庞大帝国的有效管理呢？可以总结为四个方面。

第一，稳定的政治统治。屋大维主动运用自己的无上权威，制定了一整套适应大规模共同体统治的制度，确保政治稳定。

第二，有效的行政管理和司法裁判。帝国政府能及时有效地管理社会事务、回应社会需求、解决社会问题。

第三，发达的产权制度。罗马法全面而合理地保护私有财产的占有和交换，为市场经济提供充分的法治环境。

第四，卓越的公共交通、健全的货币体系、畅通的长途贸易。这些条件使得罗马的经济发展和社会稳定自然而然地融为一体。

凭借这些，罗马帝国走上巅峰，成为人类古代社会中以市场经济为底色的规模最庞大的共同体。回望罗马走向巅峰的整个过程，我们可以获得一个启示：文明的规模越大，对优良制度系统的要求就越高。大规模共同体只有依靠大规模的制度创新，才能维系和发展。

七、黩武：外战内行，内战也内行？

五贤帝时代结束后，罗马开启了持续100多年的内战，帝国境内生灵涂炭。很多人可能会疑惑：屋大维已经创建了古代大规模复杂社会治理的基本框架，为什么繁荣的罗马还会陷入内战呢？

答案是：在一个文明中，政治如果不能降服自己的武力，就会被自己的武力摧毁。

■ 君主的武力优势

通常来说，规模巨大的政治共同体——比如罗马、埃及、亚述、波斯、中国——需要充足的武力，才能保障内外的安定。

如果一个国家实行君主制，它的武力结构理论上分两种情况：第一种是君主有相对优势，第二种是君主有绝对优势。相对优势指的是，无论君主在一国之内的武力占比有多低，他总是第一名，这是及格线。绝对优势则意味着，君主在一国之内的武力占比超过51%，所有人加起来都打不过他。

拥有绝对武力优势是君主的梦想，但成本太高，很难实现，所以君主制中的君主武力，通常处于相对优势和绝对优势之间。

无论是相对优势还是绝对优势，二者都保证了一个基本的政治前提：国家武力的掌控权属于君主。军权一旦旁落，君主一定不会有好下场。

一国的武力越充足,控制和管理的难度就越大。罗马天生就是军国主义,它不仅靠武力起家,而且靠武力成长。对罗马来说,打仗不能停,就像吃饭不能停一样,所以控制武力是天生的难题,但罗马没能成功解决这个难题,可以说,罗马成于兵,也毁于兵。

到这里,我们就必须了解马略的故事了。马略是苏拉的老对手,他的重大贡献是改革了罗马的军制,改革最明显的效果是大大提高了罗马军队的战斗力,最明显的恶果是军队私有化。

■ 马略改革的背景

前文提过,罗马变得大而富,很重要的一个因素就是到处征战,打遍天下无敌手。但是,罗马军队的战士并不是职业的。罗马原本和希腊一样,以公民兵制为基本兵役制度。公民是城邦的一分子,他们既有权利又有义务当兵打仗。

这种兵制的优点是士兵的责任感和荣誉感特别强——我是国家的一分子,当然要为国征战。但它的弱点也非常明显:军队规模有限。一个城邦只有几万到十几万公民,就算全部当兵打仗,也很难打大仗、打持久战,毕竟种田、做生意的也是同一批人。

当罗马把仗越打越大的时候,这个问题就凸显出来了:军队的稳定性和战斗力都不可靠。

罗马公民出征在外,一走就是几年、十几年,对家里的情况一无所知。想象一下,等他们凯旋归来,田地被占,妻离子散——前半生努力得来的一切化为乌有。如果分到的战利品和土地都不够还他们在外征战期间家中父母妻儿借下的债，这些人还会觉得当兵有意义吗？这就给军队的稳定性带来了巨大的困扰。

再看战斗力。罗马人虽然天生彪悍，但他们毕竟没有受过专业的军事训练，平时在家只是种地。随着仗越打越大，越打越残酷，仅凭天资远远不够，罗马人碰到训练有素的高手也得束手就擒。

所以说，公民兵制实际是一种业余兵制度。到了公元前104年与条顿人、日耳曼人等蛮族作战的时候，罗马军队九战七败，损失二十万兵力，已经到了不改革就亡国的地步。[1]这时候，马略站了出来。

■ 马略改革及其成效

马略改革罗马军队的目标就是要提高稳定性和战斗力。他主要从两个方面入手。

第一方面，改革兵制。

马略把公民兵制改为募兵制，组建军队不再依靠公民义务，而是靠军饷征兵。兵源由此得到了大大的扩充，士兵服役的年限也得以延长。

---

[1] [德]蒙森：《罗马史》（第四卷），李稼年译，商务印书馆，2014年，第六章，尤其是173—176页。[德]布林格曼：《罗马共和国史》，刘智译，华东师范大学出版社，2014年，第208—216页。[英]基根：《战争史》，时殷弘译，商务印书馆，2010年，第346—358页。

第二方面，重新整编，建立新军制。

首先，严肃军纪，荣誉第一。每个军团都有自己的鹰徽和战旗，它们在，队伍在，它们亡，队伍亡。鹰成为西方军队的标志就是从这个时候开始的。

其次，强化低级军官的职责。确保即使军团在战斗中被打乱，低级作战单位仍然能够保持战斗力。

最后，改变兵种的配比。弓箭兵、短剑兵、长矛兵相互协作，长矛兵成为步兵的核心；为了实现多兵种配合，马略推进了士兵平等，贵族士兵和平民士兵都可以充任任何兵种；各兵种的相互配合平时必须严格训练；一改公民自备武器的传统，国家统一供给武器，在硬件上为统一性和相互配合创造条件；强化骑兵的地位，以便应对蛮族强大的骑兵。

事后来看，马略的改革确实取得了卓越的成效，罗马战无不胜的神话得以延续。[1]

■ 改革带来的恶果

然而，马略改革无意间给罗马埋下了一个致命的缺陷——兵随将转。

改革前，公民兵自备武器，打完仗解甲归田。改革后就不一

---

[1] [德]蒙森：《罗马史》（第四卷），李稼年译，商务印书馆，2014年，第六章，尤其是第176—181页。[日]盐野七生：《罗马人的故事》（III 胜者的迷思），刘锐译，中信出版社，2012年，第89—93页。

样，士兵变得职业化，他们的武器由国家提供，军饷由国家发放，晋升由国家决定。这里的"国家"不是抽象的概念，而是有具体代表的，这个代表就是将军。

士兵的军饷、级别、战利品乃至身家性命都掌握在将军手里，于是军队就很容易被私有化。国家危难之时，将军打着为国征战的名义，拿着钱招募军队。但实际上，军队的荣辱、利害、生死已经不是直接和罗马关联在一起，而是和将军本人关联在一起。这就是"兵随将转"。

兵随将转的恶果来得很快，典型例子就是马略的老对手苏拉带兵杀回罗马夺权，建立独裁。更要命的是，苏拉的做法让所有手里有兵的将军都在心里默念庞培那句名言：苏拉可以，我为什么不可以？如此一来，国家对军队的控制就失去了基本的制度保障和心理屏障。

马略的改革虽然强化了军队力量，但本质上是将原本由君主或国家掌控的武力私有化。所以说，罗马成于兵，也毁于兵。

不过，马略留下的病根过了两百年才大爆发。这是因为马略改革不久，帝国就落到了屋大维手里，加上后来的五贤帝有足够的雄才大略，他们以个人的威望和手腕控制住了军队。实际上，罗马遍地都是暗藏不臣之心的将军，一旦皇帝没有足够的本事，罗马必然朝不保夕。

公元180年，"五贤帝"时代最后一位皇帝马可·奥勒留去世，平静的局面终于被打破了。罗马皇帝的继承原则上要通过指定政治继承人完成,[1]不能世袭。但奥勒留坏了规矩,把皇位传给了自己儿子康茂德。他的做法本来就不合法、不得人心,更要命的是,康茂德还是个不学无术的纨绔子弟。[2]虎视眈眈的将军们自然不会乖乖地接受他的统治,从此,罗马国内的武力平衡失控,乱局一发不可收拾。

■ 兵营出皇帝

公元192年,康茂德去世。在此后不到一百年的时间里,罗马出了二十六位被官方承认的皇帝,自立为帝的还有二三十人。

罗马法始终规定,将军不得带兵跨过卢比肯河,否则将视为叛国。但将军们为了争夺帝位,把跨过卢比肯河当成了家常便饭。皇帝不到两年就换一个,罗马完全乱成一团。当每个将军都想凭借军队私有化坐上皇帝宝座时,他们每个人也就丧失了得到相对武力优势的可能性。历史学家把这段混乱的时期做了很经典的概括,叫作"兵营出皇帝"。

后来,恶劣的情况进一步升级,谋逆篡位的主力由将军变成了禁卫军统领。他们直接发动兵变,血洗罗马城。这段时间产生了一句谚语,叫作"谁都可以得罪,但一定要讨好士兵"。

---

[1] 参见[英]塞姆:《罗马革命》,吕厚量译,商务印书馆,2016年,第二十二章。
[2] [日]盐野七生:《罗马人的故事》(XI 结局的开始),陈涤译,中信出版社,2013年,第171—234页。

最后,"当罗马皇帝"这件事变得很简单。禁卫军统领一声令下,士兵们就把老皇帝一家赶尽杀绝。统领坐上皇帝宝座,士兵们拥立有功。罗马陷入的不只是内战,而是万劫不复的深渊。

如何对武力进行有效的政治控制是罗马没有解决的问题,也是罗马留给所有大规模共同体的超级难题。

八、权宜：帝国为什么分成东西？

五贤帝的统治结束后，马略军事改革埋下的弊端爆发，罗马内战不断，皇帝像走马灯一样地更换。帝国的核心完全瘫痪，繁荣的社会经济生活也被完全摧毁。这种状况一直到公元284年戴克里先登基才结束。那么，戴克里先和他的继任者们能够挽回帝国的辉煌吗？

■ 帝国分东西

先说一个令人沮丧的事实：无论后来的罗马皇帝，比如戴克里先、君士坦丁、狄奥多西多努力，西方在罗马帝国时代再也没有达到昔日的辉煌。

不过，他们的努力确实带来了很多重大变化，对西方文明乃至全世界产生了决定性影响，其中最重要的就是帝国分东西：帝国西部成为西方的势力范围，帝国东部走上东方的发展路径。

既然是同一个帝国，为什么西部和东部会发展成两种完全不同的文明呢？

这里有一个重要提示。提起西方，大多数人会想到希腊、罗马、基督教这三大传统，其实这些远不足以描述西方文明。因为罗马帝国的东部，以及后来的君士坦丁堡同样拥有这三大传统，但是今天我们不会把它看作西方，而是视为东方文明的一部分。

要想看清西方文明和东方文明的差异，就得先看这位罗马帝国晚期皇帝——戴克里先做了什么。当我们理解了这段历史以及帝国为什么分东西，就会知道除了三大传统，西方文明还必须有其他特征，才能和其他文明区分开来。

■ 戴克里先的努力

戴克里先出身下层，父亲是被释放的奴隶。马略改革后，从军不再是公民的权利，戴克里先选择应召入伍。之后，他一路做到皇帝卫队队长，受皇帝之命随太子出征。在班师回朝的路上，他收到了皇帝被杀的消息。随后太子即位，可这位新皇帝还没回到罗马也被暗杀了。戴克里先挺身而出，揭发了谋害两位皇帝的阴谋，被士兵拥立为皇帝。

戴克里先自己是拥兵称帝的，所以他很清楚，要想坐稳皇帝的宝座，必须改革军制，使自己获得相对武力优势。于是，他称帝后做的第一件事就是重新整编军队。

首先，削弱禁卫军的力量，把它变成少而精的编制。然后，把帝国军队划分为边防军和野战军，边防军驻扎边境，野战军由皇帝机动指挥。皇帝们重点控制野战军，当边防军需要支援时，皇帝带野战军驰援。由于帝国内外战争不断，军队的机动性必须予以加强，所以戴克里先强化骑兵的地位，弱化步兵的地位。经过重新整编，曾经使罗马陷入内战的军队暂时安静了下来。

为了强化皇权，戴克里先彻底抛弃共和传统，拥抱专制。他改变了皇帝地位的基本设定，把"第一公民"直接改成"主人和神"，皇帝不再是罗马人民中的第一人，而是罗马人民之上的主人和神。[1]他用东方君主复杂而神秘的礼仪包装自己，显得皇帝高高在上、神秘莫测。另外，元老院最后仅存的一点点职权也被剥夺，沦为罗马城的地方政府。

在西方传统中，这种做法简直就是叛徒之举。亚里士多德早就教导过：一个人是主人，其他所有人都是奴隶的统治叫专制；专制只属于波斯、属于东方，西方没有这种东西，也绝不能这么干。所以，西方历史学家通常把戴克里先之后的罗马统治者称为"皇帝"，把他之前的统治者叫做"元首"。虽然他们都是罗马的最高统治者，但在制度上存在重大差别。

要想坐稳皇位，除了集权，皇帝还得有钱，军队和政府都需要钱来供养。所以，戴克里先必须找到财路。然而，帝国打了一百年内战，经济凋敝，实在没钱可收。

为此，戴克里先想了两个办法。一个是强行管制价格。但是财富不会因为价格管制就自动增加，这个办法失败了。另一个是实行配给制，征收财富，保障军队和政府的物资供给。为了保证能稳定地征收财富，他严格限制人口流动，把人民捆在土地上。这样一

---

[1] [英]吉本：《罗马帝国衰亡史》（上册），黄宜思等译，商务印书馆，1997年，第十三章。[美]勒纳等：《西方文明史》（I），王觉非等译，中国青年出版社，2005年，第200—201页。

来，罗马帝国原来那种通过贸易，尤其是长途贸易实现的经济繁荣就消失了，经济振兴的目标根本不可能实现。[1]

经济难以振兴并不是戴克里先管理罗马的唯一问题，还有一个更为艰巨的困难：罗马帝国太大了，无论如何集权，凭借戴克里先的能力都难以管理。于是戴克里先把帝国分成东西两部分，一边选一个"奥古斯都"，每个奥古斯都再选一个"恺撒"作为副手和接班人，建立起四帝共治的体制。[2]

中国传统认为天无二日、民无二主，两个皇帝都不可能并存，更何况是四个？事实证明，四帝共治并不稳定。戴克里先在公元305年退位，但他信不过老搭档马克西米安，让他也同时退位。结果，几个继承人为了谁当老大打了起来。最后，继承人之一的君士坦丁一统天下。

虽然四帝共治没有成为稳定的制度，也没有解决政治中枢和平交接的问题，但帝国分东西这个局面却保留了下来。

君士坦丁在帝国东部建成了一座新都城——君士坦丁堡，也就是如今我们熟知的伊斯坦布尔。新都建成后，君士坦丁堡迅速成为罗马帝国的中心，西部的罗马城则逐渐被放弃、遗弃、抛弃。

---

[1] ［美］罗斯托夫采夫：《罗马帝国社会经济史》（下册），马雍等译，商务印书馆，1985年，第十二章。厉以宁：《罗马—拜占庭经济史》（上编），商务印书馆，2006年，第290—299页。［美］勒纳等：《西方文明史》（Ⅰ），王觉非等译，中国青年出版社，2005年，第200—203页。

[2] ［法］罗特：《古代世界的终结》，王春侠等译，上海三联书店，2008年，第13—14页。［意］格罗索：《罗马法史》，黄风译，中国政法大学出版社，1994年，第382—384页。

■ 西方和东方的分离

到这里我们可以知道，罗马东部和西部的分离在戴克里先时代就开始了。东西部之间的差异，主要体现在政治、经济、文化三个方面。

在政治上，君士坦丁堡成为罗马帝国的中心，地位逐步高于罗马城。东罗马皇帝的地位实质上也高于西罗马皇帝，并且西罗马皇帝在西部难有作为。西部政治逐渐进入真空状态，东部则保持着戴克里先和君士坦丁的专制政治。[1]

在经济上，帝国东部被内战摧残得并不严重，因为将军们的目标是罗马城，那时还没有君士坦丁堡。戴克里先制定的禁止人口流动的政策使凋敝的西部从大规模的市场经济逐渐退化成自给自足的自然经济，庄园不断出现。到了帝国晚期，经济上的封建主义在西部出现，而东部仍然保持着市场经济的繁荣。[2]

在文化上，帝国东部的人讲希腊语，西部讲拉丁语，文化差异越来越大，最终形成隔阂。后来，基督教的分裂进一步加剧了东西部的分离，这部分内容我会在下一章专门介绍。

就这样，罗马帝国东部和西部走上了截然不同的道路。

---

[1] [英]吉本：《罗马帝国衰亡史》（上册），黄宜思等译，商务印书馆，1997年，第十七章。[瑞士]布克哈特：《君士坦丁大帝时代》，宋立宏等译，上海三联书店，2006年，第十章。

[2] [美]罗斯托夫采夫：《罗马帝国社会经济史》（下册），马雍等译，商务印书馆，1985年，第十二章。厉以宁：《罗马—拜占庭经济史》（上编），商务印书馆，2006年，第336—341页。

公元476年，西罗马帝国灭亡，西方进入中世纪，那时东罗马帝国仍然存在，它后来被称作拜占庭帝国。拜占庭帝国又支撑了一千年，直到公元1453年被突厥所灭，君士坦丁堡更名为伊斯坦布尔。

拜占庭人一直认为自己才是罗马帝国的正统继承人，因为西罗马帝国灭亡，它的主体民族变成了日耳曼人；而东罗马帝国则沿着戴克里先和君士坦丁的道路走了下来，一千年来从未中断。

拜占庭和西方共享了希腊、罗马、基督教三大传统，但很显然，拜占庭不是西方。西方之所以是西方的很多特征，尤其是区别于拜占庭的特征，是在戴克里先时期开始出现的，后来又在中世纪逐渐演化、成型。下一章专门介绍中世纪，介绍那些并不起眼，却非常关键的特征是怎么来的。

九、崩溃：罗马亡于蛮族之手？

戴克里先没能让帝国重现辉煌，也没有从根本上解决对武力的政治控制问题，但他把帝国分成了东西两部分，西方文明正是沿着西罗马帝国的版图走下去的。

其实，只要看看西罗马皇帝们的下场，就能知道戴克里先没有扭转西部的颓势。帝国分东西，实际上是帝国放弃了西部。

公元476年，最后一位西罗马皇帝被蛮族首领奥多亚克废黜，西罗马帝国灭亡，西方进入中世纪。而东罗马帝国一直存续到公元1453年，本篇提及的帝国覆灭是针对西罗马帝国而言的。接下来我们就来看看，它是如何灭于蛮族之手的。

■ "异鬼战胜文明"的认知误区

常有人说，希腊毁于内战，而罗马毁于外来侵略。这其实是一个认知误区。从表面来看，西罗马帝国确实是被蛮族灭亡的，但实际上，这个结局是罗马人自己造成的。可以说，罗马也是毁于内战。

提起文明人和野蛮人的较量，很多人会想到长城，觉得长城以北是蛮族，他们就像《权力的游戏》中令人恐惧的"异鬼"，长城以南是文明人，是好人。文明人守着长城、保卫文明，蛮族却不断侵袭。最终，长城被攻破，蛮族冲进来，文明就此毁灭。

施展在《枢纽》这本书里说过，用"中原是文明、草原是蛮族"的思路来看中国史是不对的。[1]

同样的道理，用这种思路来看罗马人和日耳曼人的斗争也不对。没错，对罗马人来说，蛮族就是北边的日耳曼人。

■ 罗马毁于内战

如果用中国历史上的典故——安史之乱——做类比，日耳曼人的首领奥多亚克就是罗马的安禄山。

安史之乱我们都很熟悉，这场动乱险些灭了大唐，使大唐辉煌不再。当时唐玄宗重用胡人将领，让他们戍守边疆。这些封疆大吏叫节度使，他们控制的地盘叫藩镇。安禄山作为唐玄宗的宠臣，一人兼任平卢、范阳、河东三镇节度使，最终却起兵反唐，直取长安，安史之乱就此爆发。

虽然大唐借助回鹘平定了安史之乱，但也无力改变节度使拥兵自重的局面。最终，势力最大的藩镇节度使朱温篡夺帝位，唐朝灭亡。所以，后人写的唐史里，有一句非常精彩的断言，叫作"唐亡于藩镇"。[2]

---

[1] 施展：《枢纽》，广西师范大学出版社，2018年，第53—77页。

[2] 在明末思想家顾炎武的《日知录》里，"唐亡于藩镇"已经被当作常识，见《日知录·藩镇》。

这个典故里的逻辑也适用于罗马和日耳曼人。日耳曼人相当于被罗马人利用的胡人，早年日耳曼人被罗马侵袭、打击，但在共和时代，曾经征讨日耳曼人的将军们开始收编日耳曼人。

回想马略改革，军队实行募兵制，靠军饷征兵。罗马军团征服到哪里就从哪里买兵，并不要求买来的必须是罗马公民——意大利人可以买来当兵，北非人可以，西班牙人可以，日耳曼人当然也可以。[1]

在罗马本身强大的时候，军队里有一些日耳曼人不成问题。但罗马打了一百年内战，自己人打自己人，内耗极其惨烈，兵员必须不断补充，军队的人员构成也就越来越复杂，日耳曼人在其中的比例就越来越高。

戴克里先通过改革已经把军队分为边防军和野战军，野战军由皇帝们重点控制，但野战军只占全部军力的三分之一，剩下的三分之二都是边防军。由于边防军驻守边疆，离罗马很远，皇帝们没有将其视为心腹之患。于是，一个个"安禄山""史思明"就在边疆的军团里成长起来。

庞培那句名言"苏拉可以，我为什么不可以？"在日耳曼人心里也不断浮现。凭什么你们罗马将军手里有兵，就能跨过卢比肯河，抢夺皇帝宝座？我们日耳曼人也是军团啊！

可见，坏逻辑不会因为人的身份不同而自动失效，罗马城的人

---

[1] 参见[德]蒙森：《罗马史》（第四卷），李稼年译，商务印书馆，2014年，第七、八章。

开了个坏头，意大利人、西班牙人、不列颠人、高卢人、日耳曼人一个个都学会了。[1]

到这里就明白了，并不是日耳曼人在长城北边不断攻城，他们本来就是守卫长城的军团，他们就是"节度使"，也想痛快一把。

不过，日耳曼人是逐步学会罗马人的坏逻辑的，他们的政治意识经历了一个不断成长的过程。在日耳曼首领奥多亚克废黜罗马末帝之前，日耳曼人已经攻破和洗劫罗马城很多次了。对他们来说，拿下罗马城变得越来越容易，但几乎没有日耳曼人自己称帝，都是抢掠之后就扬长而去，他们在当时还不觉得做皇帝是一件很重要的事情。

即便在西罗马帝国灭亡之后，大大小小的日耳曼统领在不同的地方称王，他们依然知道法统在东罗马皇帝手里，于是请求东罗马皇帝给他们封号。失去实际控制权的东罗马皇帝只能顺水推舟，为蛮族国王颁发执政官的委任状。

所以，尽管西罗马帝国被蛮族灭亡了，但蛮族和东罗马帝国的政治关系至少在名义上还维系着。罗马，在他们心里其实并没有死。[2]

---

[1] [英]吉本：《罗马帝国衰亡史》（下册），黄宜思等译，商务印书馆，1997年，第三十一至三十八章。[法]罗特：《古代世界的终结》，王春侠等译，上海三联书店，2008年，第十一、十二章。[美]勒纳等：《西方文明史》（I），王觉非等译，中国青年出版社，2005年，第217—221页。

[2] [英]吉本：《罗马帝国衰亡史》（下册），黄宜思等译，商务印书馆，1997年，第三十九章。[法]罗特：《古代世界的终结》，王春侠等译，上海三联书店，2008年，第十四、十五章。

直到公元800年查理曼称帝，日耳曼人才真正有了自己的皇帝。而且需要注意的是，到这个时候，查理曼仍然小心翼翼地处理和东罗马的关系。这是后话，我会在下文详细介绍这个话题。

■ 罗马的军国主义生存逻辑

罗马成于兵，也毁于兵。下面简单梳理一下军国主义的罗马把自己毁掉的过程。

首先，生存逻辑迫使罗马几乎天然地选择了"最好的防守就是进攻"这种扩张型道路。对罗马人来说，打仗不是健健身、出出汗，而是活法、是宿命。罗马确实通过不断扩张，从小小城邦变成了世界帝国。

随后，马略的军事改革使罗马的军力上了一个新台阶，但从此以后，兵随将转的致命缺陷就开始诅咒罗马，马略的老对手苏拉带兵夺权，实行独裁，后世的将军们也效仿他。

后来，恺撒和屋大维建立了元首政治体制，但仍然不能从根本上克服罗马军队容易私有化的弊病，内战一打就是一百年。

最后，戴克里先和君士坦丁建立了专制政治体制，但仍然不足以解决老问题。终于，日耳曼人成规模地加入帝国内战，衰老的帝国再也没有力气制服各路"节度使"，于是就此灭亡。

文明的逻辑其实并不美妙，反而非常残酷。希腊毁于内战，罗马也是毁于内战，没有敌人打败他们，是他们自己打败了自己。

在观察文明时，一定要仔细分析其成长逻辑。成功的成长逻辑一定是一个伟大的民族从自身特点里淬炼出来的。如果它经受住重重困难的考验仍然能够走下去，这个民族就会一步步走上辉煌的顶峰。但是，毁灭文明的种子往往也在同一个逻辑当中，沿着胜利的道路走下去，很可能是缺点的暴露、结构的坍塌、信念的瓦解、经济的萎缩，而最可怕的还是武力的失控。

种子在文明诞生之初就种下了，等到文明长大了、发育健全了，它毁灭性的一面就会越来越明显地暴露出来，连恺撒、屋大维、戴克里先、君士坦丁这样最英明神武的大人物都挡不住。

文明的逻辑反而会去利用这些大人物，把他们的改革方案变成自身发展的舞台。回想戴克里先的改革，他把军队分成边防军和野战军，是为了重点对付容易作乱的武力，结果重点部分是控制住了，非重点部分却趁机飞速扩张，使帝国迅速失去了对军力的政治控制。

■ 基督教如何看待罗马灭亡

这里穿插一个有趣的小故事，通过这个故事，我们可以看到，基督教是如何从文明的思路看待罗马帝国灭亡这件事的。

公元410年，罗马城被蛮族洗劫。不信基督教的人这时候会说：你看，帝国背叛罗马诸神，把基督教定为国教，现在遭报应了吧！信基督教的人则满心疑惑：帝国不是都信上帝了吗？怎么还会遭此大劫？

为了驳斥异教徒，也为了安抚基督教徒，基督教最伟大的神学家之一奥古斯丁写下了他最重要的著作《上帝之城》。他在书中的回答是：罗马帝国不是上帝之城，只是俗人之城。兴，不足喜；亡，不足悲。所有俗人之城因为它的罪孽和邪恶都是要毁灭的。[1]

基督教神学有自己的一整套看法，和我们用理性和逻辑来分析文明的思路有所不同。因为基督教是西方中世纪的主导思想，所以我们必须了解它才能更深入地了解西方，下一章就专门介绍基督教和中世纪。

---

[1] ［古罗马］奥古斯丁：《上帝之城》（上），吴飞译，上海三联书店，2007年。

十、徒劳：查士丁尼为什么收复不了故土？

西罗马帝国覆灭后，东罗马帝国依然健在，一直到公元1453年才被奥斯曼帝国灭亡。这就产生了一个问题：在西罗马帝国灭亡的过程中，东罗马帝国在做什么？它难道就完全坐视不管吗？当然不是。东罗马帝国也曾努力收复西部，却因为自身的无能失败了。最终，西部进入中世纪，走上了一条不归路。这个故事的核心人物是东罗马皇帝查士丁尼。

■ 查士丁尼西征

说起查士丁尼，就不得不提由他下令编纂的《国法大全》。公元527年，查士丁尼登上帝位，便立即组织法学家们把积累数百年的罗马法重新整理成一个有价值观、有逻辑、有条理的庞大体系，成就了这部伟大的法典。

罗马法在西方享有崇高的权威，是西方各国法律的母体，而它正是以《国法大全》为载体的。除了英国，后来的西方主要国家都拼命学习《国法大全》，从中世纪一直学到十八、十九世纪。[1]

查士丁尼能完成这种千秋伟业，充分说明他是有雄心，有抱负的。的确，编纂《国法大全》是查士丁尼宣示雄心壮志的一大工程，他还有另外一项大工程——收复西部。

那么，查士丁尼之前的东罗马皇帝都在干什么？他们怎么不收复西部？从西罗马帝国灭亡到查士丁尼西征的五十年间，东罗马皇帝们主要忙着应对两件事：一件是外患——灭了西罗马帝国的日耳曼人不会因为东边有皇帝就不打了，东罗马帝国花了不少精力才稳住自己的地盘。另一件是内忧，别的暂且不提，"能否坐稳皇帝宝座"这个问题得先解决，不然如何腾得出手去收复西部？终于，到了查士丁尼这里，东罗马帝国的内外元气都恢复了不少，于是他开始发动西征。

公元532年，查士丁尼派大将军贝利萨留西征，企图打败日耳曼人，重新收复西部。所谓日耳曼人其实是一个总称，它包含很多日耳曼部落，比较出名的有东哥特人、西哥特人、汪达尔人、伦巴第人等。

起初，贝利萨留不负所托，接连打败了北非的汪达尔人和意大利的东哥特人。尽管东哥特人非常顽强，想尽办法与贝利萨留周

---

[1] 关于《国法大全》编纂过程和基本结构的概要，参见[意]格罗索：《罗马法史》，黄风译，中国政法大学出版社，1994年，第二十五章；[英]尼古拉斯：《罗马法概论》，黄风译，法律出版社，2004年，第三章。关于英国为什么没有严肃学习《国法大全》为核心的罗马法，而是走上了独具特色的普通法道路，参见[德]茨威格特、克茨：《比较法总论》，潘汉典等译，法律出版社，2003年，第十六章。泮伟江：《一个普通法的故事：英格兰政体的奥秘》，广西师范大学出版社，2015年，第三章。

旋，但到了公元563年，筋疲力尽的东罗马军队还是荡平了东哥特人最后的几个据点，地中海重新成为罗马帝国的内湖。

然而，就在贝利萨留总算有所斩获的时候，帝国东线告急，波斯人的战舰已经开到了君士坦丁堡门口。查士丁尼只能从西线撤军，全力对付波斯人。就这样，查士丁尼花费三十多年收复的故土，没过多长时间又还给了日耳曼人。在撤军之时，查士丁尼在皇后的挑唆下对贝利萨留心生嫌隙，最终把他打入大牢，虽然后来贝利萨留在查士丁尼的宽恕之下出狱了，但风烛残年的君臣二人就像收复西部的事业一样，都走到了尽头。公元565年，查士丁尼和贝利萨留都去世了。

此后，查士丁尼西征被东罗马帝国当作重大的教训，而不是光荣的使命。[1]

■ 收复西部再无可能

从地理位置来看，东罗马帝国夹在西边的日耳曼人和东边的亚洲强国之间，这就天然决定了它必须应对两线作战的局面。相比之下，东线更加危险，因为比起乱糟糟的日耳曼人，波斯可是一个大帝国，实力不容小觑。

---

[1] [英]吉本：《罗马帝国衰亡史》（下册），黄宜思等译，商务印书馆，1997年，第四十三章。[法]罗特：《古代世界的终结》，王春侠等译，上海三联书店，2008年，第十六、十七章。[美]布朗沃思：《拜占庭帝国》，吴斯雅译，中信出版社，2016年，第九章。

因此东罗马帝国把军事部署的重点放在了东线——西部已经失去，不能再因为不切实际的光荣与梦想，把自己现有的地盘也搭进去。

从军事战略意义上看，正是因为波斯拖住了东罗马帝国的步伐，西方的日耳曼人才有足够的空间走出自己的路。我们稍微推演一下，如果没有波斯，东罗马帝国一定不会让日耳曼人如此潇洒，可能也就没有以日耳曼民族为主体的西方文明第三期（现代西方文明的直接母体）了。

但这只是假设，真实的历史就是波斯在查士丁尼背后捅了一刀，使东罗马帝国失去了收复西部的机会。这个机会一旦失去，就再也找不回来了。

为什么这么说？因为东罗马帝国后来要对付的敌人比波斯人还厉害——匈奴王阿提拉、穆罕默德的子孙们建立的阿拉伯帝国，一个个接踵而至。这些敌人的武力有多强悍？以阿拉伯帝国为例，从西亚一直往西推进到北非，甚至再往北进入西班牙，中世纪的西方差一点就被它所灭。东罗马帝国在强敌包围的情况下支撑了近一千年已经算是奇迹了。

■ 皇权控制宗教的传统

从共享希腊、罗马、基督教三大传统的角度来看，拜占庭是西方文明的亲兄弟，甚至是亲大哥。拜占庭一直延续了罗马帝国皇帝戴克里先和君士坦丁建立起来的专制制度，皇权如何威武暂不细说，其中有一点十分重要，就是皇帝的宗教地位。

这里要稍微提一下基督教在罗马的命运，基督教诞生后，先遭受了几百年的打压，然后罗马皇帝君士坦丁宣布基督教合法，之后没多久，下一任皇帝狄奥多西宣布基督教是罗马帝国的国教，那是公元392年的事情。

君士坦丁对基督教根本不是虔诚地信仰，而是政治利用，后来的皇帝们都懂这个道理。投其所好的神学家们帮皇帝完成了基督教框架内的君权神授，也就是：皇帝是上帝的帮手和朋友。这样一来，教会当然就要听皇帝的。

但是，教会哪能俯首听命呢？教会和国家的斗争由此展开。这个过程很复杂，也非常精彩，这里先简单介绍背景，下一章会重点介绍。

虽然教会不愿意听命于皇帝，但毕竟胳膊拧不过大腿，只要帝国在，教会真不是它的对手，在东边的拜占庭就是这样。基督教在拜占庭叫作东正教，皇帝在其中的地位高于大牧首。

这套皇权控制宗教的体系，是从罗马帝国继承下来的。因为西罗马帝国灭亡了，所以这套体系没有在西方持续下去，却在拜占庭得以完整保存，几乎持续了一千年，一直到1453年拜占庭被突厥人灭亡，这时候，俄罗斯又接过了拜占庭的大旗，保存了这套皇权控制教权的体系。

据俄罗斯自己的历史记载，在拜占庭灭亡后，他们的大公伊凡三世娶了拜占庭末代皇帝的外甥女，因此，拜占庭的法统就转移到了俄罗斯，拜占庭的双头鹰国徽，还有东正教的重心，都被俄罗斯接收，政治控制宗教的格局被进一步强化。

俄罗斯把自己叫作第三罗马，因为他们才是恺撒—君士坦丁—拜占庭这一路下来的正统继承人，他们的君主叫沙皇，所谓沙皇，字义就是恺撒。若是追踪历史渊源，俄罗斯和西方也算沾亲带故。不过你肯定不会认为俄罗斯是西方的一分子，俄罗斯自己也不这么想。

为什么俄罗斯和西方不是一回事，要讲清楚这个问题还是要回到西方，看看西罗马帝国在灭亡之后，是如何发展延续的。

■ 帝国西部的发展方向

查士丁尼没能收复西部，不是他不想，而是做不到，后来的帝国皇帝就更做不到了。那西部会按照什么样的逻辑和路径走下去呢？在查士丁尼西征失败后，我们大致可以看到以下几个确定的形势。

第一，西部主体民族变成日耳曼人，接力棒再次易手。

第二，日耳曼人认同罗马的法统，但他们的政治意识和政治统治能力都比较弱，因此政治秩序的重建会变得非常漫长。

第三，西部处于严重的战乱和动荡之中，查士丁尼撤兵后，日耳曼各部落相互征战、武力四散，看不出统一的迹象。社会、经济、文化被全面摧残，根本看不到未来。

第四，因为帝国覆灭，基督教反而获得了梦寐以求的独立和自由，进入了成长的快车道，成为那个时代几乎仅存的积极力量。

在这种形势下，西部独自走进了中世纪的黑暗时代。如果说黑暗时代还有一根蜡烛告诉当时的西方人什么是光明的话，那就是基督教和它的教会。

第三章
中世纪

西 方 史 纲

一、转折：中世纪真的有那么黑暗吗？

史学家一般认为，公元476年西罗马帝国灭亡是西方进入中世纪的标志。尽管西方和拜占庭在此之后仍然存在密切的联系，但西方已经走上自己独特的道路，与拜占庭分道扬镳。这个单元我们谈西方文明的第三阶段——中世纪。中世纪最明显的特征就是基督教占据主导地位。所以，想要理解中世纪，就得先了解基督教。

基督教早在罗马帝国初期就已经诞生了，但它和中世纪的关系要比和罗马帝国的关系更紧密。

戴克里先用宗教的神秘力量包装皇权。这套体系被东边的拜占庭帝国继承，后来传给了俄罗斯。但整个中世纪，西方在基督教的主导下，和源自罗马帝国那套皇权控制教权的传统分道扬镳。也就是说，西方的基督教并没有被皇权控制住，教权和皇权是相互独立、甚至相互斗争的。这是理解中世纪的起点，也是关键点。

■ 中世纪并不等于一片黑暗

提起基督教主导中世纪，很多人都有这样一个印象：中世纪一片黑暗。但这种看法是错误的。中世纪并不是一片黑暗，而是五光十色、精彩纷呈的。

其实，只要把基本的历史分期梳理清楚，就能看清中世纪一大半的真实面貌，破除"中世纪是黑暗的"这个误区。

历史学家对中世纪的分期有一种基本的二分法，就是把它分成前五百年和后五百年两部分，大致以公元1000年为界。这种划分的基本依据是，两个五百年的基本社会政治状况有较大差距：前五百年比较混乱，文明成果比较少；后五百年比较安定，文明成果几乎像井喷一样爆发。[1]

先看前五百年。查士丁尼西征失败后，西方从辉煌的帝国时代急速衰落，进入几乎没有文明的野蛮状态，但这还不是最糟的。西方的新主人日耳曼人遇到了新的大麻烦，他们内部几个大部落之间还没打完仗，建立新王国的速度赶不上王国被消灭的速度，就碰到更凶狠的敌人来犯。"雪上加霜"都不足以形容其处境的残酷，因为敌人从东、北、南三面像潮水一般袭来。

从东面来的是马扎尔人，他们和卫青、霍去病赶跑的匈奴大有关系。马扎尔人被不断挤压，一路向西，冲入了欧洲。从北面来的是维京人，俗称北欧海盗，他们南下侵袭欧洲腹地。早在帝国晚

---

[1] 中世纪的历史分期当中的二分法是本书采用的——前期（公元500年—1000年），后期（公元1000年—1500年）。三分法更加细致一些，分为早期（公元500年—1000年）、盛期（公元1000年—1300年）、晚期（公元1300年—1500年）。两种历史分期其实具有很多共同点。[英]威廉斯：《关键词：文化与社会的词汇》，生活·读书·新知三联书店，刘建基译，2005年，第306—307页。[法]布罗代尔：《文明史纲》，肖昶等译，广西师范大学出版社，2003年，第289页往后。[美]勒纳等：《西方文明史》（I），王觉非等译，中国青年出版社，2005年，第233—234页。C. Warren Hollister, J. Sears McGee, Gale Stokes, *The West Transformed: A History of Western Civilization*, London: Harcourt College Publishers, p. 209. [美]汤普逊：《中世纪经济社会史》，耿淡如译，商务印书馆，1963年。

期，罗马人已经腾不出手来对付维京人了，放弃了不列颠岛。日耳曼人占据欧洲之后仍然要面对维京人疯狂的劫掠。从南面来的是阿拉伯帝国的穆斯林，他们从西亚进入北非，再渡过直布罗陀海峡进入西班牙，后来深入高卢，也就是今天的法国。东面、北面、南面这三股敌人都有机会把西方文明彻底消灭，尤其是阿拉伯帝国的穆斯林。

大致而言，在公元500年时，西方地盘非常小，只占据了现在的法国、德国西部和中部，根本没法和拜占庭、阿拉伯相比。南边的西班牙大部分地区和整个地中海南岸、东岸完全被阿拉伯占领。拜占庭则占据巴尔干半岛、希腊半岛和现在的土耳其。

那时的西方简直是"屋漏偏逢连夜雨"。政治秩序荡然无存，没有像样的政权；军事就更糟糕了，遍地强盗；经济、社会、文化也遭到毁灭性的打击。

如果说前五百年是黑暗的，我基本赞同。不过，西方在此期间还是迸发出了几缕宝贵的光芒，其中有三件大事值得注意。

第一件大事是日耳曼人的一个分支法兰克人建立了墨洛温王朝。公元732年，墨洛温王朝的军队在距离巴黎150英里的普瓦蒂埃打败了穆斯林，从此之后，穆斯林对欧洲的进攻就逐渐消退了。领导这场战役的是当时墨洛温王朝的宫相查理·马特。

第二件大事也和查理·马特有关。公元800年，查理·马特的孙子查理曼加冕称帝，建立了加洛林帝国（也叫查理曼帝国）。从此，日耳曼人的政治秩序就达到了及格线。

第三件大事发生在公元955年，东法兰克国王奥托击败了马扎尔人，西方的东线从此获得了安定。[1]

经历了这三件大事之后，西方终于安定下来。

到了公元1000年，安定下来的西方迅速触底反弹，政治、经济、文化在后五百年中取得了非常可观的成就。正是这些成就，为现代西方文明打下了基础。实际上，西方中世纪的后五百年和现代的五百年之间，并没有明确的分界线，它们在很多根本问题上是紧密联系在一起的。

厘清了历史分期，我们就可以对西方文明的全貌做出真正可靠的判断：希腊和罗马之间有断层；罗马和中世纪之间有断层；甚至可以把中世纪的前500年整体看作一个大断层；而在公元1500年左右，西方从中世纪尾声进入现代，这里并没有出现明显的断层。

■ 日耳曼人的真实面貌

大多数人之所以认为中世纪是黑暗的，还和一个误解有关：认为西方的新主人日耳曼人太过野蛮，没有文化，导致西方文明陷入黑暗。对此，我们必须仔细甄别和分析历史材料，才能接近历史的真相。

---

[1] 东法兰克王国由查理曼帝国分裂而来。查理曼大帝死后（公元814年）不久，他的三个孙子签订了《凡尔登条约》，把帝国一分为三，东部就是东法兰克王国。奥托击败马扎尔人之后，在公元962年加冕称帝，这个帝国自认承接了罗马帝国的法统，在腓特烈一世（1122年—1190年）手上正式更名为"神圣罗马帝国"，是现代德国的前身。

日耳曼人的形象大概可以分成两个版本,一个是罗马人口中的日耳曼人,一个是日耳曼后人心里的日耳曼人。

据恺撒和另一位史学家塔西佗的记载,罗马帝国时期,日耳曼人在政治上还处于部落阶段,保留着原始民主的风气,军事首领不过是个酋长;经济上则以打猎为生,基本没有发展出农业;文化就更谈不上了,他们信的都是精灵神怪,谈不上宗教,也没有文字。[1]

而后世的日耳曼历史学家当然会为自己的老祖宗辩白,说他们很勇敢、很进取、很有活力、很纯洁,是腐败的罗马人污染了他们。[2]

这两种看法都有一定道理,但也都有虚假的成分。

一方面,罗马人观察日耳曼人时,主观上一定是傲慢的,客观上则只能拿自己知道的知识去衡量日耳曼人,肯定会出现偏差。

所以,真正的日耳曼人应该不像罗马人写的那么差劲。日耳曼人的确保留了部落的社会风俗习惯,但和罗马人接触时,他们已经不再实行原始的部落政治,组织上更有章法,上下等级已经开始出现。相应地,他们基本完成了从渔猎到农耕的转变,进入定居状态,已经具备文明出现曙光的经济条件。政治上,日耳曼人已经有

---

[1] [古罗马]恺撒:《高卢战记》,任炳湘译,商务印书馆,1979年,第1—10页;[古罗马]塔西佗:《日耳曼尼亚志》,马雍等译,商务印书馆,1959年,第59—62页。
[2] [德]贝特根等:《德意志史》(第一卷·上册),张载扬等译,商务印书馆,1999年,第一、二章。[美]奥茨门特:《德国史》,邢来顺等译,中国大百科全书出版社,2009年,第一、二章。

了习惯法,还吸收了罗马法。所以,公元1世纪的日耳曼人不是原始人,而是一只脚已经踏进文明的人。

另一方面,日耳曼后人肯定对自己的老祖宗进行了美化。虽然日耳曼人比罗马人质朴、淳朴、纯洁,但他们迅速跟罗马人学坏了,早就进化到"安禄山"的状态,有了雄心、机智、谋略。而且,日耳曼对暴力的崇尚和对嗜血的狂热,是西方一直安定不下来的重要因素。中世纪的西方花了很大力气才逐渐克服了日耳曼人的这种野蛮习气。[1]

前文提过,古罗马接过了古希腊语言和哲学的两根接力棒,但日耳曼人没能把这两项文明成果接续下去。不过,日耳曼人和罗马人之间还有其他两根接力棒。

第一根接力棒是战争和谋略。日耳曼人已经跟罗马人打了五百年的交道,无论和罗马曾经是敌人,还是后来成了伙伴,总归是学到了一些战争的技艺和谋略的智慧。也就是说,如果希腊人是以文的方式带罗马人成长,那么罗马人就是以武的方式带日耳曼人成长。

另一根接力棒是基督教会。基督教会是罗马帝国的好学生,从政治制度、法律、行政管理、司法审判到哲学、文字,只要是优秀的文明成果,通通照单全收。基督教会在中世纪完整地存活下来,就把它学会的这些文明成果一步步传给了日耳曼人。

---

[1] [法]布洛赫:《封建社会》(上卷),张绪山等译,商务印书馆,2004年,第140—142页。

有了这两根接力棒，中世纪才能步履蹒跚地接上古希腊、古罗马的文明香火。这两根接力棒保证了西方在经历过主体民族变化（从罗马人到日耳曼人）之后没有灭亡，前后相续，仍然是同一个文明。

■ 中世纪的政教关系

消除了日耳曼人造成中世纪黑暗的误会还不够，对于中世纪人们还有另一个重大误解——认为中世纪的黑暗是由基督教造成的，因为整个中世纪就是政教合一。

这种看法的荒谬之处在于：一是认为宗教就一定是黑暗和愚昧的，二是把中世纪的政教关系完全弄错了。

首先，宗教不是黑暗和愚昧的，而是充满了光明和智慧。这和是否信教无关，即便站在宗教之外，像哲学家一样用理性和逻辑去观察它，仍然可以发现宗教的主调是光明和智慧。[1]

其次，中世纪并不是政教合一，而是典型的政教二元结构。教权和政权相互独立、相互斗争，这是中世纪演化的最重要动力。而

---

[1] 基督教对西方社会、文化、心理的全面渗透和影响，可参见[美]施密特：《基督教对文明的影响》，汪晓丹等译，北京大学出版社，2004年。基督教神学内部对这个问题的经典论述，可参见[古罗马]奥古斯丁：《上帝之城》（中），吴飞译，上海三联书店，2007年，第九、十、十一卷。[意]阿奎那：《神学大全》（第一集·第1卷），段德智译，商务印书馆，2016年，"问题1 论神圣学问的本性与范围"。[意]阿奎那：《反异教大全》（第1卷），段德智译，商务印书馆，2017年，第1部"序论"。[法]加尔文等：《基督教要义》（上册），钱曜诚等译，生活·读书·新知三联书店，2010年，第一卷。

且，这正是西方文明和其他文明之间，甚至是中世纪和古希腊、古罗马之间最重要的差别。[1]

  关于基督教的这两个问题，可以说是我们理解中世纪的两条基本线索。后文会不断展现教权和政权相互独立又不断斗争的过程，来揭示西方如何从中世纪走向现代。

---

[1] 丛日云：《在上帝与恺撒之间》，生活·读书·新知三联书店，2003年。[美]沃特金斯：《西方政治传统》，黄辉等译，吉林人民出版社，2003年，第二章。[美]亨廷顿：《文明的冲突与世界秩序的重建》，周琪译，新华出版社，2002年，第61页。

二、立教：耶稣和保罗教了西方什么？

既然基督教不是黑暗和愚昧的，而是充满光明和智慧的，那么，基督教到底教会了西方人什么呢？它让西方人形成了什么样的世界观，这种世界观又如何影响了西方人的思维方式和行为方式呢？

■ 耶稣和保罗创立基督教

基督教的创始人是耶稣，他宣称自己是上帝的儿子，是为了便于实行宗教改革。这和我们通常的印象似乎不一样——耶稣明明是创教者，怎么成了改教者呢？他要改革什么宗教呢？他要改革犹太教。

耶稣是犹太人，他对犹太教上层利用宗教压制人民的种种做法非常不满。于是，他改动犹太教的教义，收徒传教。后来，犹太教上层到罗马帝国当局检举耶稣，说他意图谋反称王。结果，罗马总督彼拉多判处耶稣死刑，把他钉死在十字架上。十字架由此成了基督教最重要的标志。

耶稣死后，他的徒弟们继续传播他的教义，这些人被称作"使徒"。《圣经·新约》的作者就是这些使徒，他们把耶稣的言行记录下来，教导信徒，规劝众人皈依。

在这些使徒中，贡献最大的当属保罗。他在传教过程中进一步发展了耶稣的教义，把基督教从巴勒斯坦带到了整个罗马帝国，把基督教从乡村的小宗教变成世界性宗教。甚至有历史学家夸张地说，基督教可以没有耶稣，但不能没有保罗。[1]

■ 基督教对犹太教的改革

耶稣和保罗到底对犹太教做了什么样的改革？概括来说，有六个重要方面：权威经典、上帝形象、选民范围、世界结局、教会结构和核心追求。[2]

权威经典。犹太教的权威经典是《圣经·旧约》，而基督教的权威经典当然是《圣经·新约》。

上帝形象。犹太教的上帝形象非常严厉，近乎严酷。人类只要表现不好，上帝就使其全部灭绝，诺亚方舟的故事就是典型例子。而基督教的上帝形象是慈爱的父亲，上帝爱所有人。

选民范围。这里的"选民"可不是有权投票的公民，而是被上帝选中，最终会得救的人。犹太教的选民自然是犹太民族，而基督

---

[1]　《圣经·使徒行传》，第15—28章，《圣经·罗马书》，第1章。[德]施特劳斯：《耶稣传》（第一卷），吴永泉译，商务印书馆，1999年，第一卷。[法]勒南：《耶稣的一生》，梁工译，商务印书馆，2009年，第295—304页。[日]幸德秋水：《基督何许人也》，马采译，商务印书馆，1986年，"一、绪论""十二、结论"。

[2]　参见《圣经·马太福音》《马可福音》《路加福音》《约翰福音》《罗马书》。[英]麦克曼勒斯主编：《牛津基督教史》，张景龙等译，贵州人民出版社，1995年，第一章。[美]雪莱：《基督教会史》，刘平译，北京大学出版社，2004年，第一、二章。[美]冈萨雷斯：《基督教史》（上卷），赵城艺译，上海三联书店，2016年，第二、三、四章。

教的选民是所有信徒，无论什么血统，只要信上帝、信耶稣，就是选民。

世界结局。犹太教规定的世界结局是上帝指引犹太人最终去到迦南这个"流着奶与蜜"的目的地。而基督教则把这一条改成此岸的世界将会消亡，此岸任何地方都不是人的目的地，世界的最终结局是末日审判，好人上天堂，坏人下地狱。

教会结构。犹太教的教会是被祭司阶级垄断的，耶稣正是因为痛恨这种垄断而腐化的权力才发动了宗教改革。因此，基督教的教会是信徒团结起来的团契，充满了平等精神。

核心追求。犹太教教导信徒爱上帝、爱自己的民族，这是一种群爱，识别民族边界的标记是律法。而基督教扩大了爱的范围，不仅倡导信徒爱上帝、爱自己的民族，还要爱所有人，甚至包括敌人。这是一种博爱，律法不再是最重要的边界。

经历了以上六大方面的改革之后，基督教给当时的人们传递的世界观可以用耶稣的一句话概括："天国近了，你们应当悔改！"[1]

■ 基督教对西方人精神气质的影响

我们沿着耶稣的这句名言，看看基督教自诞生到成长初期，也就是从罗马帝国初期到罗马帝国灭亡之后的中世纪，耶稣的世界观

---

[1] 《圣经·马太福音》第3章第2节。

到底意味着什么，它对西方人精神世界的影响有多大。

这句名言的前半句"天国近了"，暗含着此岸即将毁灭的意味，也就是说此岸的世道太坏了。据《圣经·旧约》记载，两千年间犹太人一直处于底层。[1]在摩西带犹太人走出埃及之前，他们是法老的奴隶。走出埃及后，几经辗转才有了大卫和所罗门这样英明的国王。可惜美好的日子很短暂，犹太人很快成了巴比伦的奴隶。再后来，罗马人又打过来了。这样看来，犹太人就没过上几天好日子。[2]

耶稣代表的下层犹太人，更是底层中的底层。他们对现实政治充满绝望，对政治有一种来自灵魂深处的疏远。

耶稣的教导是疏远政治的，然而，这成了犹太教上层陷害耶稣、举报他谋反的重要线索。犹太教上层的人宣称，耶稣到处散布谣言，说辉煌的罗马帝国世道不好，很快就要灭亡。如果你是罗马总督彼拉多，听见这种检举会如何处理？反正耶稣是个乡村牧师，犹太人都不待见他，杀了他不仅没有任何损失，还对控制犹太人有好处——既可施恩，又能立威——彼拉多何乐而不为呢？

但是，给底层以希望正是基督教的魅力所在。世道越黑暗，基督教带来的一丝光亮就越发珍贵。如果说屋大维时期的罗马对基督徒来说是暗无天日的，那么中世纪的前五百年，可谓伸手不见五

---

[1] 据学者推算，《圣经·旧约》记载的人类始祖亚伯拉罕大约生活在公元前2000年，摩西大约生活在公元前1500年。

[2] 参见《圣经·旧约》。

指，基督教可不就成了人人心里最需要的救命稻草吗？[1]

而名言的后半句"你们应当悔改"意味着人的罪孽深重。耶稣在世的时候主要是劝众人悔改：每个人都有错，只要爱自己就一定会伤害到别人。表面上看，耶稣讲的是罪孽，但他实际上是在激发人心最深处的善良。

对于这一点，我们只要看看"囚徒困境"的实验就能很好地理解。两个一起偷东西的贼被警察抓住了，他们被隔离开，单独审讯。如果都不招供，两个人都会被释放；如果其中一人招了供，他会被轻判，而另一个会被重判；如果两个人都为了自己的利益供出对方，两个人都会被重判，这是最坏的结果。经济学通常用这个博弈的模型来说明信息不对称会导致公共利益损失。

如果用这个模型来讨论人心呢？在耶稣看来，如果每个人都只爱自己，只想着把自身利益最大化，那他们就都是被隔开审讯的囚徒，最后很容易沦落到互相出卖、互相伤害的地步。这样一来，世界就毁了。所以，耶稣变革了犹太教的核心价值，倡导众人要爱上帝、爱邻居，甚至爱敌人。只有爱，才能让人摆脱囚徒的状态。[2]

很多人马上就会反问：我爱别人、爱世界，但他们不爱我怎么办？为了解答这个问题，耶稣故意极端地讲：别人打了你的左脸，

---

[1] [英]麦克曼勒斯主编：《牛津基督教史》，张景龙等译，贵州人民出版社，1995年，第二章。[美]雪莱：《基督教会史》，刘平译，北京大学出版社，2004年，第十六章。

[2] 关于这个问题的哲学（现象学）讨论，德国哲学家舍勒的名著《爱的秩序》（林克等译，生活·读书·新知三联书店，1995年）非常深刻，也非常有趣。

你要把右脸也伸过去让他打。[1]如果有人作恶，上帝会惩罚他；你只要行善就好了，上帝最终会奖励你。对基督徒来说，罪恶其实很简单：爱自己多过爱上帝，这就是罪。[2]

这样的教义会使人极端严肃地审视自己，一旦它成为人格，成为文化，就会呈现出鲜明的利弊特点。它的利在于人们心灵的深度和责任感被大大强化，弊在于它让人变得爱钻牛角尖儿、较真儿、死心眼儿。

虽然基督教的教义有利有弊，但回想中世纪的前五百年，社会里弥漫着"没有最糟，只有更糟"的绝望，如果没有信念，人是扛不过去的。基督教在那五百年的严冬里，成了西方人最好的"心灵鸡汤"。这种宗教气质和希腊人留下来的智慧、罗马人留下来的坚毅，汇流到一起，对西方人的人格产生了巨大的影响。

---

[1] 《圣经·马太福音》，第5章第39节。
[2] [古罗马]奥古斯丁：《上帝之城》（中），吴飞译，上海三联书店，第十三卷；[意]阿奎那：《神学大全》（第一集·第1卷），段德智译，商务印书馆，2016年，"问题20 论上帝的爱"。

三、转圜：君士坦丁大帝救了基督教？

基督教在创立之后很长一段时间遭到罗马帝国的打压，这种局面在君士坦丁手上发生了巨大的转圜。公元307年，君士坦丁登基，他在公元313年颁布了《米兰敕令》，宣布基督教不再是邪教，并宣布自己皈依基督教。后来，基督教很快就变成了罗马帝国的国教。这离耶稣和保罗创立基督教已经过去了近三百年的时间，在这期间，罗马帝国对基督教做了些什么呢？

■ 罗马帝国对基督教的迫害

按照基督徒的说法，罗马帝国近三百年间都在迫害他们。有三个铁证可以说明基督教确实遭到了罗马帝国的严厉打击：

第一，耶稣和保罗都死于罗马帝国之手。

第二，彼得作为耶稣的重要使徒，被耶稣任命为第一任教皇，他也死在罗马帝国手里。不仅如此，最开始的十几任教皇要么被罗马帝国处死，要么被流放，没一个有好下场。

第三，罗马帝国会逮捕虔诚的基督徒。如果他们宣布自己放弃信仰基督教就能获得饶恕；如果坚持信仰，罗马人就把他们丢进竞技场，让他们和狮子、老虎搏斗，供罗马人取乐，这两类事件在圣史里都有很多记载。[1]

罗马帝国为什么要迫害基督教？

第一个原因是基督教和罗马官方宗教完全冲突。基督徒信仰唯一的真神——上帝，而罗马官方宗教不仅要求人们信朱庇特、朱诺、马尔斯等神，连皇帝们死后都成了神。这种冲突促使基督徒拒不信仰罗马官方宗教。罗马把宗教当作政治工具来使用，基督徒不信罗马官方宗教，就是不接受罗马的政治正确，是典型的拒不服从。

第二个原因是基督徒拒绝为罗马帝国当兵、纳税。基督徒不接受罗马的政治正确，当然就不会效忠它，自然就拒绝为它当兵、给它纳税。对罗马帝国来说，这种不服从是绝对不能接受的。[2]

无论是出于意识形态还是财税兵制，强势政权打击出世宗教都是必须的。但总体而言，基督教故意渲染了迫害，我们必须把基督教圣史渲染迫害、强化信仰的这套说法和历史的真实状况分开来看。

从基督教的角度看，它有充足的理由表彰烈士们的坚贞不屈；

---

[1] 优西比乌是君士坦丁大帝的基督教合法性理论的旗手，他生活的年代，虽然皇帝已经对基督教示好，基督教也积极向皇帝靠拢，但惨痛的迫害记忆仍然萦绕在基督徒们的心头。他的名著《教会史》几乎就是一部基督教受迫害史。参见[古罗马]优西比乌：《教会史》，何光沪等译，生活·读书·新知三联书店，2009年。

[2] [英]吉本：《罗马帝国衰亡史》（上册），黄宜思等译，商务印书馆，1997年，第十六章。[英]麦克曼勒斯主编：《牛津基督教史》，张景龙等译，贵州人民出版社，1995年，第41—45页。[美]雪莱：《基督教会史》，刘平译，北京大学出版社，2004年，第四章。

从帝国的角度看，它也有充足的理由去管制破坏帝国统治的邪教。既然二者各有各的立场，各有各的说法，我们不妨都听一听、看一看。只有把迫害行动的频率、强度、对象这些历史数据结合起来，我们才能真正理解，基督教从被迫害的虔诚中获取了什么力量，帝国后来为何主动转身，去利用自己曾经严厉打击的对象。

■ 君士坦丁收编基督教

无论从立教的过程，还是从基本的心理机制来看，基督教都是一种非常典型的"弱者的宗教"。而罗马靠军国主义打天下，属于典型的强者。处于百年内战的罗马，帝国辉煌不再，人民生活困苦。世道越是不好，基督教这种弱者的宗教就越有市场。客观上，帝国内战为基督教的传播创造了最好的社会条件。

戴克里先迫害基督教，是因为他以强者的姿态结束了帝国危机，雄心勃勃地对帝国展开全面改造。改革压力大，自然就对拒不服从者——基督徒——痛下杀手。

那么，到了戴克里先的下一任皇帝君士坦丁统治时为什么就转过弯来了呢？其实，君士坦丁和戴克里先骨子里是一样的，他们治理的目标都是让帝国兴盛。如果利用基督教对帝国有帮助，为什么不用？

关于君士坦丁改信基督教，有一个流传很广的故事。据说，君士坦丁的母亲先信了基督教，整天跟他讲道理，最终使他痛改前非，皈依上帝。这个从基督教圣史里流出的故事显然并不可信，但重要的是故事背后透露出的信息——即便不是太后本人，帝国上层也会有人重视基督教的问题，常常在皇帝身边"打报告"，让君士坦丁能够比较清楚地掌握情况。因此，这个故事反映了帝国上层对基督教政策转变的幕后动态，反映了政策逐渐酝酿出炉的过程。

君士坦丁会选择利用弱者的宗教，表明他和戴克里先有一点不同——他在很大程度上承认，百年内战使帝国变得虚弱。在虚弱的新状况下必须采取新政策，这是识时务的表现。相比而言，戴克里先迫害基督教，说明他不愿意承认帝国已经虚弱的事实。

君士坦丁具体是如何利用宗教治理帝国的呢？

在意识形态上，他放弃了把皇帝的神性和传统宗教紧密相连的做法，而选择和基督教的上帝紧密相连。他放弃了罗马传统强者宗教的底色，目的是大面积收割弱者的信任和服从，提高帝国的软实力。

在财政和军制上，意识形态的冲突如果得到缓解，基督徒原本不服从的心理基础就会改变，帝国对其收税和征兵的难度会大大下降，有利于提高帝国的硬实力。

既然帝国软硬实力都会因为接纳基督教而增长，君士坦丁何乐而不为呢？所以，他积极推进帝国的基督教化，召开尼西亚公会，也就是主教会议。这次会议决定了很多基督教的基本信条，使基督徒们空前地团结起来。君士坦丁的权威也随之大涨。

基督教投桃报李，给了君士坦丁"大帝"（the Great）的称号。要知道，在西方，"大帝"可不是随便叫的，只有极少数皇帝才能享有这个称号。而且，这个称号大多数都是基督教封的，代表这些皇帝对基督教事业做出了重大贡献。

但是，从君士坦丁平生的作为来看，他对基督教只是利用，根本没有虔诚之心。如果按教徒的标准衡量，他毕生都没有按照基督教的要求生活，而是依照自己喜欢的方式生活，这是绝对不合格的。比如，他一点也不谦卑，更谈不上忍让，杀伐决断，该出手时绝不手软。如果有主教胆敢冒犯他，照样会被流放。他的生活既奢侈又神秘，故意营造出至高无上的氛围。要知道，奢侈和神秘最能让臣民觉得皇权辉煌灿烂，觉得皇帝简直跟上帝一样。

不过，如果按皇帝的标准衡量，他确实具备帝王的雄才大略。君士坦丁的一生清楚地表明，是他控制了基督教，而不是基督教控制了他。[1]

至此，我们就能理解基督教的尴尬了。它一开始被帝国当作邪教严厉打击，后来好不容易被皇帝赐予了合法身份，但皇帝的目的是利用它来统治帝国，而且利用的前提是控制它。顺着君士坦丁的宗教政策，基督教会就变成了帝国统治工具的一部分，即帝国宗教局。

可是，基督教正是从反抗中诞生的，耶稣就是头号反抗者，基督教从来不缺乏对世俗政权的反抗精神和勇气，这一点可以从著名

---

[1] [英]吉本：《罗马帝国衰亡史》（上册），黄宜思等译，商务印书馆，1997年，第二十章。[瑞士]布克哈特：《君士坦丁大帝时代》，宋立宏等译，上海三联书店，2006年，第九章。[法]罗特：《古代世界的终结》，王春侠等译，上海三联书店，2008年，第28—41页。[美]冈萨雷斯：《基督教史》（上卷），赵城艺译，上海三联书店，2016年，第十三章。

主教被君士坦丁流放一事中明显地看出来。

■ 西罗马帝国覆灭带来的机会

如果帝国稳定地存续下去，纵使基督教反抗精神再强，也是胳膊拧不过大腿，基督教的独立性只能停留在皇帝容许的范围之内。在东部，拜占庭和俄罗斯的东正教教会就是这样发展的。

然而，西部的帝国毁灭了，收编和控制基督教的庞然大物不存在了。于是基督教会不再是胳膊，而是直接变成了大腿。西方的独特性就从这里生根发芽，和东正教文明（拜占庭和俄罗斯）区别开来。

基督教会在西方获得了人类文明史上独一无二的机会，没有了强大的政权压制，它可以独立而茁壮地成长了。

于是，"中世纪是政教合一"的谬论，我们就破除了一半。也就是说，至少政权完全控制教权的可能性不大。至于剩下的一半疑问，也就是教权是否控制了政权，后文会进一步解决。

四、教父：有信仰为什么还需要神学？

君士坦丁收编了基督教会，但其目的是利用教会统治帝国。西罗马帝国灭亡了，君士坦丁收编基督教的政策自然也就无法延续下去。对于中世纪的西方，更重要的问题是，基督教如何引领中世纪走上了一条独特的道路？

我把这个大问题集中到基督教最伟大的神学家之一奥古斯丁身上来回答，具体分成三个步骤：第一，有了信仰，为什么还需要神学？第二，奥古斯丁做了什么贡献，使他拥有了基督教首席神学家的地位？第三，奥古斯丁如何看待罗马帝国的灭亡？这种看法又如何重塑了西方，引领中世纪走上了什么道路？

■ 为什么会有神学

我们先来看神学到底是什么，才能理解为什么有了信仰还需要神学。我在这个单元的一开篇就强调过宗教不是黑暗和愚昧，恰恰相反，它是光明和智慧。神学就是对宗教智慧的论证，就是对宗教光明的理性阐发。

基督教的教义由耶稣改革而来，保罗对其进行了发展。耶稣在世，信徒听耶稣的；耶稣离世，信徒听保罗和其他使徒的。如果保罗和所有使徒都离世了呢？听《圣经》的。但是，这还不够。

耶稣、保罗和其他使徒有很多话说得不明确，或者太深奥，一般人想不透。当信徒们对教义产生分歧，又没有权威做出裁决时，宗教就会走向分裂。所以，神学就是要保证宗教的道理是成体系的，也就是凭借知识体系的力量来保证，即便没有人的权威在，道理仍然是明确的。这是宗教必须发展出神学的内在原因。

除此之外，还有外在原因。基督教要和帝国境内的其他宗教和哲学展开竞争，如果竞争不过，信徒就被带跑了。在竞争过程中，基督教最重要的对手其实是希腊哲学，因为它有很多流派，还有柏拉图、亚里士多德、斯多葛、伊壁鸠鲁等大师坐镇，他们在有关世界的大问题上都有很深入的看法。如果基督教辩不过希腊哲学，有知识、有文化的精英阶层压根不会信它。[1]

有人可能会想，反正基督教是平民宗教，没有富人皈依也没关系。但问题的关键不是信徒的贫富，而是高级人力资源的流向。

无论什么性质的事业，高级人才都是核心资源。如果这种资源不够充足，事业本身是做不大、做不长久的。刘邦身边有张良，李世民身边有房玄龄、杜如晦，朱元璋身边有刘基，他们都成了大事。反过来看，陈胜、吴广身边有谁？李自成身边有谁？洪秀全身边有谁？他们身边都没有高手，所以很容易就失败了。征服高级人

---

[1] [美]蒂利希：《基督教思想史》，尹大贻等译，东方出版社，2008年，第一章。[美]奥尔森：《基督教神学思想史》，吴瑞诚等译，北京大学出版社，2003年，第一、二章。[美]雪莱：《基督教会史》，刘平译，北京大学出版社，2004年，第五章。[美]冈萨雷斯：《基督教史》（上卷），赵城艺译，上海三联书店，2016年，第七章。

力资源，让他们源源不断地流入，事业就兴旺发达；反之，事业就日薄西山。

在罗马帝国时代，希腊哲学不仅是基督教最重要的对手，也是基督教最好的朋友——它们之间相互争夺人才，而争夺的主要方式是辩驳，在辩驳的过程中自然会相互学习。而且，基督教学习得更多。

神学家们从希腊哲学里学会了很多思路和方法，用来构筑神学的大厦。我们大致可以把神学看成用哲学的概念、逻辑、方法来论证信仰的知识体系。[1]

经过三四百年的努力，基督教神学在奥古斯丁手里达到了一个前所未有的高峰，历史上把当时的神学称作"教父学"。

■ 奥古斯丁的神学体系

下面来看看，奥古斯丁到底建立了什么样的神学。

奥古斯丁本人就是被基督教收编的顶级人才。他精力充沛、智力非凡，年轻的时候追随过摩尼教，学习修辞术、占星术，没有什么人能让他在智力上信服，直到他遇到了堪称完人的米兰大主教安

---

[1] [美]蒂利希：《基督教思想史》，尹大贻等译，东方出版社，2008年，导论。[美]奥尔森：《基督教神学思想史》，吴瑞诚等译，北京大学出版社，2003年，引言。[美]雪莱：《基督教会史》，刘平译，北京大学出版社，2004年，第50—52页。

布罗斯。[1]公元387年，奥古斯丁接受安布罗斯洗礼，正式皈依基督教。

奥古斯丁在皈依基督教之后，写出了许多解决关键神学疑难的著作，基督教神学正是在他手中达到了稳定形态。不过，神学比海深，在这里我只能带你大致推演一下它的基本框架。首先，我们得记住神学推演的两条基本规则：第一条，神学的起点是上帝全知全能全善；第二条，新得出的道理不能违反已有的道理。然后我们来看奥古斯丁的基本思路。

人在面对世界的时候，最直观的感受就是善恶皆有，那恶是从哪里来的？摩尼教主张，世界是由并列的善神和恶神交战推动的，恶就来自恶神。而基督教则认为，上帝是全知全能全善的。那么恶也是上帝制造的吗？如果是，那他就不是全善的；如果不是，那恶从哪里来？

奥古斯丁有力地回击了摩尼教的世界观，用"光照论"解释了恶是怎么回事。他论证说，恶不是实体，它不是"有"，而是虚空，是"无"。这是什么意思？上帝之光没有照到的地方是黑暗的，黑暗里什么都没有，恶就是无。思路如此一转，上帝的完美形象就保住了。[2]

---

[1] 奥古斯丁的一生可谓是"皈依正道"的典型。皈依基督教之后，他对皈依之前的种种"劣迹"做出了深刻的反省，写成了西方历史上乃至整个人类历史上最坦白的心灵自传，这部著作就是《忏悔录》（周士良译，商务印书馆，2018年）。

[2] [古罗马]奥古斯丁：《上帝之城》（中），吴飞译，上海三联书店，卷十四。[美]奥尔森：《基督教神学思想史》，吴瑞诚等译，北京大学出版社，2003年，第275—279页。

可新问题马上就来了，既然这个世界有许多地方（尤其是人心里）没有光，是黑暗的，那上帝知道吗？如果不知道，他就不是全能的；如果知道，那他为什么不清除黑暗，让上帝之光普照世界呢？

为了解决这个问题，奥古斯丁有力地阐述了一个理论，叫"预定论"，就是什么事情上帝都预先决定好了。

"预定论"看起来和"宿命论"很像，但它们不是一回事。宿命论是说人的命天注定，不过人还是可以通过各种办法改变命运；而预定论的意思是，虽然所有事情都被上帝安排好了，但只有上帝自己知道，凡人谁也不知道。这样一来，且不论世界的走向，一个人连自己命运的走向都不知道，自然也就无法改变。

所以，人不要去猜上帝的心思，一切都被安排了，坏事和恶事的出现是为了刺激、成全好事和善事。上帝在下一盘很大的棋，他心里有谱，而人完全不知道上帝的谱，所以人只能按照上帝给人的诫命——爱——去生活。[1]

有了预定论，复杂世界里相反相成的奥妙就都收到了上帝的口袋里。但这又会引出一个新的大麻烦：如果上帝都安排好了，我们人还能干什么呢？我们岂不都成了上帝的木偶？

看到这里，你有没有感觉到神学的压力？想出一个办法解决了

---

[1] [古罗马]奥古斯丁：《上帝之城》（下），吴飞译，上海三联书店，2009年，卷二十。[古罗马]奥古斯丁："论恩典与自由意志"、"论圣徒的预定"，载[古罗马]奥古斯丁：《论原罪与恩典》，周伟驰译，商务印书馆，2012年，第347—414、415—474页。[美]奥尔森：《基督教神学思想史》，吴瑞诚等译，北京大学出版社，2003年，第282页。

旧的大问题，马上又会产生一个新的大问题。神学不仅要继续解决问题，还不能违反上帝完美的原则，不能违反已经提出的光照论、预定论。

为了解决人不是木偶的问题，奥古斯丁又提出了新的理论——自由意志论，就是说人有自由意志，而且是上帝给的。上帝安排好了一切，不过他还是让人做出选择，从善还是为恶，是人自己的选择。上帝不会阻止人的选择，就像他没有阻止亚当偷吃禁果一样，但最后，他会给出和人的选择相匹配的结果。自由意志论解决了道德能否成立的问题，因为人拥有自由意志，才可能对自己的行为负责；没有了自由意志，人们无从选择，自然就没有了责任，道德也就消失了。[1]

除了上帝论、光照论、预定论和自由意志论以外，他还创立了解决耶稣地位的三位一体论、解决人的根本定位的原罪论、解决教会地位的方舟论。至此，奥古斯丁系统地建立起基督教神学。

有了这些理论，《圣经》里的种种说法就被理顺了，形成了一个内在一致的体系，信仰得到知识的捍卫，神学营造出来的力量就出现了。

---

[1] [古罗马]奥古斯丁：《论自由意志》，成官泯译，上海世纪出版集团，2010年。参见[意]阿奎那：《神学大全》（第一集·第6卷），段德智译，商务印书馆，2016年，"问题83 论自由意志"。[美]蒂利希：《基督教思想史》，尹大贻等译，东方出版社，2008年，第116—123页。

■ "双城论"如何看待世俗政治

基督教对罗马城被毁这件大事是怎么看的呢？奥古斯丁又贡献出一个理论——双城论，解决了基督教如何看待世俗政治这个大问题。

什么是双城论？我在第二章提过，罗马城被蛮族攻破时，不信基督教的人认为，这是因为罗马背弃了传统诸神，所以遭了天谴；信基督教的人疑惑，既然基督教已经是罗马的国教，罗马就是上帝之城，它怎么会遭此大劫？

奥古斯丁回答说，罗马不是上帝之城，真正的上帝之城是基督徒的团契，也就是由基督徒组成的集体，而不是任何世俗政权。罗马就像所有世俗政权一样，是俗人之城，是"地上之城"，是由爱自己的人们组成的，它就是黑暗和邪恶的，毁了也并不可惜。上帝之城和地上之城（俗人之城），就是双城论中的"双城"。

显然，奥古斯丁对世俗政治的态度是疏远的，他让信徒们不要在意世俗政权，它兴，不足喜，亡，不足悲。[1]

奥古斯丁在罗马即将毁灭的路口告诉西方人，世俗政治和精神生活是两回事，前者不重要，后者才重要。从奥古斯丁开始，西方文明变得和所有文明都不一样了，它被一劈两半，一边是世俗的，

---

[1] [古罗马]奥古斯丁：《上帝之城》（下），上海三联书店，2009年，卷五。[美]施特劳斯、克罗波西主编：《政治哲学史》，李洪润等译，法律出版社，2009年，第162—190页。

一边是精神的。

尽管在现代社会里,宗教和教会的地位大大衰落了,但它们的影响依然渗透在西方的文明基因中,而且,双城论还会在现代以新的形式复活。

五、守望：教会为什么成了擎天柱？

奥古斯丁神学的观点解答了人们对基督教的种种疑问，但是，只有一套好说法远不足以让基督教支配整个西方一千年，还需要有一个信这套说法的好组织，也就是基督教会。

奥古斯丁在世的时候，教会就对他的学说赞赏有加，并将其奉为权威。因为奥古斯丁在教会方舟论中提出，教会是信徒得救必不可少的诺亚方舟，这就系统地解决了教会地位的问题。中世纪前期的五百年，文化湮灭、典籍流失，西方人连柏拉图、亚里士多德都不认识了，奥古斯丁的著作却几乎一字不落地被保存了下来（它们的定本完整地保存在梵蒂冈的教皇图书馆里）。

从组织角度看，教会和奥古斯丁相互成全，才形成了基督教对中世纪的全面覆盖。但是，中世纪有一个很重要的变化，西方的主体已经变成了日耳曼人。在这种情况下，基督教会竟然没费一兵一卒就延续了西方文明，它是如何做到的呢？

■ 基督教会如何捍卫自身的权威

奥古斯丁的教会方舟论是对教会权威最重要的理论支持，有了它，教会的神学地位稳如泰山。那奥古斯丁为什么要把教会说成诺亚方舟呢？因为教会内部已经出现了分裂的危险。

在奥古斯丁之前，基督教发展出一个分支——多纳图派，这个教派主要在北非活动，他们认为教会是纯洁的，俗世是肮脏的。在基督教成为罗马国教后，问题来了，多纳图派拒不承认罗马大公教会的权威，理由是它已经和肮脏的世俗政权合作了。[1]因为多纳图派和罗马大公教会之间隔着地中海，多纳图派竟然直接把大公教会称作"海外敌对势力"——这是他们的原话。

多纳图派挑起了一个重要的争论：什么是真正的教会？

在多纳图派看来，俗世是黑暗的、肮脏的，而教会要保证自身的纯洁，甚至要"洁而更洁"。很多人可能会问：这有什么问题呢？基督教不是本来就教导信徒追求上帝之城吗？但中国有一句老话说得好：水至清则无鱼，人至察则无徒。一个组织，即便是宗教组织，如果要追求自己的事业，就不能搞纯而又纯的这种事情，因为这种套路只会毁掉组织、毁掉事业。

其中的逻辑很简单。纯洁的标准越高，合格的人就越少。如果把提高纯洁标准当作组织原则来执行，组织的追随者只会越来越少，最后的结果是谁都不合格。就连从前判定别人不合格的人，迟

---

[1] 罗马大公教会（the Roman Catholic Church）是罗马帝国时代基督教会的官方名称，"大公"的意思是"至一、至圣、至公、传自使徒"。帝国分东西之后，西方（罗马）的教会仍然叫罗马大公教会，东方（拜占庭—君士坦丁堡）的教会叫希腊正教会（the Greek Orthodox Church），中文一般译为"东正教会"。尤其在公元1054年，罗马教皇与君士坦丁堡大牧首决裂之后，双方都自称是基督教的正统教会。公元16世纪，马丁·路德发动宗教改革之后，西方教会分裂，罗马大公教会与新教教会并立，前者仍然自称大公教会，中文一般译为"天主教会"（明末耶稣会来华传教时所译，沿用至今），新教则教派众多，每一派都有自己的教会，整个新教并没有统一的教会。中国习惯上把流派众多的新教称为"基督教"。

早也会被无限上调的标准淘汰。一个组织如果把追求纯洁当作行动逻辑，就相当于慢性自杀。

对奥古斯丁来说，多纳图派是不是在自杀并不重要，重要的是他们的神学和礼仪很可能会引起教会的无限分裂，最终导致整个教会全部瓦解。这是因为，如果基督教内任何一个派别都可以声称自己是纯洁的，把其他所有教派都看成海外敌对势力，教会内部将完全失去统一性。奥古斯丁必须对"纯洁派"的说法在神学上给出充分的驳斥，对什么是"真正的教会"给出充分的回答。

奥古斯丁的驳斥过程很复杂，在这里我们只通过一个重大争论点看他如何高明地破解纯洁派设置的难题。

纯洁派坚持认为，只有本派的神父才能为皈依的人洗礼，也就是批准别人进入教会。因为其他教派的神父被玷污了，没有这个资格。而奥古斯丁的核心主张则是：洗礼的力量来自圣灵而不是神父，区分神父没有意义，更何况纯洁派的神父也不干净。

奥古斯丁更重要的贡献是对教会的定位给出了系统的解说，可以简单概括为四点：

第一，教会是人得救之必须。也就是说，基督徒必须进入教会才能得到上帝的恩典，独自修炼不行。

第二，教会确实要与世俗国家分开，以保持自身的纯洁，它的目标是精神生活，比世俗国家更崇高。这就是上一篇介绍的"双城论"。

第三，世俗国家是神学里的俗人之城，理想的教会则是上帝之城。前者包括所有的世俗国家，无一例外；后者则是教会，是理想的教会，而不是现存的教会。现存的教会里当然有坏人，不过任何人都没有资格去筛选坏人，只有上帝才有。所以，实现教会的纯洁，使其达到理想状态，是上帝在末日审判时要做的事情，人在此之前没有资格也没有能力去做。

第四，现存教会的正统在罗马大公教会手中，所有教会都要服从它的权威。尽管罗马大公教会并非绝对纯洁，但它是耶稣亲自授权彼得建立的，基督教的事业只能统一在它的旗下。[1]

奥古斯丁这四条基本主张其实吸收了纯洁派的很多看法，但他没有蛮干、硬干，没有执拗地追求纯洁，而是充分顾及现实的困难和需要——用稳妥的办法来追求理想，理想才不会落空。

对这种神学定位感到最高兴的是罗马大公教会，因为它的地位得到了神学的证明，而且证明过程和结论有力地击破了一切分裂势力找出来的神学理由。大公教会长期尊奉奥古斯丁自然就是情理之中的事情。

---

[1] 奥古斯丁与多纳图派的论战，主要材料是奥古斯丁与友人的长篇书信，见*Augustine Political Writings*, Cambridge: Cambridge University Press, 2001, pp.128—203. 另参见[古罗马]奥古斯丁：《上帝之城》（下），吴飞译，上海三联书店，2009年，卷二十二。[美]帕利坎：《大公教的形成》，翁绍军译，华东师范大学出版社，2009年，第三章，尤其是第196—216页。[美]蒂利希：《基督教思想史》，尹大贻等译，东方出版社，2008年，第123—125页。[美]冈萨雷斯：《基督教史》（上卷），赵城艺译，上海三联书店，2016年，第十六章。

■ 基督教会如何改造日耳曼人

西方要挺过中世纪艰难的前五百年，仅靠神学的解释是不够的，它还需要一个好组织——基督教会。

我们都知道，一个组织要想把社会团结起来，手里必须得有兵。回顾中国历史，每一次天下大乱，最后都是由一股强大的武力来实现统一的。统一之后，无论讲黄老、讲孔孟、讲佛，都有人听；但在统一前，讲什么都没有人听。

然而，基督教会却在手里没兵的情况下驯服了日耳曼人，使西方文明得以维系，有史学家把这个过程称为"对西方灵魂的艰苦改造"。教会具体是怎么做到的呢？概括起来，它主要采用了三个办法：

第一个办法是传教。让日耳曼人信基督教可不是件容易的事情。传教士们的工作艰苦卓绝，几个甚至一个传教士深入充满敌意的蛮族部落中，真可谓羊入虎口。虽然被老虎吃掉的羊不计其数，但最终还是出现了令人惊叹的结果：羊驯化了老虎，日耳曼人的部落一个个地皈依了基督教。[1]

第二个办法是法律。日耳曼人相信法律是神圣的，和罗马人、希腊人一样，法律对他们来说不是外部世界强加的规矩，而是像水

---

[1] [英]麦克曼勒斯主编：《牛津基督教史》，张景龙等译，贵州人民出版社，1995年，第84—90页。[美]雪莱：《基督教会史》，刘平译，北京大学出版社，2004年，第十六章。[美]冈萨雷斯：《基督教史》（上卷），赵城艺译，上海三联书店，2016年，第二十七章。

和空气一样,是生活之必需。

那教会和法律有什么关系呢?教士,尤其是主教就是司法裁判者。日耳曼人最初不识字,他们在厮杀、征战的时候,没有文字也能沿用自己古老的部落规矩。可当他们定居下来,建立自己的王国之后,部落民众和被征服地区的民众生活在一起,没有成文的规矩就不行了。这时,整个社会里唯一识文断字的人群——教士,就成了法官。这样一来,教会轻松进入了日耳曼普通老百姓的政治生活之中。

民众需要教士来当法官,国王也需要秘书、谋士和管理人才。尤其在皈依基督教之后,国王还需要主教为他们的政权提供合法性支持。只要高阶政治离不开文化,强悍的日耳曼人迟早会服软。这是日耳曼政治迅速进入文明社会的重要入口。[1]

基督教会的第三个办法是生活。日耳曼人原来过的是游牧征战的生活,现在他们成了新主人,逐渐定居下来,新生活该怎么过?不知道。于是,教士们就去教他们一整套基督教的礼俗,从出生的洗礼到死亡的葬礼,无所不包,一步步重塑了日耳曼人的生活。而且,基督教的礼俗背后有一整套道德标准,告诉人们应该怎样、不应该怎样,日耳曼人就在柴米油盐的日常生活中被改变了。

---

[1] [美]伯尔曼:《法律与革命》,贺卫方等译,中国大百科全书出版社,1993年,第一章。[法]布洛赫:《封建社会》(上卷),张绪山等译,商务印书馆,2004年,第八章。彭小瑜:《教会法研究》,商务印书馆,2003年,第一章。[英]梅特兰等:《欧陆法律史概览》,屈文生等译,上海人民出版社,2008年,第22—23、33—36、76—78、89—96页等。[英]甄克斯:《中世纪的政治与法律》,屈文生等译,中国政法大学出版社,2010年,第一、二章。

此外，教会遵循一贯的传统，扶助弱势群体，比如穷人、奴隶、妇女、儿童、残疾人等。从政治角度看，这种做法使教会成功地把社会底层民众变成了自己最忠实的粉丝。这也是日耳曼人大规模、大踏步进入文明社会的主要入口。[1]

这时候我们再回头看奥古斯丁，如果不是他打造出体系化的神学使基督教在知识和逻辑上足够强大，传教士们拿什么去劝服日耳曼人皈依，拿什么去当法官、当秘书、当谋士、当省长，拿什么去引导普通日耳曼人的日常生活？

何况，奥古斯丁还为基督教打造了一个拥有正统地位和权威的统一教会组织。这样一来，日耳曼人在信仰、法律、生活各个层面都成了教会的学生，基督教能够主导中世纪就不足为奇了。

在基督教会成功改造日耳曼人没多久，日耳曼人就建立起属于自己的帝国（查理曼大帝建立的加洛林帝国），达到了政治的及格线。此后，西方文明不再叫作后罗马时代，而是有了一个我们熟悉的新名字：欧洲文明。

---

[1] 日耳曼人被基督教教会文明化的很多细节都可以在比德的《英吉利教会史》（商务印书馆，1996年）中找到。另参见[美]蒂尔尼、佩因特：《西欧中世纪史》，袁传伟译，北京大学出版社，2011年，第108—118页。[美]本内特、霍利斯特：《欧洲中世纪史》，杨宁等译，上海社会科学院出版社，2007年，第59—67页。

六、重建：查理曼翻开了新的一页？

任何文明要发展壮大，一定要有两件东西——Word和Sword，也就是道与剑。

Word的表意是"词语"，人有了词语，能说会道，就是掌握了道的万物之灵。如果把"Word"看成一种文明的根本能力，中文里对应的恐怕只有"道"这个字。Sword是"剑"的意思，再抽象一步理解，就是武力。因此，我们可以把Word与Sword（道与剑）理解为文化和武力。

西方文明最独特的地方在于，中世纪发展出一个由不同的体系化组织来承担道与剑的系统——道由教会掌管，剑由国王掌管。二者相互独立、相互合作，当然，也会相互打架。

基督教会通过积极地传教，把日耳曼人变成了自己的学生，从而主导了"道"。而"剑"则被查理曼挥舞起来，他建立的加洛林帝国成为欧洲文明的开端。

■ 查理曼的武功

我们先来看查理曼是如何建立起加洛林帝国的。

公元5世纪，西罗马帝国灭亡后不久，作为日耳曼人其中一支的法兰克人，在领袖克洛维的率领下建立起法兰克王国。在克洛维的领导下，墨洛温王朝几乎实现了对大半个欧洲的控制。而且，克洛维带领法兰克人集体皈依了基督教。可惜克洛维死后，墨洛温王朝分裂，虽然名义上的国王还在，但没有多少控制力。不久，维京人、马扎尔人、穆斯林都来了，墨洛温王朝名存实亡。

墨洛温王朝晚期的国王基本不理朝政，实权最后落到了宫相手中。查理曼的爷爷查理·马特就是当时墨洛温王朝的宫相，正是他在距离巴黎150英里的普瓦蒂埃抵挡住了穆斯林的进攻。在这之后，查理·马特自立为王，推翻了墨洛温王朝，建立了加洛林王朝。

爷爷厉害，爸爸厉害，第三代的查理曼更厉害。查理曼是西方中世纪政治和军事上的头号大人物，"大"到被印在扑克牌上——红桃K就是他。黑桃K是大卫（公元前10世纪以色列国的大卫王），梅花K是亚历山大大帝，方块K是恺撒，西方人认为他们都是战神级别的国王。如果只看打下多少地盘，除了最厉害的亚历山大大帝，恺撒和大卫都不如查理曼多。因此，查理曼算得上是武功盖世。

查理曼在当政期间基本征服了整个欧洲，今天的法国、德国、意大利和夹杂在它们之间的小国当时都是他的地盘，只有西班牙没有被征服。众多日耳曼部落不是被他消灭就是表示臣服。

就这样，经过祖孙三代的经营，加洛林帝国终于建成了。[1]

---

[1] [法兰克]艾因哈德、圣高尔修道院僧侣：《查理大帝传》，戚国淦译，商务印书馆，1979年，第6—21页。[美]蒂尔尼、佩因特：《西欧中世纪史》，袁传伟译，北京大学出版社，2011年，第131—137页。

■ 查理曼的文治

现代历史学家通常把加洛林帝国的建立看成欧洲诞生的标志。现代欧洲文明基本上是由加洛林帝国没有断层地发展而来的，政治、经济、宗教、文化都一脉相承。此外，加洛林帝国是现代欧洲文明版图的原型，构成了法国、德国、意大利三大国家的基干。

查理曼大帝能够达成这些成就，仅靠武功是不够的，还要仰仗他足以名垂青史的文治。这也是他能够被称为"欧洲之父"的重要原因。具体来说，查理曼大帝采取了三大文治举措。

第一，与教皇结盟，巩固了"剑与道"的关系。

查理曼沿袭了自己祖父、父亲和教廷之间的友好关系，出兵保护被其他日耳曼部落欺负的教皇。他甚至为了教皇不惜和妻子离婚，因为他当时要征讨的对象是欺负教皇的伦巴第人，而他的妻子就是伦巴第人。当然，我们完全可以把这件事理解成查理曼为了巩固和教皇的同盟，不惜放弃和伦巴第人的同盟。

当时的教廷虽然在名义上是以教皇（罗马主教）为领袖的整个基督教会的核心组织，但它对各地教会并没有太大的控制力。教会变成以教廷为塔顶、以教皇为塔尖的金字塔，经历了一个极其艰苦和漫长的过程。这个过程离不开许多教皇和教廷能臣的努力，也离不开查理曼这种大人物的帮扶。

更厉害的是，查理曼为了巩固与教会的关系，获取各地教会的普遍支持和服从，会强迫被征服地区的人皈依基督教。这实际上大大提高了征服的难度，因为信仰之战值得任何人拼死斗争。比如，对撒克逊人的征服就使查理曼大费周折。据查理曼的机要秘书艾因哈德说，对撒克逊人的战争是查理曼一生经历的最持久、最残酷、最耗费精力的战争，这场战争历时三十年，撒克逊人才集体皈依了基督教。[1]

第二，大力推行封建制。

封建制虽然不是查理曼发明的，但是他完成了封建制对欧洲的全覆盖。

欧洲的封建制和中国秦以前的封建制很相似，就是封邦建国。这看起来是皇帝雍容大度，愿意把土地分封给功臣，实际上是无奈之举。

入主西方的日耳曼人就像当年入主中原的周人一样，面临的是地广人稀、资源匮乏、管理水平极低的状况。随着征服的地盘越来越大，管理的难度越来越高，他们该怎么办呢？答案很简单，让信得过的附庸去管理。

领主和附庸之间签订封建契约，领主是大哥，附庸是小弟，契约内容就是：谁欺负了小弟，大哥就带一帮人替他出头；相应地，大哥要是召集小弟一起去打谁，小弟就得派兵派马跟从。在军事这个底层安排之上，还要加上领主和附庸之间的司法上诉关系，经济

---

[1] [法兰克]艾因哈德、圣高尔修道院僧侣：《查理大帝传》，戚国淦译，商务印书馆，1979年，第13—17、34—37、39—69页。[法]勒高夫：《中世纪文明（400—1500年）》，徐家玲译，格致出版社、上海人民出版社，2011年，第37—41页。[美]雪莱：《基督教会史》，刘平译，北京大学出版社，2004年，第十八章。[美]冈萨雷斯：《基督教史》（上卷），赵城艺译，上海三联书店，2016年，第二十九章。

上的地主—小地主关系，封建制才得以建立。

所谓司法上诉关系，意思是在附庸审理的案件中，如果当事人对判决不满，可以到领主的法院上诉，封建等级关系在这里变成了司法的上诉等级关系。而经济上的地主—小地主关系意味着附庸租地给农民耕种，收取地租，而领主对附庸也是收取地租的关系，封建等级关系在这里变成了经济上层层交租的关系。

封建制成了加洛林帝国实现管理的基本架构，但想想春秋战国的状况就知道，以封建制作为基本架构的帝国实际上是很软弱的，一旦诸侯崛起，帝国就会垮台。

对这个问题的解决办法就彰显出了查理曼高超的管理才能。他大量启用主教和修道院院长作为诸侯、法官、谋士和秘书，有力地提升了帝国的治理能力。同时，这一举措把教会深深地卷入到世俗政治中。[1]

第三，大力复兴文化。

在西方中世纪的历史上，一共发生过三次文艺复兴。第一次是查理曼主导的加洛林文艺复兴，第二次是12世纪的文艺复兴，第三次才是我们熟知的意大利文艺复兴。

所谓加洛林文艺复兴是由查理曼主动推进的。他本人在成长的过程中深深地体会到，有文化才能当好统治者。他很晚才学会说拉

---

[1] [法]布洛赫：《封建社会》（上卷），张绪山等译，商务印书馆，2004年，第九、十、十一、十二、十六章。[法]布罗代尔：《文明史纲》，肖昶等译，广西师范大学出版社，2003年，第294—295页。[美]蒂尔尼、佩因特：《西欧中世纪史》，袁传伟译，北京大学出版社，2011年，第八章。

丁语,甚至成年之后才勉强识字,但他积极学习数学、逻辑学、修辞学、天文学。加上帝国依靠主教和院长们治理,让他对文化人又添了几分好感。

所以他采取了几个重要的措施:保护和奖励文化人;复兴和改革教育,并把这个重任委托给教会;敦请教会把基督教礼仪标准化;敦请教皇制定议事规则,整理教会法;保护和抢救文献。

其中,保护文献这件事特别值得一提。当时,除了让大量修士们去誊抄更多复本,没有特别好的办法保护文献。而誊抄的字体形成了固定的加洛林体,有了印刷术之后,这种字体被叫作罗马字体。[1]

■ 查理曼帝国的走向

这么看来,查理曼的武功和文治都很出色,那查理曼帝国到底发展成什么样子了呢?是不是一直欣欣向荣,把西方带入了快速上升期呢?答案是并没有。对于这个问题,我们需要分短线和长线来看。

从短线来看,查理曼去世后不久,他的三个孙子经过内战之后签订了《凡尔登条约》,把帝国一分为三,大致就是以后的法兰

---

[1] [美]勒纳等:《西方文明史》(Ⅰ),王觉非等译,中国青年出版社,2005年,第273—276页。[美]蒂尔尼、佩因特:《西欧中世纪史》,袁传伟译,北京大学出版社,2011年,第137—141页。[美]本内特、霍利斯特:《欧洲中世纪史》,杨宁等译,上海社会科学院出版社,2007年,119—124页。

西、德意志和意大利。查理曼帝国的分裂使西方的政治前景再次暗淡下来，西方仍然要花时间去进行艰苦的政治整合才能获得相对稳定的局面（大概在公元1000年左右完成）。

从长线来看，查理曼帝国的建立标志着西方文明的独特逻辑定型了，也就是政教二元关系上了一个新台阶，教权和政权相互缠绕推动西方文明发展的逻辑正式定型。

前文提到，查理曼为巩固和教皇的关系费了不少力气，教皇当然要投桃报李，于是给了查理曼一个大大的惊喜：公元800年的圣诞节，教皇利奥三世为查理曼加冕，称他为"罗马人的皇帝"。

这看起来是件好事，但据查理曼的机要秘书艾因哈德说，这完全是教皇策划的一场阴谋。如果查理曼事先知道的话，他绝对不会走进那个教堂。[1]这是为什么呢？

当时，查理曼实际上已经是西方的最高统治者，所有人在武力上都臣服于他，在名义上也都承认了他。在这种情况下，教皇还能为皇帝加冕，意味着教皇比皇帝离上帝更近，教皇是皇帝得到上帝授权的中介。这样一来，原本靠查理曼才被解救出来的教皇，反而爬到查理曼的头上去了。教皇的政治地位大大提升，甚至明显高于皇帝。

此外，查理曼还面临一个更现实的问题，就是和东边拜占庭的关系。在西罗马帝国灭亡后，拜占庭一直认为自己才是罗马帝国的

---

[1] ［法兰克］艾因哈德、圣高尔修道院僧侣：《查理大帝传》，戚国淦译，商务印书馆，1979年，第30页。

正统继承人。查理曼一直很小心地处理这个问题，拜占庭也默认了他对西方的统治权。东方保持名义上的尊荣，西方享有实权上的控制，双方心照不宣。

可是，教皇跳出来给查理曼加冕，把拜占庭皇帝的至尊之位放在哪里呢？这不是公开宣布查理曼和拜占庭决裂吗？对查理曼来说，他的帝国实力远比不上拜占庭，为了一个教皇给的虚名惹恼一个天大的敌人，完全没有必要。[1]另外，教会给查理曼加冕，让西方教廷和拜占庭教廷也心生嫌隙。

最终，在公元1054年，罗马教皇和君士坦丁堡大牧首公开决裂，互相开除对方的教籍。大公教和东正教从此分道扬镳，西方与拜占庭就此完全分离。

---

[1] 参见李筠：《论西方中世纪王权观》，社会科学文献出版社，2013年，第48—49页。

七、对峙：皇帝为什么给教皇下跪？

在查理曼执政期间，西方中世纪的基本结构，即政教二元结构稳定下来。在这种二元结构中，政权和教权相互扶持、相互帮助。教权为政权提供合法性的论述，提供高级人力资源，提供法律和基层管理；政权为教权提供政治保护，提供政治和经济资源，还在征服过程中承担了传教的任务。

然而，政权和教权毕竟是宗旨不同、功能不同、利益不同的组织，等发展到一定阶段，各自成熟了，亲密无间的关系就会露出紧张和对峙的一面。二者矛盾激化的开端是罗马教皇给查理曼加冕，而矛盾发展到高潮的代表事件则是格里高利七世发动的教皇革命。透过教皇革命，我们可以深入理解西方中世纪政教斗争的基本逻辑。

■ 教会下层的斗争力量

很多人可能会有这种疑惑，通过给查理曼加冕，教皇的地位已经超越了俗世的皇帝，为什么教皇还要革命呢？主要原因有两个：一个是教会认为跟政权合作，自己吃亏了；另一个是教皇，即格里高利七世，认为教权能赢过皇权。

先来看教会为什么认为自己吃亏了。简单地说，教会下层认为教会和皇权的合作使教会的纯洁性受到了污染。

给查理曼加冕确实让教会的地位有所提升，但查理曼只是被利奥三世算计了，担了个虚名。查理曼和他的子子孙孙都知道控制住主教和修道院院长的重要性。于是，后来的教皇长期被意大利的王公贵族们控制，最后神圣罗马帝国皇帝把教皇控制在手里，罗马教廷几乎成了皇帝的私家教会。但是，绝大多数人觉得这没有不妥。因为远有君士坦丁，近有查理曼，旁边还有拜占庭皇帝，这些统治者都声称自己从上帝那里直接获得了授权，教会就是自己手下的一个分支机构，教皇就是自己手下的一个部长。无论谁做皇帝，教会的地位也不会有多大的变化。

而且，查理曼利用主教和修道院院长来充实帝国的高级管理队伍，高级教士们都成了帝国的官员或者皇帝的诸侯，过上了王侯将相的生活，自然不愿意改变。但是，教会的下层出现了一股反对力量，认为那些主教、修道院院长和皇权合作，变得奢侈腐败，污染了教会的纯洁性。

这股反对力量主要来自克吕尼运动。克吕尼运动原本是修道士们在修道院追求纯洁的精神生活的运动，后来扩散到整个社会。再后来，不再纯洁的教会上层就成了克吕尼运动批判的对象。主教和修道院院长的任命权成了教权和政权冲突的最前线，具体表现为主教和修道院院长究竟是由教皇还是由神圣罗马皇帝来任命。历史上把教权和政权之间这场大冲突叫作"叙任权之争"（叙任权即任命权）。[1]

■ 教皇的纵横捭阖

教会下层认为自己吃亏了，要净化教会，可为什么革命是由教皇发起的呢？格里高利七世为什么认为自己有把握赢过皇权呢？

随着克吕尼运动的推进，教会下层出现了不少能臣干将，其中最重要的是希尔德布兰德。

1059年，教皇选举法出台，规定教皇只能由红衣主教团选举产生。这时候，希尔德布兰德已经非常娴熟地主导教廷数十年，在和神圣罗马皇帝、诸侯、意大利各大家族的勾心斗角之中，他已经成了像俾斯麦一样的老狐狸。1073年，他终于登上了教皇圣座，被称为格里高利七世。

格里高利七世一上台，就对神圣罗马皇帝发难，拉开了教权和政权斗争的大幕。他颁布的诰令《教皇如是说》有二十七条，条条都在强化自己的至尊地位，硬是要把皇帝压在他的宝座之下。下面

---

[1] [美]伯尔曼：《法律与革命》，贺卫方等译，中国大百科全书出版社，1993年，第104—112页。[英]达菲：《圣徒与罪人：一部教宗史》，龙秀清译，商务印书馆，2018年，第148—170页。[美]蒂尔尼、佩因特：《西欧中世纪史》，袁传伟译，北京大学出版社，2011年，第209—215页。[美]雪莱：《基督教会史》，刘平译，北京大学出版社，2004年，第197—198页。[美]冈萨雷斯：《基督教史》（上卷），赵城艺译，上海三联书店，2016年，第326—332页。[英]麦克曼勒斯主编：《牛津基督教史》，张景龙等译，贵州人民出版社，1995年，第168—173页。[美]罗素：《西方哲学史》（上卷），何兆武等译，商务印书馆，1963年，卷二·第九章。

几条谕令的具体内容证明格里高利七世要把自己的教皇宝座打造成整个西方的至尊之位：

1. 罗马教会由上帝单独创建。
2. 只有罗马教皇能正当地称为普世的。
3. 只有他能够废黜主教或使其复职。
4. 他的使节——即使教阶较低——在宗教会议上高于所有的主教，并有权作出废黜主教的判决。
5. 教皇有权废黜不称职者。
6. 在各种事情中，我们也不能与被他开除教籍的人同居一室。
7. 只有他有权根据时代需要颁布新的法律，召集新的宗教会议，建立修道院，分割富裕的主教管区或合并贫穷的主教管区。
8. 只有他有权佩戴帝王徽记。

．．．．．．．．．．．．

11. 他的头衔是世界上唯一的。
12. 他能废黜皇帝。
13. 如有必要，他能将主教从一个地方调动到另一个地方。
14. 如他愿意，他有权任命任何教会的教士。
15. 由他任命的教职可以管理其他教会，但却不受其他人的管辖，他也不能从其他主教那里接受更高的教职。
16. 没有他的命令，宗教会议不能称为大公会议。

17. 没有他的认可，任何书或其章节都不能视为教会法规。

18. 任何人都不能撤销他的任何判决，所有人中惟有他一人能撤销他这种判决。

19. 他自己不受任何人审判。

....

21. 每个教会的较重要的案件要服从使徒宝座的裁决。

22. 罗马教会从未犯错误，也永不会犯错误，《圣经》作证。

....

25. 他可以不通过宗教会议废黜主教或使其复职。

....

27. 教皇能解除不义之人的臣民的忠诚誓约。[1]

无论谁看到这份诰令都会觉得它简直就是写给皇帝的战书。如果你是皇帝，接到这种战书，会怎么办呢？当然是开战。神圣罗马皇帝亨利四世也是这么想的，他当即宣布废黜格里高利七世。格里高利七世立刻还以颜色，宣布废黜亨利四世。

亨利四世选择发兵罗马，生擒教皇，甚至要杀了教皇，以儆效尤。但神奇的是，教皇最后赢了。这是怎么做到的？

---

[1] Brian Tierney, *The Crisis of Church & State: 1050-1300*, pp. 49—50. 中文采用了丛日云先生的译文，参见丛日云主编：《西方政治思想史》（第二卷：中世纪），天津人民出版社，2005年，第203—204页。另外，此诰令中的"他"，不是特指格里高利七世本人，而是指教皇，即所有教皇都应享有诰令规定的权力和权利。

亨利四世率领军队进发，结果还没有翻过阿尔卑斯山进入意大利就接到奏报，后院起火了。诸侯们纷纷表示，既然教皇已经废黜了皇帝，他们就不再负有忠诚的义务，甚至要起兵造反。于是皇帝赶紧回去"灭火"。

这其实是格里高利七世事先与诸侯暗通款曲。前文提过，查理曼利用封建制治理国家，把土地分给诸侯，这一点一直延续了下去。到了神圣罗马帝国时代，各大诸侯里没有加洛林王室的后裔，也就是说，谁做皇帝的资格都不比其他人差太多。格里高利七世就充分利用了这种政治格局，教唆诸侯们造反，使皇帝的兵马根本到不了罗马。

最终，皇帝服软了，他故意衣衫褴褛、光脚露臂地跑到教皇度假的卡诺莎城堡下跪求饶。历史上把这一幕叫作"卡诺莎之辱"。在人类文明史上，被杀被灭的皇帝不在少数，但下跪求饶的恐怕仅此一例。

格里高利七世认为自己一定能赢，靠的是他有两种权力：一种是正宗的教权，即废黜皇帝、革除教籍、解除忠诚的权力；另一种是隐匿的政治权力，即合纵连横、勾心斗角、纵横捭阖的权力。因为封建政治是高度分散的，而教权对西方的覆盖是全方位的，所以即便教皇手里没有兵，只要把这两种权力结合起来，其威力就能远远超过皇帝拥有的硬实力。

虽然斗争的高潮暂时告一段落，但这场皇权和教权厮杀的大戏并没有结束。教皇原谅皇帝后，皇帝心意难平，又想发兵消灭教皇。他们成了毕生的宿敌。后来，格里高利七世和亨利四世都去世了，他们的继任者继续斗法。

终于，双方在1122年签订了《沃尔姆斯协定》，双方各退一步，约定各自拥有什么样的权力，相互尊重，各司其职。[1]教皇最终拥有的权力并不像《教皇如是说》里规定的那么大，但比起被皇帝操控的局面强了不少，甚至稍占优势地位。

但是，协定不可能彻底化解二者的斗争，它将旷日持久地发展下去。直到马丁·路德和约翰·加尔文发动宗教改革彻底摧毁了罗马教皇的权威，西方的政教斗争才发生根本的变化。

■ 政教关系的三大走向

站在《沃尔姆斯协定》这个关口看，教权显然占了上风。格里高利七世发动的教皇革命扫除了政权悄悄蚕食和收编教权的态势，教权自此巍然屹立。这时候，有三个重要走向逐渐明朗起来。

第一，政权再也无法消灭教权，西方文明的二元结构从此成为有政治保护的基本社会结构。

教会在中世纪的前五百年过得很危险，因为它尽管主导了信

---

[1] [美]伯尔曼：《法律与革命》，贺卫方等译，中国大百科全书出版社，1993年，第112—136页。李筠：《论西方中世纪王权观》，社会科学文献出版社，2013年，第69—85页。[美]蒂尔尼、佩因特：《西欧中世纪史》，袁传伟译，北京大学出版社，2011年，第215—225页。[美]本内特、霍利斯特：《欧洲中世纪史》，杨宁等译，上海社会科学院出版社，2007年，第215—222页。[美]冈萨雷斯：《基督教史》（上卷），赵城艺译，上海三联书店，2016年，第332—343页。[英]麦克曼勒斯主编：《牛津基督教史》，张景龙等译，贵州人民出版社，1995年，第173页。

念、社会和文化,但在政治上始终没有形成成熟的建制。一旦被世俗政权保护、拉拢、收买,就很容易被吸收掉。所以我一直强调,没有政治的文明是保不住的。就连能够主导西方中世纪绝大多数领域的基督教,也必须有自己的政治建制来捍卫自身的独立。

经历了教皇革命,教会迅速变成一个权力金字塔,巍然屹立。西方的二元社会结构再也无法回到原来那种一元状态了。[1]

第二,教皇国成为现代国家的雏形和榜样。

什么是"教皇国"?就是教会围绕教皇权力迅速进化成一个权力的金字塔。除了拥有极高的文化水平、丰富的管理经验,关键是教皇们着力把教会打造成一个教皇拥有最高立法权和最高司法权的权力体系。教皇颁布的法律对整个西方世界有效,教皇是西方世界的最高立法者。同时,教会成为一个司法上诉体系,教皇是西方世界的首席大法官。

这样一来,西方人几百年未曾见过的中央集权在教会率先实现。只不过它和我们熟悉的以行政为基干的中央集权不同,教会的中央集权是以立法和司法为基干展开的。[2]

各国国王深受触动——我要是成为王国的最高立法者和首席大法官,拥有的权力可比封建大领主大得多!于是,国家间的制度建设竞赛由此展开。教会引领了西方中世纪的秩序建设,这个进程的

---

[1] 李筠:《论西方中世纪王权观》,社会科学文献出版社,2013年,第79页。
[2] [美]伯尔曼:《法律与革命》,贺卫方等译,中国大百科全书出版社,1993年,第136—139页。

最终结果就是我们熟悉的现代国家。

第三，在西方中世纪基本状况没有大变化的情况下，世俗政权几乎没有战胜教会的机会。教皇拥有正宗的教权，加之在封建格局下，诸侯们天然和皇帝不同心、不同德，教皇基本上稳操胜券。连操纵过教皇废立的皇帝都下跪求饶了，他的子孙还有什么希望呢？

教皇革命之前，教会里的有识之士担心教会被世俗政权收编；教皇革命之后，教会越来越强势，在英诺森三世的时候达到了顶峰。这个时候，神圣罗马帝国和各王国，还有教会内部的有识之士，都开始担心教会会不会收编世俗政权。倘若真是如此，西方才真正变成了政教合一，教皇兼任皇帝，千秋万载，一统天下。然而，这种情况并没有发生。

八、回归：亚里士多德又回来了？

教皇革命的直接后果是教皇击败皇帝，获得了更加崇高的地位。更重要的是，教会作为一个金字塔式的政治建制，迅速建立起来，成为各国争相模仿的对象。

形成这种局面之后，政权肯定吃不掉教权了，西方文明的二元结构也就稳定下来了。但如果天平向教权一方过度倾斜，二元结构也会崩溃。那么，中世纪会沿着教权越来越强大，最终吞并一切权力的路径走下去吗？答案是没有。反抗性因素比人们想象的来得更快，政权没有认命，而是想方设法进行反扑，其中的关键是让亚里士多德重回西方。

亚里士多德是古希腊的大学者，自日耳曼人征服罗马后，已经被人们遗忘在脑后。为什么在一千多年后，他能重回西方人的视野呢？这其中有深层次的政治动因：政权在与教权的斗争中暂时落败，而政权会输给教权很大程度上是因为没文化。为什么这么说？

政治制度要建立、政治管理要有效就必须有文化，最基本的要求是官员得识字。可是，在中世纪的前五百年里，识字的群体基本上是基督教的上层人员，所以他们成了高官显贵，辅助皇帝管理国家。

更重要的是，基督教花了几百年时间改造西方人的灵魂，无论是神学体系的建立和完善，还是教会组织的稳定力量，都推动基督教获得了塑造世界的权力。如果一个人不是基督徒,教会废黜皇帝、革除教籍、解除忠诚这些权力对他就都不起作用;可如果这个人是基督徒,教会就拥有让这个人变得生不如死的权力。无论皇帝、诸侯心里信不信基督教,表面上要装成比谁都信的样子,否则就会被教皇拉下马。

而且,文化有时候也能变成硬实力。格里高利七世和后任教皇玩弄政治的手法非常娴熟,就算皇帝手里有兵,也抵不过强大的谋略和技巧。

这样盘算下来,政权落后的根本原因就是没文化,甚至它连最大的优势——武力都派不上用场。因此,政权开始反思,该如何弥补弱点。这个时候,就很有必要请出亚里士多德这位古希腊先哲了。

■ 亚里士多德如何重回西方

明白了把亚里士多德"请回来"的必要性后,再来看亚里士多德是怎么被"请回来"的。

前文重点介绍过,中世纪前五百年政治混乱、经济萧条、文化湮灭,西方人几乎都不认识亚里士多德了。但在公元1000年左右,随着外来侵袭逐渐停止,西方在政治、经济、文化上触底反弹,社会秩序逐步建立,经济逐渐恢复,文化自然就逐渐复兴。如果说西方中世纪在政治上触底反弹的标志是教皇革命,那么,在文化上触底反弹的标志就是亚里士多德革命。

亚里士多德革命并不是政治革命,而是知识和文化的革命。

西方人要想认识亚里士多德,必须透过他的著作学习思想和知识。但是亚里士多德的著作早就遗失了。幸好,西班牙长期被穆斯林占据,而穆斯林是研究亚里士多德的。那里不仅保存了大量亚里士多德的著作,还出现了很多伟大的亚里士多德研究者。于是,西方人先把亚里士多德的著作从阿拉伯文翻译成拉丁文,后来认为阿拉伯文的版本不完全可靠,又去找希腊文原著来翻译。[1]这个翻译运动持续了近两百年。到了13世纪,亚里士多德几乎所有著作的拉丁文译本都有了。

从翻译亚里士多德作品这件事情来看,西方文明的演变在很大程度上受惠于伊斯兰文明。在公元800年之后的几百年中,西方人正在为触底反弹苦苦挣扎,而伊斯兰却拥有全世界几乎最灿烂的文明。[2]所以,一个文明无论有多么辉煌,都不能自鸣得意,文明之间的竞赛不是百米冲刺,而是漫长的马拉松,谁领先一段路程都是

---

[1] [美]勒纳等:《西方文明史》(I),王觉非等译,中国青年出版社,2005年,第345页。[美]哈斯金斯:《12世纪文艺复兴》,夏继果译,上海人民出版社,2005年,第九章,尤其第236—240页、第345—347页。[美]蒂尔尼、佩因特:《西欧中世纪史》,袁传伟译,北京大学出版社,2011年,第398—401页。

[2] 近年来,西方文明史的著作在讲到中世纪早期的时候都会花一定的篇幅来谈同期的伊斯兰文明。两相对比,文明之间竞争与融合的关系更容易被体会和理解。参见[美]勒纳等:《西方文明史》(I),王觉非等译,中国青年出版社,2005年,第九章。[法]布罗代尔:《文明史纲》,肖昶等译,广西师范大学出版社,2003年,第六章。[美]斯塔夫里阿诺斯:《全球通史:1500年以前的世界》,吴象婴等译,上海社会科学院出版社,1988年,第十三章。[美]罗素:《西方哲学史》(上卷),何兆武等译,商务印书馆,1963年,卷二·第十章。[美]蒂尔尼、佩因特:《西欧中世纪史》,袁传伟译,北京大学出版社,2011年,第十二章。

有可能的。

西方人重读了亚里士多德的著作后,见到了一个新世界——亚里士多德的著作简直是百科全书,哲学、逻辑学、政治学、伦理学、天文学、物理学、动物学、植物学等无所不包。更重要的是,如此全面、深刻的学问,居然和奥古斯丁的训导不一样,这对当时的西方人产生了天塌地陷一般的巨大冲击。

亚里士多德革命之所以叫革命,是因为它意味着一个完整的世界对中世纪基督教世界的全面冲击,而且来势汹汹、排山倒海。当时的西方人不一定被完全毁了三观,但肯定大受刺激。而且,受刺激的不是普通人,而是文化精英。高级人力资源最先被深深地卷入两个世界的对决当中。这就是西方中世纪的第二次文艺复兴,历史上叫作"十二世纪文艺复兴"。

■ 亚里士多德革命的政治后果

不过,任何文化要想长期存续下来,仅靠翻译、读书、学者研究是不够的,必须要有组织。那亚里士多德的组织是什么?其实,这种组织我们再熟悉不过,它就是大学。大学是在中世纪出现的,而且是皇帝为了改变文化劣势故意扶持起来的。这是怎么回事呢?

西方第一所大学是博洛尼亚大学。起初,罗马法学家伊尔内留斯在博洛尼亚这个交通要道上卖学为生,也就是收费讲学,由此聚集了大批的顾客。后来,来听课的人多了,产生的交易就越来越活跃,于是慢慢形成了一套系统。

皇帝发现大学讲的那套东西对自己摆脱教皇的控制非常有帮助，于是便在1154年给博洛尼亚大学颁发了特许状，承认大学是一个法人，拥有各种权利，而且是特权。比如，它有自己的章程，有自己的地盘，有买卖地产和其他物资的权利，大学里的教授和学生受到特殊的人身保护，等等。

教会当然不会坐等大学变成反抗自己的堡垒，所以很快就插手控制了大学。西方最早的大学几乎被教会一网打尽，比如巴黎大学、剑桥大学、牛津大学。[1]

然而，真理的魅力是挡不住的。随着亚里士多德的知识在西方社会广泛传播，当时的文化精英分成了两派。

一派是支持亚里士多德的教授和学生。虽然教会禁止人们看亚里士多德的书，但他们会躲起来偷偷看。可他们也是基督徒，越是觉得亚里士多德的东西是对的，就越感到焦虑。于是，这些文化人想用神学兼容亚里士多德的学说，让教会认识到，亚里士多德的学说和基督教是不矛盾的。

另一派自然支持教会，认为亚里士多德的学问都是异端邪说。不过，这一派要想禁绝亚里士多德，不能只靠打压，还得跟别人讲道理、展开辩论，因而自然就要了解自己的敌人。于是，这一派的人也开始深入研究亚里士多德。

---

[1] [美]伯尔曼：《法律与革命》，贺卫方等译，中国大百科全书出版社，1993年，第三章。[比利时]里德-西蒙斯主编：《欧洲大学史》（第一卷·中世纪大学），张斌贤等译，河北大学出版社，2008年，第三章。[美]哈斯金斯：《12世纪文艺复兴》，夏继果译，上海人民出版社，2005年，第十二章。

这样一来，无论赞成还是反对，大学里的精英们都在研究亚里士多德。在亚里士多德和其他古希腊大师的引领下，西方几乎所有学问都迅速饱满起来，为之后光辉灿烂的意大利文艺复兴打好了基础。

而对中世纪政权和教权的斗争来说，亚里士多德革命掀起了滔天巨浪，无论赞成还是反对，大学里都在研究亚里士多德，力量越来越大。对于教权一方，堵，看来是堵不住了。怎么办？必须赶快把亚里士多德收为己用！这项工作相当于把希腊文明和基督教文明融为一体，这怎么可能呢？事实证明，是可能的。中世纪神学和文化也由此被推上了巅峰，不过，教权和政权力量对比也被彻底扭转了。

九、巅峰：什么是阿奎那的意料之外？

亚里士多德革命打破了教权对知识文化的垄断，同时意味着教权与政权的斗争升级了——从看得见的战场和宫廷，进入到人的心灵和头脑。那么，亚里士多德学说和基督教神学谁会赢？

前文提到，当时西方分为两派，无论支持派还是反对派，都在研究亚里士多德。教会意识到禁绝亚里士多德已经无法持续，只能将其融合，也就是只能收编了亚里士多德，把希腊文明和基督教文明融为一体。这件事的难度可想而知，但最终被当时著名的神学家阿奎那实现了。

可以说，阿奎那完成了一个不可能的任务，他用神学"收编"了亚里士多德的学说。这对教权来说是一次伟大的胜利，这次胜利也让中世纪走向巅峰。

但是，很多人可能会问，既然教会取得了胜利，按理说教权应该绝对压制住了政权，那后来的欧洲国家怎么都变成世俗的现代国家了？这其实就是阿奎那的胜利带来的意想不到的结果。下面我们来分析这些问题。

■ 奥古斯丁神学和亚里士多德理论的巨大差异

摆在阿奎那面前的是人类历史上的顶级智力难题——把两个异

质的文化体系整合成一个兼容的体系。这两个文化体系有多么水火不容呢？主要体现在四大方面。

第一，宗教观。古希腊的宗教是多神教，宗教在社会中不是最重要的；基督教是一神教，它在社会中的地位最为重要。

第二，世界观。亚里士多德认为世界是周而复始、循环往复的；奥古斯丁的神学则把世界切成两半——光辉的彼岸和堕落的此岸，而且，从上帝创世到末日审判的过程是不可逆的，并没有什么循环。

第三，人性观。亚里士多德认为人不仅有善根，而且追求善业是人的本性；奥古斯丁则认定人性就是原罪，人生来就自私、渺小、脆弱、容易背叛。

第四，政治观。亚里士多德认为政治是最高且永恒的善业，城邦是植根于人性的最高共同体，城邦里没有政权和教权之分；奥古斯丁认为政治只是这个堕落的此岸的事情，国家只不过是上帝管理堕落此岸的临时办法，是短暂的、临时的，等到末日审判之后就没有政权了，教会将会变成最纯洁的组织，在天堂永续存在。[1]

由此可见，亚里士多德和基督教代表的是两个完全不同的世界。在中国传统中，恐怕只有宋明理学用儒学的基干应对、吸收、消化、融合佛教的冲击这件事才能和阿奎那的研究相提并论。

---

[1] 李筠：《论西方中世纪王权观》，社会科学文献出版社，2013年，第119—124页。[英]马仁邦主编：《劳特利奇哲学史》（第三卷·中世纪哲学），冯俊译，中国人民大学出版社，2009年，第八章。[美]蒂利希：《基督教思想史》，尹大贻等译，东方出版社，2008年，第126—133页。

阿奎那完成了古希腊和基督教两大传统的系统性兼容，相当于为西方文明打通了任督二脉，使中世纪走向了巅峰。那么，他是怎么做到的呢？

■ 阿奎那破解难题的办法

阿奎那的格言是：恩典并不毁弃自然，而是成全它。这里说的"自然"就是古希腊哲学家们最爱谈论的"本性"。实际上，这和耶稣处理基督教与犹太教律法的办法是一个路数，耶稣的格言是：爱并不毁弃律法，而是成全它。[1]

阿奎那的工程非常庞大，他写的书能铺满一面墙，我们可能一辈子都读不完。我在这里直接给出结论，把阿奎那的观点概括为四点——"四观"，即宗教观、世界观、人性观和政治观。

第一，宗教观。阿奎那认为，基督教中"一神教"和"上帝统摄"这两点绝对不能动摇，不过，亚里士多德可以低于上帝、合理合法地存在。

亚里士多德用理性揭示的万事万物的真理，都是上帝真理的一部分。虽然他发现的真理没有《圣经》中揭示的真理高级，但

---

[1] [意]阿奎那：《神学大全》（第一集·第1卷），段德智译，商务印书馆，2016年，"问题4 论上帝的完满性""问题8 论上帝在事物中的存在"。[意]阿奎那：《反异教大全》（第1卷），段德智译，商务印书馆，2017年，第28、29章。[意]阿奎那：《阿奎那政治著作选》，马清槐译，商务印书馆，2007年，第12—15页。李筠：《论西方中世纪王权观》，社会科学文献出版社，2013年，第125—127页。[美]蒂利希：《基督教思想史》，尹大贻等译，东方出版社，2008年，第176—181页。

他发现的也是真理。上帝的恩典和上帝自己制造的万事万物的本性并不是敌对关系,而是让万事万物变得更完善、完美,也就是"成全"。

总之,阿奎那用"恩典"和"自然"把亚里士多德的学说和基督教从同一层次的敌对关系变成上下层次的和谐共处关系,使二者融为一体。

第二,世界观。宗教观和解了,世界观的和解就容易了。此岸和彼岸的二元划分不能动摇,世界从创世走向末日的进程不可逆转。但在阿奎那的框架下,此岸的地位被抬高了。亚里士多德发现的万物循环往复地实现自己的本性,是此岸的真理,尽管此岸不如彼岸,但它也是上帝的安排。

这种世界观让西方在经历了数百年低潮之后,重新获得文化自信。在此之前,奥古斯丁描绘的世界是暗黑色调的,他疏远、鄙视、轻视、蔑视此岸世界。而阿奎那引入亚里士多德的学说,告诉基督徒,此岸其实也有广阔天地,可以大有作为,于是整个世界的色调一下子变得鲜亮、朝气蓬勃起来。[1]所以,"中世纪是一片黑暗"的看法并不准确。到阿奎那这里,西方人内心最深处以及西方文明的基本色调已经改变了。

第三,人性观。基督教强调的原罪还是不能改动,但人在此岸

---

[1] [意]阿奎那:《阿奎那政治著作选》,马清槐译,商务印书馆,2007年,第7—11、69—72、86—89、100—104页。李筠:《论西方中世纪王权观》,社会科学文献出版社,2013年,第126页。

的生活，即世俗的生活必须更积极有为。这样一来，亚里士多德坚持的人性有善根、人要追求善良事业，就变成人在此岸要做的事情。[1]

第四，政治观。随着上述"三观"的变化，政治观也不再那么灰暗和被动，而是变成一种善的事业。正如亚里士多德所说，"人必须在政治共同体当中实现自我"。[2]

阿奎那神学对西方文明的再造是以基督教为主干，嫁接古希腊、古罗马文化，从文明的核心解决三大传统的兼容性。取得这种兼容性后，西方文明的核心就变得更加厚重了。

但有一点需要注意：尽管经过阿奎那改造后的基督教不再那么高冷，但它在中世纪后期依旧处于强势地位；古希腊、古罗马的文化和精神虽然复活，但不再完全是原来的面貌。它们的这种结合构成了西方文明的文化底色。尽管后来世俗化的潮流大大冲淡了基督教的味道，但底色是抹不去的。

---

[1] [意]阿奎那：《神学大全》（第一集·第6卷），段德智译，商务印书馆，2016年。[意]阿奎那：《〈政治学〉疏证》，黄涛汉译，华夏出版社，2013年，卷一·第一、二章。[英]马仁邦主编：《劳特利奇哲学史》（第三卷·中世纪哲学），冯俊译，中国人民大学出版社，2008年，第285—291页。

[2] [意]阿奎那：《阿奎那政治著作选》，马清槐译，商务印书馆，2007年，第100—104、112—128页。[意]阿奎那：《〈政治学〉疏证》，黄涛汉译，华夏出版社，2013年，卷一·第一、二章，卷二·第一章。李筠：《论西方中世纪王权观》，社会科学文献出版社，2013年，第126页。

■ 阿奎那学说的影响

阿奎那的神学，对教权和政权都产生了巨大影响。

教会一方显然特别高兴，因为阿奎那"收编"了亚里士多德，这进一步强化了教会的优势，让教权的实力在13世纪下半叶达到了巅峰。为了回报阿奎那，教会在他去世后不久追封他为圣徒，赐名号"天使博士"。而且，阿奎那的学说成为了基督教的官方神学。

我们沿着教权和政权斗争的思路想一想，连亚里士多德都被教会"收编"了，教权压制住政权的知识、文化优势不就更强大了吗？不仅如此，亚里士多德学说甚至被很多神学家进一步改造成压制政权的理论武器。比如，有神学家利用亚里士多德的目的论提升教会的地位。因为小目的必然服从大目的，教会的目的显然比世俗政权更高级，政权当然就要服从教会。

但是，教会过高估计了阿奎那带来的胜利。一种学说或一部著作，越是深刻博大就越容易被解读出不同的东西，有些东西与原作者的意图相差十万八千里，甚至针锋相对，都是有可能的。尤其在有人故意这么做的时候，意想不到的结果就会出现。

故意这么做的就是王权派理论家们。这帮别有用心的家伙充分利用了阿奎那学说，一方面强化世俗政权的地位，一方面抽空教会的权力。其中最著名的代表有巴黎的约翰、马西利乌斯和但丁——就是那个担当意大利文艺复兴旗手、写出《神曲》的但丁。

■ 王权派理论家的"乾坤大挪移"

王权派理论家到底是怎么做的呢？他们把阿奎那学说倒过来，利用阿奎那的旗帜来讲亚里士多德的故事。这类故事的基本要点有三条，简直就是对阿奎那神学来了个"乾坤大挪移"，势要把教权摁到政权下面。[1]

第一，国家和教会是两回事，各不相干。亚里士多德说国家是基于人的本性，人是天生的政治动物，通过国家实现自我。教会则是由上帝设立的，帮助人们灵魂得救的团体。国家基于自然，教会基于神意，起源不同、功能不同、逻辑不同。

第二，国家是政治共同体，有强制力；教会是精神共同体，没有强制力。只有基于自然建立起的政治共同体手里才有Sword（武力）；教会是精神共同体，只有Word（文化）。这种说法是为了在理论上根除教会的强制力，把教皇握有的废黜职权、革除教籍、解除忠诚这些利器全部打掉。

第三，教会在世俗政治中必须服从国家。因为国家在世俗事务中有强制力，这种强制力同样对教会有效。

自但丁以后，西方的政治理论家们越说越起劲，马基雅维利、博丹、霍布斯等顶级政治理论家都在抬高国家、打击教会。西方沿

---

[1] [意]但丁：《论世界帝国》，朱虹译，商务印书馆，1985年。李筠：《论西方中世纪王权观》，社会科学文献出版社，2013年，第128—137页。[美]萨拜因：《政治学说史》（上卷），邓正来译，上海人民出版社，2008年，第309—316、334—340、342—360页。

着这条路越走越远，终于形成了教会退出政治舞台、国家占据政治舞台中心的格局。

这个结局不是阿奎那想要的，但却是他的学说的合理延伸。他绝不想摧毁教会的权威，但确实是他把洪水猛兽一样的亚里士多德学说变得合理合法。这股潮流越来越汹涌，最终摧毁了中世纪教权和政权的二元结构——国家崛起，国家独大，二元有变成一元的危险了。

十、坍塌：教会为什么陷入了大分裂？

阿奎那的理论造成了意外的后果，"别有用心"的理论家们利用他的学说来传播亚里士多德的学说，抬高世俗政权，狠命打击教会，简直有倾覆教权的危险。但是教会哪会那么容易服输？除非它自毁长城。

■ 教会的异化

在教会自毁长城之前，教权确实达到了政治上的巅峰——教皇英诺森三世建成了教皇君主制。教皇英诺森三世成为西方世界的领袖，他甚至可以随意废立世俗政权的皇帝，简直风光无限。

英诺森三世37岁就登上了教皇圣座，可谓年轻有为。和之前的大多数教皇一样，他是格里高利七世强化教权的忠实支持者，也是杰出的法学家。前文提过，教会是靠立法权和司法权的强化才实现中央集权的，因此，作为领导者的教皇大多数都是教会法学家。

英诺森三世的权力有多大呢？他公然干涉神圣罗马皇帝的选举，把自己中意的候选人推上了皇帝宝座；又强迫英国的约翰王接受他指派的兰顿就任坎特伯雷大主教。而且，他在位期间，阿拉贡、西西里、匈牙利都成了教皇的封建领地。

继任的教皇们继续推进英诺森三世的路线，甚至不惜动用十字军对付世俗政权。这样一来，教会在教皇君主制的框架下变得越来越强有力，软硬实力的结合让它成为西方第一强国。尚未成长起来的法国、英国、西班牙，还有它的老对手神圣罗马帝国，都不是它的对手。[1]

但可悲的是，教会在权力争夺的道路上走得越成功，就离自己的崩溃越近。这其中的原因主要有三个。

第一，最根本的原因在于，一个组织必须遵循自己的原则和目的，背离了原则和目的取得的成功，实际上就是异化。

教会的原则和目的是什么？是团结基督徒，遵守上帝的诫命，主持礼仪，提升道德，看护好基督徒的灵魂。可教会的手伸得太长，开始掌握军事力量。权力成了毒品，教会越吸越上瘾，直到无法自拔。

任何一项伟大的事业都需要权力，但权力本身不是目的，如果为了权力而权力，就很容易忘记初衷，变成被权力控制的怪物。教会就是典型的例子，它曾经拥有崇高的理想，还有神学这种高级学问的加持，结果在权力的角逐当中却迷失了自己。

第二，最切实的原因在于，要争夺权力就必然走上世俗化的道

---

[1] [美]伯尔曼：《法律与革命》，贺卫方等译，中国大百科全书出版社，1993年，第五章。[英]达菲：《圣徒与罪人：一部教宗史》，龙秀清译，商务印书馆，2018年，第191—204页。李筠：《论西方中世纪王权观》，社会科学文献出版社，2013年，第160—169页。[美]蒂尔尼、佩因特：《西欧中世纪史》，袁传伟译，北京大学出版社，2011年，第337—344页。[美]雪莱：《基督教会史》，刘平译，北京大学出版社，2004年，第202—206页。

路，因为权力始终无法脱离最俗的兵和钱这两件事。

教皇有宗教权力、有组织、有策略，在竞争强度不高时，可以压制住有兵的皇帝。但竞争在突飞猛进地升级，没有兵，教皇心里不慌吗？要想有兵，就得有钱去养兵。所以，尽管权力是由多种元素构成的，也不可能摆脱物质性的兵和钱。

世俗政权里的皇帝或国王想尽办法去筹兵、筹钱，这在任何人看来都是天经地义的事情。可教皇、教会呢？天生就不该做这种事。如果硬要去做，就意味着教会自己在推动世俗化，这是在自杀。当信徒们看见教皇在争权夺利，不惜为此征兵征税，他们还会把教皇当作圣洁的使徒吗？这样的教皇跟那些为了世俗利益蝇营狗苟的皇帝、国王们有什么区别？

教会最大的权力是凭借人们的信仰而得到的权威，当教会主动地推进世俗化，做着和皇帝、国王们一样的事情，这种信仰自然就瓦解了。这就是所谓教会走向异化的硬逻辑：教会越是在兵和钱上取得成功，就越是在摧毁自己的立身之本。

第三，最危险的原因在于，权力斗争越激烈，对斗争者的要求就越高，一旦教皇稍有不慎，根基已经动摇的教会就很容易毁于一旦。

高强度的权力斗争，不仅需要心狠手辣、当机立断，也需要心怀理想、胸怀宽广。为什么？如果只有手腕没有理想，就会变成把权力当作毒品来吸的怪物；如果只有理想没有手腕，就是东郭先生，只会被狼吃掉。权力斗争之所以对人的考验极高，就是因为手腕和理想这两种素质很难在一个人身上兼容。

英诺森三世的继任者们把他开创的教皇君主制越推越高，他们的手越伸越长，和世俗政权的冲突越来越激烈，教皇们就越需要有大智慧、大气魄。但人的素质不可能跟着飞涨的斗争形势一路飙升，一旦形势的严峻超出人的能力范围，崩溃就在眼前。[1]

■ 教会是如何分裂的

这时候，教会已濒临分裂。那么，是谁致命一击，把教会从权力巅峰推下万丈深渊呢？

这个人是法国国王菲利普。1303年，他的党徒在法国南部城市阿维尼翁，囚禁了独断专行、刚愎自用的教皇卜尼法斯八世。这位教皇受尽折磨，尽管后来被解救出来，但很快就去世了。自此之后，教廷就留在阿维尼翁，完全被法国国王控制，一直到1378年才结束。

法国国王对教廷的控制到了什么程度呢？这70多年里，大部分红衣主教和全部教皇都是法国人。人们把教会的核心完全被控制的惨痛经历称为"阿维尼翁之囚"。在这段时间里，虽然教廷完成了国家财政制度的建设，但在西方人心目中，教廷和教皇的威信已经荡然无存。但这只是教会跌落万丈深渊的第一步。

第二步就是教会大分裂。1377年，教皇格里高利十一世把教廷

---

[1] [英]达菲：《圣徒与罪人：一部教宗史》，龙秀清译，商务印书馆，2018年，第204—227页。[美]蒂尔尼、佩因特：《西欧中世纪史》，袁传伟译，北京大学出版社，2011年，第二十二、二十四、二十七章。

从阿维尼翁迁回罗马,但第二年他就去世了。于是,一群法国裔的红衣主教被围困在罗马城,选出了新教皇。但他们很快就和新教皇翻了脸,跑回阿维尼翁之后就否认了之前选出的教皇,重选了新教皇。

这样一来,罗马一个教皇,阿维尼翁一个教皇,他们各自带着一群红衣主教,都说自己是正宗的,而对方是冒牌货。法国和它的同盟国显然支持阿维尼翁的教皇,而其他国家则支持罗马的教皇。

两个派系并立30多年。基督教世界终于忍无可忍,在法国国王、神圣罗马皇帝的支持下,两派主教和红衣主教于1409年在比萨开会,想要结束这个滑稽的局面。结果,大会搞出了一个更滑稽的结果:让两个旧教皇同时退位,再选出一个新教皇。实际上,新教皇选出来了,可两个旧教皇拒不退位,变成三个教皇相持不下的局面。曾经神圣威严的教廷沦落成闹剧不断上演的大舞台,真是可悲。

这种滑稽的局面延续到1417年,三皇才终于归一——为了解决三个教皇并立的问题,中世纪最大的宗教会议在康斯坦茨召开,史称康斯坦茨公会;公会参与者几经协调之后选举出教皇马丁五世为教会的唯一领袖。但这还没完,还有第三步。教会大分裂虽然结束了,但教会自毁的路尚未结束。分裂终结后选出的第一位教皇是马丁五世,他走的还是英诺森三世的老路,继续纵横捭阖,而且更加心狠手辣。军队、税收、宫殿这些政治硬壳都成了教廷赤裸裸追求的目标,强取豪夺、横征暴敛、卑鄙下流的事情都做得出来。这样一来，教皇圣座便成了各路枭雄争夺的大肥肉。[1]

到这里，我们就很容易理解路德和马基雅维利出现了的原因。堕落的教会不仅成为他们批判的对象，而且也成为他们攻击的目标，他们把教皇看成了骑在整个西方头上的吸血鬼，一个用宗教改革的办法，一个用力挺国家的办法，目的都是彻底摧毁教会。

■ 教会坍塌的后果

教会从1303年一路走来，以后见之明来看，是自寻死路。上一篇提过但丁等人对付教会的办法，他们在理论上把教会和国家分开，强调国家才拥有强制力、教会须服从国家。面对这样一套政治理论的攻击，教会没有束手待毙，而是反过来追求强制力，居然强势地把自己变成了世俗国家。结果，西方多了一个争权夺利的世俗强国，却失去了劝人向善、引领道德、看管灵魂的诺亚方舟。而且，教会的坍塌意味着中世纪教权与政权并存的二元结构也随之坍塌，这会带来一系列非常严重的后果。

第一个后果，精神生活因为教会的失职而严重亏空。可以预见，一旦有新的宗教运动引导人们追求纯洁的精神生活，人们将会几近狂热地拥抱它。

---

[1] [英]达菲：《圣徒与罪人：一部教宗史》，龙秀清译，商务印书馆，2018年，第204—227页。[美]雪莱：《基督教会史》，刘平译，北京大学出版社，2004年，第二十二章。[美]蒂尔尼、佩因特：《西欧中世纪史》，袁传伟译，北京大学出版社，2011年，第502—507页。

第二个后果，世俗政权因为失去了教会的外部制约变得一家独大。没有外部制约，内部制约又不成熟，可以预见，世俗政权将会飞速膨胀，直到人民忍无可忍，奋起革命。

第三个后果，教会重整，政权坐大，西方的权力格局进入一个动荡期。西方此后的格局，究竟是教会回归，恢复二元结构，还是教会一蹶不振，政权一家独大，需要通过观察更多的因素才能判断。

十一、深渊：西方，毁灭还是新生？

从11世纪到13世纪，由教会主导的教权与政权并立的格局逐渐瓦解，政治和军事重新进入混乱。而1303年可以说是中世纪的重要分界线。这一年，教皇被抓捕，经过阿维尼翁之囚、教会大分裂，教会变成了吸血鬼，一步步掏空西方的精神生活。相应地，世俗政权放开手脚，开始建立现代国家。

可以说，从1303年到1450年，整个西方社会变得闹哄哄、乱糟糟。但值得注意的是，大众所熟悉的现代西方的开端，比如大航海、文艺复兴、宗教改革，都是在这个阶段的社会经济环境中产生的。

那么，中世纪的西方究竟是一个什么样的局面？

实际上，中世纪末期，西方面临三个极其严峻的状况。

■ 经济再次跌入谷底

第一个严峻的状况是中世纪的经济走了一大段弯路。

从11世纪开始，西方的政治秩序稳定下来，社会秩序也安稳很多。加上上帝的恩惠，长期风调雨顺，靠天吃饭的农业有了基本的保障。此外，技术和劳动力也有所进步。

古罗马因为滥用奴隶导致技术改进被严重抑制，中世纪则刚好相反：社会经历了数百年战乱，大规模的贸易和货币经济都不复存在，只有改进、提升技术，人们才能从土地中获得更多吃的。所以，12世纪西方的农业技术水平超过了古罗马时代。

除了农业技术，劳动力状况也稳定地得到了改善。战乱中死了太多人，劳动力变得很昂贵，不仅不能随便打、随便杀，就连奴隶制都变得很不划算。替代奴隶制的是封建制，封建制给了种田的人更多的自由。因为要把人的积极性、主动性解放出来变成生产力，最好的办法就是给他自由。

此外，基督教给予体力劳动者史无前例的尊重。孟子说过，"劳心者治人，劳力者治于人"。也就是说，做脑力劳动的管理别人，做体力劳动的被别人管理，古希腊、古罗马就是这么想的。但基督教起源于草根，来自底层中的底层，当然对底层予以道德支持，它给予体力劳动者的尊重是比较高的。

劳动力改善还得益于经济改善这一因素，因为这使得人的健康和寿命都得到了改善。就这样，诸多因素共同促成了农业革命，西方人不用再和饥饿作斗争，可以养活自己了。

伴随农业革命的还有商业革命和城市革命。有了农业剩余，交换就成为可能，甚至成为必须；有了交换，就必须有交易场所，城市也就随之复兴。在一片欣欣向荣之中，西方的经济重心从地中海转移到了北大西洋。[1]

但是，进入14世纪后，上帝好像绝情地收回了所有有利条件。先是政治稳定程度下降，大的战争随之而起，然后是天灾连连。同时，技术改进释放的生产力走到了尽头。加上战争和天灾带来的饥荒，劳动力总量明显下降。[2]

最后还有一个特别恐怖的不利条件，它不仅对西方经济造成了毁灭性的打击，甚至对整个社会造成了毁灭性打击，那就是黑死病。

■ 黑死病的深刻影响

黑死病是中世纪末期遭遇的第二个严峻的状况。

黑死病就是鼠疫，人从发病到死亡不过三五天时间。因为人死之后身体迅速变黑，所以俗称黑死病。从1300年到1450年，鼠疫发生了好几拨，造成西方人口锐减。

到底死了多少人呢？历史学家们的估算不太一样，估算多的认为这150年间欧洲人口减少了三分之二，估计少的认为至少死了

---

[1] [美]汤普逊：《中世纪经济社会史》（下册），耿淡如译，商务印书馆，1963年，第二十八、二十九章。[美]本内特、霍利斯特：《欧洲中世纪史》，袁传伟译，北京大学出版社，2011年，第七章。[美]勒纳等：《西方文明史》（Ⅰ），王觉非等译，中国青年出版社，2005年，第279—298页。[美]斯塔夫里阿诺斯：《全球通史：1500年以前的世界》，吴象婴等译，上海社会科学院出版社，1988年，462—465页。

[2] [法]布罗代尔：《15至18世纪的物质文明、经济和资本主义》（第一卷），顾良等译，生活·读书·新知三联书店，2002年，第101—105页。

一半。总之，鼠疫深刻地改变了西方，尤其在以下三个方面非常明显。

第一，劳动力锐减，经济凋敝。

第二，城市的重要性大大提高。抵御瘟疫的人必须抱团取暖，自然就向城市集中。

第三，无尽的心理恐慌。我们事后来看都觉得瑟瑟发抖，当时的人是什么感受呢？他们只有一种想法，那就是谁在明天都有可能死，无论多少人都可能在明天全部死光——这完全是世界末日的景象！[1]

■ 拜占庭帝国灭亡

俗话说，没有最糟，只有更糟，西方还有第三个严峻的状况，那就是拜占庭灭亡了。在1453年，突厥人攻占君士坦丁堡，作为西方文明长兄的拜占庭千年帝国就此落幕。

在没有外人的时候，西方和拜占庭两兄弟打得不亦乐乎。比如1054年，罗马教皇和君士坦丁堡大牧首相互开除教籍，指责对方是异端。后来这400年里，双方的嘴仗一直都没停，西方在恢复元气之后，甚至发动了对拜占庭的战争，比如，英诺森三世发动了第四

---

[1] [美]汤普森：《中世纪晚期社会经济史》，徐家玲等译，商务印书馆，1992年，第十六章。[美]勒纳等：《西方文明史》（I），王觉非等译，中国青年出版社，2005年，第362—367页。

次十字军东征，十字军最后居然占领了君士坦丁堡。十字军在君士坦丁堡屠城三日，大大削弱了拜占庭的元气。

虽然之前西方和拜占庭打得不可开交，但是，当拜占庭真的灭亡了，谁来挡住突厥人？

要知道，西方在中世纪——无论在文化方面还是军事方面——可是领教过穆斯林的强大。15世纪上半叶，奥斯曼帝国把北非全部拿下，希腊半岛、东欧的保加利亚、塞尔维亚、克罗地亚甚至中欧的匈牙利都落入了奥斯曼手中。直到1529年和1532年，奥斯曼帝国两次进攻维也纳被击退，西方的东部边界才算基本稳定。

拜占庭一灭亡，教皇自然如坐针毡，整个西方都陷入了巨大的恐慌。

照这个形势来看，西方就此灭亡也是有可能的。但我们都知道结局，西方活了下来，而且进入了现代社会。究竟是什么样的力量才能对冲掉这三大不利状况造成的颓势呢？这个问题我会在下一章慢慢阐述。

有一点先"剧透"一下，就是所有事后分析出的有利因素在当时看来都并不明显，当时的人并没有觉得凭手里这几张牌就能赢得后来的胜利。所以，我们必须对历史分期保持高度的警惕，用某个年份、某个事件把时代划分开只是一种方便的标签，只是按照一种逻辑得出的结论。

大事件、大运动的效果和意义都是事后才呈现出来的，对局中人来说，历史是连续的，因为摆在他们面前的问题是连续的。分期只是后人看历史偷懒的办法，并不是绝对不可改动的标准。究竟中世纪和现代的区别在哪里，不是某个年份、某个事件就能一锤定音的。之所以将它们划出界限，最重要的原因是西方文明的逻辑发生了内在的变化，西方终于要变成我们最熟悉的样子了。

第四章
现 代

西 方 史 纲

一、更新：现代西方是怎么来的？

中世纪快要结束的时候，西方到处都是麻烦——经济凋敝、黑死病肆虐、拜占庭灭亡。原先主导社会的两股力量也乱了套：教会堕落了，扰乱了政治，败坏了精神；世俗政权还没有真正强大起来，但已经开始肆意膨胀，掠夺社会。西方还有希望从这种岌岌可危的局面中走出来吗？结果我们都知道，它走出来了，而且活得不错。

■ 现代化不是西化

在具体分析西方是如何从危机中走出来之前，要先明确现代西方成长的三条基本线索，建立起西方近五百年走向的基本框架：

第一条线索是国家崛起，也就是基本政治框架的重塑。

第二条线索是社会崛起，新的二元结构又形成了。

第三条线索是市场崛起，资本主义飞速成长。

这三条线索不是齐头并进的，它们有时合作、有时撕扯，相互缠绕、相互塑造，每条线索都存在几种不同的细分模式。由这些模式组合而成的成长道路，十个手指都数不过来。顺着这个思路可以推测出，现代化的实现路径其实有很多种。

很多人觉得现代化就是西化，就是让一个文明努力变成西方的状态。仿佛文明的演进只有一条路，西方走在前面，其他文明只有追赶。但实际上，西方本身的现代化并没有一个统一的模式，现代化不是只有一条路可以走。我们可以大胆地得出一个基本结论：现代化肯定不是西化。[1]

如果现代化不是西化，二者之间究竟是什么关系呢？这就得用本篇的主题解释——更新。西方从自己的传统中更新出了现代，现代是顺势长成的。也就是说，西方传统中的现代基因最多，所以西方最早实现了现代化，受益也最大。

尽管现代化不是西化，但西方的基因仍然值得深入研究，只有从这些基因中把握了现代化的逻辑，再说我们不走西化的道路才真的有底气。

顺着国家崛起、社会崛起、市场崛起这三条线索，可以看到西方通过更新传统率先实现现代化。

■ 国家崛起

第一条线索是国家崛起。

很多人觉得：国家不是在奴隶社会就有了吗，它怎么成了现代西方成长的基本线索呢？的确，大多数学科都把国家的诞生看成文明诞生的标志，认为国家和文明一样古老。其实，国家是和现代紧密联系在一起的，和古时候的城邦、共和、帝国、王国、教皇国、

---

[1] 丛日云、王志泉、李筠：《传统政治文化与现代政治文明》，社会科学文献出版社，2014年，第四章。

王朝等政治共同体都不一样。我们现在再熟悉不过的国家，最早只能追溯到中世纪中期，它从那个时候成长起来，并很快成为推动西方成长的动力，把西方推进到现代。尽管在习惯上已经没有办法把国家和古代的其他政治共同体区分开，而且分得太细就太费力了，所以我们习惯上笼统地把它们都叫作"国家"。但思考文明的大问题时还是要注意"现代国家"和古代诸多政治共同体的区别，这种区别在我们理解什么是现代的时候尤为重要。[1]

总体而言，现代国家的崛起是一个权力集中的过程。当然，古代的政治共同体也和权力有关，但它们所拥有的权力与现代国家拥有的权力很不一样，主要表现在权力的覆盖范围和价值观两个层面。

从权力的覆盖范围来看，由于古代的经济、社会、文化都不够发达，很难支撑起权力高度集中的政治，导致国家权力无法有效覆盖到社会的基层。

在中国古代，皇帝的权力到县令为止，朝廷只发县令的俸禄，基层则靠家族、乡绅来治理，这种现象被现代学者称为"皇权不下县"。难道皇帝们不想把权力向下延伸吗？当然想，但因为朝廷资源有限，只能把县以下的管理职能交给家族和乡绅。[2]

古罗马也是一样。罗马管辖之下的犹太人，靠犹太人的拉比

---

[1] [美]波齐：《国家：本质、发展与前景》，陈尧译，上海世纪出版集团，2007年，第二章。

[2] 费孝通：《乡土中国》，上海世纪出版集团，2007年，第56—70页。[德]马克斯·韦伯：《儒教与道教》，洪天富译，江苏人民出版社，1993年，第110页。

（犹太人的特殊阶层，主要为有学问的学者，在宗教中担任重要角色）去管；罗马管辖之下的希腊人，靠各自的城邦去管。犹太人、希腊人只要在政治和军事上服从罗马，管理上就能高度自治。[1]否则，仅凭几十万罗马军人，罗马不可能控制五百多万平方公里、四千六百多万人的庞大帝国。

所以，古代政治共同体再强大，客观上也不可能使自己的权力完全渗透并支配整个社会。

从价值观层面来看，古代政治共同体不能赤裸裸地谈权力，因为人们认为权力来自上帝、天命等更高级的存在，而不来自皇帝本人。如果皇帝胆敢公然违反这种价值观，就会失去民心，严重危及统治基础和制度运转。

这种不容漠视的价值观对皇帝形成了巨大的约束，使权力难以高度集中，甚至集权是被主动抑制的。比如在中国古代，法家这套集权策略就在道义上被儒家压制。[2]

由此可见，现代国家要跨越上述重重障碍实现集权，真不是一件容易的事。不过，这个进程在西方中世纪中期就已经启动了。

为了深入理解国家崛起的整个进程，我们需要带着以下问题去

---

[1] [美]罗斯托夫采夫：《罗马帝国社会经济史》（上册），马雍等译，商务印书馆，1985年，第77—79页。

[2] 历代儒家对法家的批评一直没有停止，最远的可以追溯到贾谊的名篇《过秦论》，最近的著述可以看熊十力的《正韩》。贾谊：《新书校注》，阎振益等校注，中华书局，2000年，第1—25页；熊十力：《韩非子评论》，载《熊十力全集》（第五卷），湖北教育出版社，2001年。

观察：政治上的集权集了什么权？如何集权的？集起来之后的权力形成了什么样的结构？产生了什么样的后果？

在这个思路下，后来的革命和民主就不难理解了——我们可以把革命看作对集权的反抗和矫正，把民主看作对集权的驯化和利用。

在国家集权的过程中，各个国家实现集权的路径并不相同，这就使得它们的政治结构存在重大差异，这种差异进一步推动了社会和市场两个方面的差异，最终造就了大国崛起的不同路径。可以说，权力结构的更新是西方从中世纪走向现代的基本动力和线索。[1]

■ 社会的崛起

第二条线索是社会崛起。

"社会"有广义和狭义之分，广义的"社会"指的是除去政治之外的所有领域；狭义的"社会"还要除去市场经济，把市场也独立出来，专指自治组织、社会团体、公共事业等。

从广义的社会来看，如果说国家崛起是现代西方文明发展的主

---

[1] 西方的历史社会学对于"国家形成的路径和模式"这个问题的研究非常丰富，经典作品有[美]巴林顿·摩尔：《民主和专制社会的起源》，拓夫等译，华夏出版社，1987年；[美]查尔斯·蒂利：《强制、资本和欧洲国家（公元990—1992年）》，魏洪钟译，上海世纪出版集团，2007年；[美]托马斯·埃特曼：《利维坦的诞生：中世纪及现代早期欧洲的国家与政权建设》，郭台辉译，上海世纪出版集团，2010年。

旋律，那么社会崛起就是必不可少的复调。没有这条线索，我们就不可能完整地解释现代西方文明。

国家崛起和社会崛起既有相互配合的一面，又有相互冲突的一面。我们都知道，膨胀是权力的本性。只有靠权力来挡住权力，它才不会肆意妄为。这就产生了两个问题：如果挡不住，会是什么样的局面？如果要挡，去哪里找能挡住权力的权力？

第一个问题比较简单。如果挡不住权力，结果就是征税像抢钱、征兵像抢人，所有人都不安全。不仅没权力的人会随时被权力肆意侵犯，有权力的人也不安全，他们活在为了保住权力而拼命扩张权力的怪圈里，争权夺利根本停不下来。

第二个问题比较复杂。"去哪里找能挡住权力的权力"这个问题看起来似乎像"如何把老虎关进笼子里"一样，可以简单粗暴地解决，但这种想法实际上很难经得起推敲。

不妨推演一下：要把老虎关进笼子里，谁来造笼子？谁来抓老虎？如果一个人能抓住老虎，怎么保证他不会比老虎的危害更大？因此，这样做很可能陷入一个可怕的逻辑：为了干掉魔鬼，引来更大的魔鬼。

为了解开这个死结，西方探索出了一套方案，那就是双管齐下：在政治权力内部，塑造复合型的权力结构，不能只有一方独大，要使政治权力互相形成制衡；在政治权力外部，塑造复合型的社会结构，使政治权力的生存环境和资源来源反过来对权力形成制衡。

为何西方能形成如此复杂的复合型结构呢？道理很简单，形成复合型结构的基本前提是多元性，只有"多元"，才会有复合。多种元素、多种力量、多种人群相互磨合、协调、配合，达成一种相对稳定的状态，复合型结构就出现了。

西方在经历了古希腊、古罗马、中世纪的演化之后，恰恰拥有了丰厚的"多元资产"：文化传统的多元性，古希腊文化、古罗马文化、基督教文化都是典型的代表；学术成果和思维方式的多元性，古希腊开创的"百家争鸣"在古罗马、中世纪仍然在以新的形式延续；政体—政治形式—治理模式的多元性，比如城邦、帝国、王朝、君主制、民主制、共和制等；社会生活的多样性，僧侣、贵族、市民、农民、商人、学生都有自己特定的权利和生活方式。这一切让西方变成了一个五彩缤纷的万花筒。

甚至只依靠文化常识，我们都能直接感受到西方的多元性，比如古希腊拥有成百上千的城邦、流派众多的哲学；古罗马并不是靠军人实现对广大地区的直接统治，而是尊重被征服地区的传统和治理方式；中世纪的国王们无权无势，只能靠封建契约来具体管理每个地方；直到顶级神学家阿奎那出现，才打通了古希腊、古罗马、基督教这些不同的传统。可以说，西方从来都不缺少多元性。[1]

西方从中世纪进入现代，其实是从自己多元的传统中完成了更

---

[1] 丛日云、王志泉、李筠：《传统政治文化与现代政治文明》，社会科学文献出版社，2014年，第203—209页。[美]亨廷顿：《文明的冲突与世界秩序的重建》，周琪等译，新华出版社，2002年，第61—62页。

新，其中最重要的结构性更新就是社会取代教会，社会与国家形成一种新的二元结构。

当然，社会像国家一样有一个成长过程。相应地，新二元结构的成长也有一个过程。我会在这一章把国家崛起作为主调，把社会崛起作为复调，不断地提示这种二元结构。

■ 市场崛起

第三条线索是市场崛起。

现代西方经济成长最明显的表现就是资本主义的崛起。针对市场崛起，本书只打算解决一个问题：作为西方文明的物质营养，资本是如何与政治、社会互相配合的？

在国家与社会的新二元结构中，资本会帮谁？有人可能觉得，亚当·斯密说市场是看不见的手，意思就是市场拒绝国家干预，资本当然会帮社会。但还要看到另一面：蛋糕怎么分决定了蛋糕能做多大。分蛋糕主要是政治权力的事情，分蛋糕的人怎么会容忍做蛋糕的人总是和自己作对呢？

而且从基本事实来看，资本主义就是在现代西方国家里飞速膨胀的。很多人能感觉到，国家和资本之间存在某种默契和互助。所谓的资产阶级国家，到底是怎么回事？所有这些问题，我都会在这个单元一一解答。

简要来说，西方从中世纪到现代的演变过程中最显著的更新是，国家作为一个权力的集装箱，不断加强集权，淘汰掉古代所有的政治共同体;第二个显著的更新是社会取代了教会,与国家形成了新的二元结构;第三个显著的更新是市场经济和资本主义全面替代了自然经济和封建经济。

二、翻转：文艺复兴只是文艺？

光有国家崛起、社会崛起、市场崛起这三条线索，西方现代化的草图还不够完整，它还缺少底色。那么，这幅草图被涂上了什么样的底色呢？从根本看，国家、社会、市场的崛起都是人的事情。我们可以把现代西方的成长看成人不断崛起，并彻底占据整个世界的过程。因此，现代西方文明的底色是人，或者说是人本主义。

人本主义的核心是人本位，也就是人成为世界的基础和中心，国家、社会、市场全都是人的舞台。相应地，人本主义的兴起意味着基督教失去了主导地位，上帝退居二线，从前神高高在上、人匍匐在下的关系被翻转了。

实际上，从神本位到人本位的翻转经历了一个漫长的过程，宗教改革、国家崛起、社会崛起、市场崛起、科学兴起、启蒙运动、民主化这些大事件、大潮流都起到巨大的推动作用。这一翻转大致经历了五六百年时间，到19世纪才彻底完成，而它的起点就是文艺复兴。

■ 文艺复兴对神和人关系的翻转

提起文艺复兴，很多人马上就会想到达·芬奇的《蒙娜丽莎》、米开朗琪罗的大卫雕塑、拉斐尔的《雅典学院》这些绘画和雕塑神品。"Renaissance"这个词被翻译成"文艺复兴",就是因为这场运动太文艺了。绘画、雕塑、建筑、诗歌、戏剧、小说、散文,这些主要艺术形式在那一两百年间集体爆发,很多文艺成就至今难以超越。

但我想探讨的不是文艺,而是从权力的角度出发,观察文艺复兴如何开启了一个新的历史进程(翻转了神和人的关系),如何为当时的社会提供了人本位和世俗化的底色。这一底色又如何促进了国家、社会和市场崛起,改变了西方文明的根本面貌。

"Renaissance"这个词的本义其实很简单,就是"再生"或"重生"。从表面上看,古希腊、古罗马的文艺再生了,但这只是西方文明在再生过程中最吸引眼球的面相,并不是它唯一的面相,更不是它的底层逻辑。实际上,文艺复兴的干将们想要让古希腊、古罗马时期那种围绕人形成的世界得以再生。[1]

为什么要冒着惹怒上帝的风险做这件事呢?因为他们一方面觉得古希腊、古罗马文明实在太美好了,另一方面认为如此美好的文明却被基督教杀死,实在可惜,于是扛起了文艺复兴的大旗。

---

[1] [英]波特编:《新编剑桥世界近代史》(第1卷文艺复兴),中国社会科学院世界历史研究所译,中国社会科学出版社,1999年,第一章。[瑞士]布克哈特:《意大利文艺复兴时期的文化》,何新译,商务印书馆,1997年,第166—171页。[英]彼得·伯克:《意大利文艺复兴时期的文化与社会》,刘君译,东方出版社,2007年,第1—41页。

■ 两次文艺复兴的关系

前文提过，亚里士多德重回西方打破基督教对文化的垄断，引发了十二世纪文艺复兴。而作为现代西方起点的意大利文艺复兴，和十二世纪文艺复兴在时间上几乎是连在一起的。二者都是对古希腊、古罗马文化的重新引入和弘扬，只不过主题发生了实质性的变化。

十二世纪文艺复兴是在原有的、旧的精神框架里去复兴，想要在基督教文化中为亚里士多德代表的古希腊世界找一个妥当的位置；而意大利文艺复兴则是重建新的精神框架，要恢复古希腊、古罗马那种以人为中心的世界。

两次文艺复兴的差别其实就是中世纪和现代的差别，根本在于人本主义的有无。在意大利文艺复兴的干将们看来，刚刚过去的中世纪是横插在他们和古希腊、古罗马之间的黑暗时代，人的光辉和文明都被基督教抹掉了。因此他们抨击中世纪是黑暗的，要再造一个光明的新世界。[1]

这些人的心情可以理解，但他们的结论并不完全可靠。人就是这样，想创造新世界的时候，都会把旧社会说得无比黑暗。实际上，任何一个所谓旧社会的真面貌都不是革命者控诉的那个样子。要想探索文明的兴衰，尤其是通过长历史、大脉络去发现文明的内

---

[1] [美]哈斯金斯：《12世纪文艺复兴》，夏继果译，上海人民出版社，2005年，第一章。[英]波特编：《新编剑桥世界近代史》（第1卷文艺复兴），中国社会科学院世界历史研究所译，中国社会科学出版社，1999年，第一章。

在逻辑，就必须放下非黑即白的思维方式。因为这种大而化之扣帽子的办法会让思想变得简单粗暴，很难深入文明的底层。

我在前文用了很大篇幅来说明，中世纪并不是黑暗的，而是多姿多彩的。中世纪会被文艺复兴的干将们贬损，是为了标榜文艺复兴的正当性。那他们的标榜究竟是不是名副其实，有没有做到让古希腊、古罗马再生，创造出一个以人为基础和中心的新世界呢？

从长远看，这个目标实现了；但从文艺复兴运动本身看，并没有完全实现。他们只是开了个头，后续还有大量的工作要通过其他运动完成。

■ 文艺复兴的贡献

文艺复兴的干将们开了个好头，他们主要有三大贡献。

第一大贡献是艺术表现。文艺复兴时期的绘画、雕塑等艺术作品究竟表达了什么？答案是人。如果选一幅画代表文艺复兴，很多人可能都会选择达·芬奇的《蒙娜丽莎》。这幅画实在太漂亮了，其中的人物堪称完美，以至于使人产生错觉——蒙娜丽莎更接近神，而不是人。

这种技艺高超的作品充分证明了艺术来源于生活，又高于生活。所谓高于生活，就是把人的光辉充分展现出来。当我们觉得这份光辉实在太耀眼的时候，实际上是人分享了神性，或者说神的光辉被转移到人身上。在这一时期，人的自信、乐观、坚定通过一个个接近神的艺术杰作被树立起来，正所谓"大写的人站起来了"。[1]

第二大贡献是道德改造。人生在世，什么才是值得追求的？基督教认为是上帝的恩典，文艺复兴认为是世俗的幸福。

但丁在他的名著《神曲》中讲了一个宏大的故事，目的就是告诉人们上帝的恩典和世俗的幸福不是一回事。一个人追求世俗的幸福，并不是什么罪恶的事情。[2]

文艺复兴的其他干将则沿着但丁的线索把故事越讲越大，通常分成正反两个方面：从正面讲人的故事、人的生活，宣扬世俗世界的喜乐悲欢是人最真实的样子；从反面讲教会的故事，宣扬教会的高级教士也贪恋权力、金钱、美色，他们也是俗人。这样一来，故事的调子就慢慢变了。故事不再像中世纪那样，让人去体会虔诚、纯洁、爱上帝，而是让人去体会真实、世俗、爱人类。[3]

终于，在文艺复兴即将结束时，政治哲学家马基雅维利告诉君主：如果你想建功立业，那么虔诚、纯洁、爱上帝那套旧的道德观行不通了，必须用人的真实、世俗、奋进这套新标准。而且，两套道德观对君主来说不能兼容，做人还是做基督徒，由君主自己选

---

[1] 参见[英]莱茨：《剑桥艺术史·文艺复兴艺术》，钱乘旦译，译林出版社，2009年。[美]克雷纳、马米亚编：《加德纳艺术通史》，李建群等译，湖南美术出版社，第15、16章。

[2] [意]但丁：《神曲》，朱维基译，上海译文出版社，1990年。

[3] [瑞士]布克哈特：《意大利文艺复兴时期的文化》，何新译，商务印书馆，1997年，第421—466页。[美]克里斯特勒：《文艺复兴时期的思想与艺术》，邵宏译，东方出版社，2008年，第二章。

择。如果一个君主选择做虔诚的基督徒,那么,他只会是个无能的好人,这样的君主在那个时代很容易就被马基雅维利倡导的敢想敢干的君主们消灭了。如果君主连国家都保不住,人民跟着他只能做亡国奴,做好人还有意义吗?在宗教上,可能有意义;但在政治上,这样的好人君主是完全不合格的,对国家有害无益。[1]

随着现代社会中个人不断变得独立、自立、自强,马基雅维利给出的难题就从君主的难题变成了每个人的难题:如果每个人都是自己的主人,你会选择做一个道德高尚的、无能的"好人",还是做一个敢想敢干的,勇猛的"坏人"?

第三大贡献是科学萌芽。人有了光辉的形象和自己的道德追求,那人有自己的能力吗?当然有,科学就是证明人有能力的最重要证据。科学不仅能帮助人认识世界,还能帮助人改造世界。

文艺复兴干将之一的伽利略,他对现代科学的贡献是全方位的,也是根本性的,他不仅在天文学、力学、数学方面做出了巨大贡献,还确立起现代科学精神和方法——现代科学依靠实验和观测、猜想和推理出来的命题必须用实验和观测去证实或者证伪。伽利略在比萨斜塔上扔木球证伪古代重力理论的故事已经成为科学史上的经典。伽利略还通过改进望远镜得到许多当时独一无二的观测数据来发展天文学,其中就包括对哥白尼的日心说提出严谨的证

---

[1] [意]马基雅维利:《君主论》,潘汉典译,商务印书馆,2005年。关于马基雅维利思想的阐释简直是汗牛充栋,博比特的《朝服:马基雅维利和他所创造的世界》(杨立峰译,商务印书馆,2017年)是近期难得的思想性和趣味性兼得的佳作。

明。通过观测和计算，伽利略能够准确预测行星和卫星的运动，金星凌日、木星的四颗卫星都被他"预言"出来了。当时的人们说伽利略简直就是巫师，星星都被他召唤出来了。[1]

但鲜为人知的是，伽利略这位人类历史上最伟大的科学家和文艺复兴时期的顶级建筑家布鲁内斯基、顶级艺术家米开朗琪罗一样，都受到文艺复兴核心豪门美第奇家族的资助和庇护。伽利略和美第奇家族关系深厚，他把自己发现的四颗木星卫星用美第奇家族成员的名字来命名就是很好的说明。美第奇家族也特别照顾这位科学英雄。如果不是美第奇家族与罗马教廷关系深厚，伽利略恐怕很难写个悔过书就能逃过火刑。

美第奇家族是意大利文艺复兴当中不得不提的重要角色。如果说布鲁内斯基、米开朗琪罗、伽利略为代表的顶级建筑家、艺术家、科学家是文艺复兴当中最耀眼的风云人物，那么，美第奇家族就是这些风云人物乃至整个文艺复兴的天使投资人和政治保护人。

美第奇家族之所以能够持续好几代如饥似渴地收集艺术品，慷慨大度地资助和庇护建筑家、艺术家、科学家，是以雄厚的财力和强大的政治实力为基础的。美第奇家族通过银行起家，积累了富可敌国的财富，在政治上控制了佛罗伦萨，还出了很多王公显贵，其中有教皇和法国王后。[2]

马基雅维利的《君主论》就是献给美第奇家族成员的。如果说

---

[1] [英]丹皮尔：《科学史》（上册），李珩译，商务印书馆，1997年，第194—202页。
[2] [英]希伯特：《美第奇家族的兴衰》，社会科学文献出版社，2017年。

献词中的小洛伦佐·美第奇并不是合格的新君主，没有资格代表马基雅维利所期望的"大写的人"，那么，整个美第奇家族是配得上《君主论》的，他们就是文艺复兴时代精神最典型的人格化身。

艺术、道德和科学这三者表面上看起来没有密切的联系，但它们都是围绕人展开的。当人的形象被塑造、道德被改造，人逐渐站起来成为世界的中心，人和世界的关系就必须进一步加以明确，很多问题就必须正面回答，比如人的本质到底是什么、人怎么认识世界、人怎么改造世界。现代科学和艺术都在用自己独特的方式回答这些大问题，不过它们共享了文艺复兴带来的一个基本趋势，那就是世俗化。

■ 世俗化进程的开启

其实，文艺复兴并不是从一开始就故意和上帝作对的。这一时期的艺术作品大多以宗教为题材，人的光辉也是从上帝那里借来的。人们起初相信科学的根源在于上帝创造了一个有规律的完美世界，而人要去发现上帝为世界制定的规律。也就是说，现代艺术、道德、科学脱离基督教，成为现在纯粹世俗的样子，并不是文艺复兴干将从一开始就策划好的，而是人逐渐变得自信，甚至变得自负、自大之后带来的结果。而且，人的形象塑造、道德改造和科学革命并没有在文艺复兴时期全部完成。

通过文艺复兴，大写的人站起来了，最核心的表现是大写的君主站起来了。为什么这么说？因为一切艺术、道德、科学的文明成就必须被政治加以保护才能存续下来，而文艺复兴时期掌握政治权力的是君主，他们是文艺复兴的支持者和保护者，也是最直接的受益者。[1]

但是，现代政治存在一个极其诡异的逻辑：由"大写的人站起来"开启的世俗化进程，最终会实质性地摧毁君主制。虽然美第奇家族和很多画家、建筑家、科学家关系很好，但这并不意味着人本主义一定对君主有利。

从根本上看，人本主义的世界观天然不利于君主制，神本主义的世界观才天然有利于君主制。神始终需要君主在人间代行统治，所以君权神授是古代政治的基本逻辑。如果神离开了，君权神授自然不成立，人还需要君主代为统治吗？人为什么不自己统治自己？如果人拥有统治自己的最高权力，就是人民主权。因此，神和人的关系翻转在政治上意味着政治逻辑将从君权神授翻转为人民主权。

世俗化的进程一旦开启，君主制就难逃被摧毁的厄运，最好的状况不过是像英国那样，留下一个不再掌握实权的王室作为象征罢了。不过，君主制被摧毁还需时日，它还有重要的任务要完成，就是现代西方成长最核心的任务——国家崛起。在国家崛起的路上，君主是核心、是枢纽、是发动机，他们最重要的障碍和对手是教会。

---

[1] ［瑞士］布克哈特：《意大利文艺复兴时期的文化》，何新译，商务印书馆，1997年，第五、六、七章。

三、裂教：宗教改革有没有摧毁基督教？

文艺复兴时期，现代西方朝着世俗化、以人为中心的方向挺进。但是，随着世俗政权之间战争的肆虐，这场运动走到了尽头——1529年，神圣罗马皇帝查理五世攻占罗马，文艺复兴宣告结束。

就在文艺复兴即将结束的1517年，北边的德意志发生了一件大事。马丁·路德在符腾堡教堂的大门上张贴了《九十五条论纲》，宗教改革拉开帷幕。[1]

■ 基督教的自救行动

虽然文艺复兴和宗教改革有十多年重合的时间，但它们之间并没有直接相互支援的关系，而是沿着不同的逻辑走出来的。如果说文艺复兴是在中世纪亚里士多德革命的影响下不断扩大和发酵的结果，那么宗教改革则是基督教在教会走上邪路之后的自救行动。

回想前文介绍的教会大分裂，教会变成了争权夺利的吸血鬼，

---

[1] 路德发动宗教改革的详细经过，参见[英]林赛：《宗教改革史》（上卷），孔祥民等译，商务印书馆，2016年，第191—261页；[英]埃尔顿编：《新编剑桥世界近代史》（第2卷宗教改革），中国社会科学院世界历史研究所译，中国社会科学出版社，2003年，第三章。

丧失了精神团体的本质，它的胡作非为把西方搞得一团糟。透过路德的《九十五条论纲》就能具体看到，教会实在是坏得不成样子了。

《九十五条论纲》的副标题叫作"驳赎罪券"。赎罪券是教皇用来筹集资金的一种办法，教会宣称，任何人只要购买赎罪券就更容易上天堂。如果交钱就可以离上帝更近，还要虔诚的信仰做什么呢？

■ 天主教和新教的区别

当时痛斥教皇胡作非为的有识之士特别多，为什么是路德引发了宗教改革呢？下面我们就仔细解释一下由路德引发的宗教改革。

先来看教义，这个问题很重要，因为正是从路德开始，西方的基督教分成了天主教和新教。天主教延续中世纪传统，奉罗马教皇为尊；新教则另起炉灶，完全不承认教皇的权威。

如果去西欧或北美旅行，你一定会看见很多漂亮的教堂。总体而言，天主教的教堂富丽堂皇，窗户上有用彩色玻璃拼贴成的画作，墙上有气势恢宏的巨幅壁画，穹顶有宝石水晶的华丽装饰，小祠堂里供奉着各种圣人。而新教的教堂简洁朴素，甚至十字架上都光秃秃的，连耶稣都不在上面。这种奢华和简约的风格对立，根源在于天主教和新教之间教义的差别。

那路德到底做了什么重要改动呢？他提出了"因信称义"，就是说只要一个人虔诚地信仰上帝，就能证明他是一个好基督徒，不需要任何其他条件。后来经过新教神学家们的不断努力,新教的教义最终在法国神学家加尔文手里完全成型,它和天主教的教义有四个重要区别。[1]

第一个区别,人凭什么得救。

天主教认为,人能得救靠的是上帝的恩典和人的善功(做好事、积功德);而新教认为人能得救只能靠上帝的恩典,否定了善功的作用。

有人可能会问,人做好事不是应该得到嘉奖吗?为什么新教不同意?因为新教认为,得救完全取决于上帝的恩典,上帝把一切都安排好了,人做什么都没用。人不能跟上帝挣表现,更不能和上帝讨价还价。人做好事是应该的,如果把善功拿来计算,就会被别有用心的人利用,教皇们把善功变成赎罪券就是活生生的例子。为了杜绝任何类似的劣行,新教从根源上直接否定了善功,教皇们就不能胡作非为了。

第二个区别,宗教的权威是什么。

天主教认为基督教的权威是教皇诰令。在路德发动宗教改革之前,一般的基督徒没有文化,读不了拉丁文的《圣经》,只能靠神父布道来学习基督教教义。而神父布道必须遵照教皇对教义的各种

---

[1] 本篇采用的天主教和新教的四个重要区别是由德国著名新教神学家特洛尔奇做出的,详细的理论论证参见Ernst Troeltsch, *Protestantism and Progress: A History Study of the Relation of Protestantism to the Modern World*, Boston: Beacon Press, 1912. 通俗易懂的解释可参见[美]奥尔森:《基督教神学思想史》,吴睿诚等译,北京大学出版社,2003年,第二十四、二十五章;[美]雪莱:《基督教会史》,刘平译,北京大学出版社,2004年,第二十四至二十六章。

裁决，必须以教皇谕令为准。

但新教认为基督教的唯一权威是《圣经》，也就是上帝的说法。除此之外，其他任何人的说法都不足为据。这样一来，教皇的宗教和法律权威就被彻底否定了。

第三个区别，教会是什么。

天主教认为教会是具有强制力的信仰和道德管理机构，是人得救的诺亚方舟。新教则认为人人都是祭司，每个人都能直接和上帝联系，不再需要神父、主教、红衣主教、教皇作为中介。教会只是基督徒的团契，也就是基督徒的聚会、组织。这样一来，教皇领导的天主教会对新教徒来说就是多余的，新教徒可以自己组成教会，平等地团结在一起。

第四个区别，生活的意义是什么。

天主教认为，生活的意义是在服从教会的前提下获得拯救。在天主教的生活观里，只有担任神职才有意义，出家成为修士、专职侍奉上帝才是高尚的职业，其他职业不过是俗世的蝇营狗苟之方。

而新教神学家加尔文打破了天主教狭隘的生活观，认为人的每种职业都是为了荣耀上帝。基督徒必须在一切事业中侍奉上帝，增添上帝的荣耀。这样一来，所有职业都变得像神职一样神圣。

■ 宗教改革和资本主义精神的关系

新教与天主教在生活观上的区别涉及现代西方文明的根本品质，这也是我想着重解释的一点——资本主义在精神和道德上的大解放。

简而言之，新教让赚钱这件事变得不仅不丢人，而且很光荣。马克斯·韦伯的名著《新教伦理与资本主义精神》就揭示了这个道理。[1]资本主义的精神和道德实质在西方历史上是通过宗教改革，尤其是通过加尔文树立起来的。

在此前基督教1500多年的历史中，赚钱这件事不太光彩，商人的地位不高。耶稣曾经说过，富人进天堂比骆驼穿过针眼还难。总体而言，如果农业在社会中占据主导地位，商业在伦理道德和政治法律上就会受到抑制。这样的社会总是对商业和商人存在大量的偏见，比如无奸不商、唯利是图、巧言令色、道德败坏，等等。

那么，改变这一切的加尔文是怎么看的呢？他认为，不只是神职，一切职业都能荣耀上帝，赚钱也是为了荣耀上帝。所以，早期资本家们是带着荣耀上帝的使命去赚钱的。对他们来说，拼命赚钱不是为了享受，而是为了扫除千年来宗教和社会看不起商人的晦气，证明自己对上帝是有用的。

这样一来，把荣耀上帝作为使命的新教伦理就和现代西方的资本主义精神追求扣合在一起，道德枷锁被打碎，资本主义精神被解放。赚钱原本就是一件令人充满动力的事情，这时不仅旧有的约束消失，它还被赋予了超级强劲的宗教使命感，相当于安上了氢燃料火箭，西方资本主义发展得汹涌澎湃也就不足为奇了。

---

[1] [德]马克斯·韦伯：《新教伦理与资本主义精神》，康乐等译，广西师范大学出版社，2007年，第一卷。

许多早期资本家的生活非常奇怪,他们拼命挣钱,却不舍得花钱,甚至有人出奇地吝啬。当我们了解了新教伦理是资本主义精神的底座之后,这种只赚不花的生活就很好解释了——赚钱不是为了个人享受,也不是为了子孙舒服,而是为了上帝。

那赚来的巨额财富要怎么处置呢?做慈善。珠宝黄金太沉重,带着它们上不了天堂,得在死前拿来做善事。富人只有做慈善,才能理直气壮地说,赚钱是为了上帝,而不是为了自己。于是,原本主要由教会承担的济贫解困的慈善事业逐渐转由社会来处理。各种基金会、信托、慈善组织都出现了,这些都是把巨额财富回馈给社会的制度安排。[1]

努力赚钱只为回馈社会,这样的资本家看起来很不错。但在很多人的印象里,资本家可不是这样的。的确,很多资本家确实又回到了被传统基督教咒骂的无良状态,甚至比以前还坏。这是因为当现代西方创造出前所未有的巨额财富,财富本身逐渐变成了目的。加上基督教在现代社会中逐渐淡化,撤出了舞台的中心,宗教不再是人们生活中最重要的事情,"赚钱是为了荣耀上帝"的初心就自然被遗忘了。没有新教伦理指引的资本主义精神,就变成了马克思严厉批判的对象,连马克斯·韦伯也痛斥它。[2]

需要注意的是,现代社会本身就朝着以人为中心和世俗化的方

---

[1] [德]马克斯·韦伯:《新教伦理与资本主义精神》,康乐等译,广西师范大学出版社,2007年,第二卷。
[2] [德]马克斯·韦伯:《新教伦理与资本主义精神》,康乐等译,广西师范大学出版社,2007年,第179—188页。

向迈进，西方如此，所有现代化的社会也必然如此。资本主义的人心去哪里找，并不只是西方的问题，而是现代人共同的问题。

■ 宗教改革的直接后果

我们把视野拉回宗教改革，看看它的直接后果——宗教战争。

路德、加尔文主张只靠信仰、不靠善功，只靠《圣经》、不靠教皇，只靠团结、不靠罗马，基督徒一律平等，这一切意在把教皇的权威连根拔起。而且，路德所说的人人自己读《圣经》并不是一句空话，他立即行动，把《圣经》从标准拉丁文翻译成德文，加上古登堡印刷机的助力，新教得以迅速传播。顺便提一句，现在西方各国的文字主要是从宗教改革时代形成的，以前只有口语，文字只有拉丁文。正是因为新教要让每个人都能自己读《圣经》，才推动西方各国形成了与口语一致的文字。

新教已经开始动摇天主教会的根基了，教皇当然不会坐以待毙，他下令抓捕以路德为首的新教分子，要把他们送上火刑架。但教皇最终没能得逞，因为想和教皇对着干的诸侯们庇护了路德。[1]

追随路德、加尔文的人越来越多，诸侯们自己也惹上了麻烦。因为在这些诸侯的领地之内，天主教徒、天主教会和新教徒、新教教会相互对立。

---

[1] [英]林赛：《宗教改革史》（上卷），孔祥民等译，商务印书馆，2016年，第262—386页。

信天主教的诸侯结盟，信新教的诸侯也结盟，双方都坚持自己是对的，对方是异端邪说。后来，德国、法国经历了大规模的宗教战争，西班牙、瑞典和其他国家也都深陷其中。

据历史学家粗略统计，在宗教战争中死亡的人数，甚至不比在黑死病大瘟疫期间死亡的人数少。我们完全有理由认为，半条腿刚刚迈进现代的西方差点毁于宗教战争。[1]

最终，德国诸侯们签订了《奥格斯堡条约》，共同承认一个现代国家得以成立的基本原则——教随国定。简言之就是"谁的地盘，谁的宗教"，诸侯有权决定自己的地盘是信天主教还是新教。如果你不同意，那就搬走，去符合自己信仰的诸侯国生活。

1598年，法国国王颁布了《南特敕令》，承认新教徒在法国是合法的，宗教战争才算基本结束。

宗教战争为西方人增添了一种优良的精神品质，叫作宽容。每个人的信仰都有自己的道理，尽管你不认同，但要保持宽容。只有这样，大家才有一起生活下去、各自寻找上帝的机会。

---

[1] [美]勒纳等：《西方文明史》（Ⅰ），王觉非等译，中国青年出版社，2005年，第493—500页。[英]埃尔顿编：《新编剑桥世界近代史》（第2卷宗教改革），中国社会科学院世界历史研究所译，中国社会科学出版社，2003年，第六章。

四、扩张：大航海只有血与火？

宗教改革之后，教权衰落，王权膨胀，这是西方踏入现代的基调。那么，王权究竟如何膨胀并且推动了现代国家的形成呢？这些问题我会在后文详细解答。这一篇先从侧面开始，看看资本主义是如何启动的，它和国家有什么关系。

如果说宗教改革中诞生的新教伦理为资本主义注入了灵魂，那么，大航海就是为资本主义打造肉身的启航之旅。我们都知道，西班牙最早开始了航海事业，但它后来的发展远不及英、法等后来者。为什么各国大航海的结果大不相同？

■ 大航海的背景

大航海之所以会发生，直接原因有两个，一是马可·波罗带来的东方想象，二是拜占庭的灭亡。

13世纪，马可·波罗从中国回到意大利，讲述了以中国为代表的东方极其富足的景象——元大都的墙面和房顶都漆上了金银。整个西方在他的基础上不断添油加醋，以讹传讹，不久之后，西方对东方富庶的想象到了荒唐的地步，仿佛东方遍地黄金，去了就能随便捡一样。

不过，1453年拜占庭灭亡，突厥人掌握了欧亚交界地带。丝绸之路、香料之路就此不通。既然陆地交通被堵，西方人就只能从海上另谋出路了。

要从海上找路，必须先解决一个问题："地"是不是圆的？如果相信地是圆的，人们无论出海多久，一直向东或向西，都能回得来；如果不相信，出去就回不来了。我们现在熟悉的"地球是圆的"这种认知，在当时并非理所当然。

向往金银、热爱航海的人们决定亲自试试——出海跑一跑，发明更多的观测工具，在观测后进行精密的数学计算。随后，情况越来越明朗。1488年，迪亚士抵达好望角；1492年，哥伦布发现美洲；1498年，达伽马抵达印度；1522年，麦哲伦船队完成环球航行。[1]

■ 大航海和资本主义的关系

大航海是一件了不起的大事，那它和资本主义有什么关系？或者说，它为资本主义带来了什么？

很多人都有这种印象，大航海带来了殖民主义，为资本主义提供了原始积累，殖民地变成宗主国的原料供给地和商品倾销地——总之，西方就像吸血鬼，殖民地就像小绵羊。这种观点虽然有一定的道理，但如果完全没毛病，那为什么抢占地盘最多的西班牙资本

---

[1] [美]勒纳等：《西方文明史》（Ⅰ），王觉非等译，中国青年出版社，2005年，第446—455页。

主义并不发达呢？可见，这种观点并不能帮助我们理解大航海和资本主义的深层关系。

实际上，殖民主义并非铁板一块，其中有很多"玩法"。"玩法"不同，后果也就不同。西班牙殖民主义的基本玩法是国家当强盗，抢夺金银财宝。美洲的阿兹特克文明、印加文明都被西班牙强盗们残酷地消灭了。但是，西班牙并没有把抢夺来的无数金银投入资本主义的再生产，而是用来打仗，用来装饰奢华的宫殿和教堂。到了后来，西班牙不得不拿出金银，从荷兰、英国、法国那里购买轻工业制造品。[1]

这就给了我们一个启示：钱并非天生就是资本，如果钱被花了、吃了、用了，它就不是资本；只有投入再生产，用来生钱的钱才叫资本。如此看来，西班牙殖民帝国没过多久被英国打败了，就不足为奇。

既然西班牙的殖民主义道路有问题，那英国人是怎么当殖民者，怎么把殖民地资源变成活钱的呢？

英国人参加大航海的时间比较晚，在西班牙、葡萄牙已经瓜分了大部分新世界之后，英国人才加入这场游戏。

1602年，英国人在北美建立了第一个殖民据点，叫作詹姆斯敦。当时的英国无论是综合国力，还是航海事业都在追赶西班牙，

---

[1] [法]布罗代尔：《菲利普二世时代的地中海和地中海世界》（上卷），唐家龙等译，商务印书馆，1998年，第694—787页。[德]弗兰克：《白银资本》，刘北成译，四川人民出版社，2017年，第144—150页。

因此英国人殖民的早期经历远不如西班牙人霸气，差距十分明显。

先看代表西班牙的哥伦布船队，他们第二次去北美时，开了十七艘船，一共一千五百多人——水手、士兵、传教士以及想发财的贵族一应俱全。这些人一上岸，就宣称当地是西班牙的地盘，让土著们称臣纳贡。土著不服，西班牙就打，打下来的地盘按西班牙的封建规则分配。他们用的完全是陆军在大陆上征服领地的老一套做法。哥伦布带去的是火，土著们流出的是血。[1]

相比而言，英国人只有寒酸的两艘小船和十几个人。他们到达北美后，不仅要提防印第安人和西班牙人，连食物和淡水的供应都成问题。后来他们获得补给的方法居然是等待英国派船拉货来解救自己。等到第二批船队抵达詹姆斯敦时，被打死和饿死的第一批英国殖民者高达七成。

不过，聪明的办法似乎总是由手里牌不多的人想出来的。西班牙人有一手好牌，自然就会按原来的规矩行事，自觉或不自觉地以中世纪的规矩处理殖民地资源——抢劫，然后分赃。那手里没牌的英国人怎么办？殖民地詹姆斯敦有什么利益可图？

几十年之后，英国人在詹姆斯敦成功培植出了烟草。种植烟草成为北美大陆最重要的产业。英国人扩张到哪里，就把种植园开到哪里。这就产生了三个问题。

第一个问题是，烟草卖给谁？自产自销肯定赚不到钱，殖民者

---

[1] [英]波特编：《新编剑桥世界近代史》（第1卷文艺复兴），中国社会科学院世界历史研究所译，中国社会科学出版社，1999年，第570—588页。

要把烟草拉回英国卖，使吸烟成为时尚，把烟草行销到有钱的欧洲。第二个问题是，谁来种烟草？英国人太少，即便他们从欧洲去美洲，人工成本也太高，黑奴贸易便有了充足的动力。第三个问题是，英国如果要买烟草、买奴隶，拿什么东西交换？答案是朗姆酒、食盐、布匹。

这样一来，著名的黑三角贸易就形成了：从利物浦出海的船拉满朗姆酒和生活用品，先到西非换奴隶，再从西非出发去北美，用奴隶换烟草，最后拉着烟草返回利物浦。[1]

这条路线恰好和大西洋几股重要的洋流吻合，可谓顺风顺水。英国本土制造业逐渐进入为全世界生产商品的轨道。后来，工业革命率先在英国，并且在英国的纺织领域展开，就很容易理解了。

总体而言，黑三角贸易将英国和殖民地整合进同一个资本主义生产体系，使资本主义的循环在英国和新大陆之间展开。这个循环一旦达成，钱就变成了活钱、变成了资本，自然会越来越多。

■ 大航海和国家的关系

理解了大航海和资本主义的关系，我们再来看大航海和国家的关系，其中的关键问题是制度。

西班牙和英国在大航海中扮演的角色大不相同，这就使得它们

---

[1] [美]曼恩：《1493：从哥伦布大航海到全球化时代》，朱岩岩等译，新华出版社，2016年，第41—61页。[美]罗伯茨等：《英国史》（上册），潘兴民等译，商务印书馆，2013年，第404—408页。

的殖民事业和国家前途大不相同。

先来看西班牙。西班牙国王和贵族们是带着掠夺财富的心思支持航海事业的。哥伦布与西班牙国王签订的《圣达菲协议》，本质就是一个分赃协议：哥伦布发现的地盘归西班牙所有；哥伦布享有海军司令、钦差大臣、殖民地总督的权力，可以获得殖民地十分之一的收入。[1]西班牙的玩法就是国家支持和鼓励海外抢劫，抢到的东西就按习惯的生活方式挥霍掉了。

再来看英国。英国国王们当然羡慕西班牙，但他们实力不够，怎么办？成立公司。西班牙人用陆军占领的方式直接统治殖民地，英国人则另辟蹊径，通过公司来经营管理殖民地。于是，更宽松、更灵活、更有效的治理模式在北美遍地开花。自治在北美非常兴盛，这就为未来美国的社会基础涂上了民主的底色。

英国人能玩转世界，靠的是一项伟大的制度发明——股份有限公司。它可以使冒险事业获得最广泛的资金来源，还可以使冒险事业不因任何人的意志和生老病死被打断。最典型的例子就是1600年成立的英属东印度公司，它凭借从国王那里获得的贸易特许权形成市场垄断，不仅为大英帝国输入了源源不绝的财富，而且在很长一段时间里充当了殖民地的管理机构。[2]

在詹姆斯敦博物馆陈列的"弗吉尼亚伦敦公司"的股东名单

---

[1] [英]波特编：《新编剑桥世界近代史》（第1卷文艺复兴），中国社会科学院世界历史研究所译，中国社会科学出版社，1999年，第572—575页。

[2] [日]浅田实：《东印度公司》，顾珊珊译，社会科学文献出版社，2016年。

上，我们会发现一件非常有趣的事情：股东既有贵族、财主，又有小企业主，也就是说，英国贵族和商人混在一起做生意。一方面，资本家、商人们做大做强之后，慢慢有了政治要求，于是向国王和贵族靠拢，社会上由此产生了一批新贵族。这些人实际上是顶着贵族头衔的资产阶级。我们可以把新贵族的产生看作资产阶级的贵族化。另一方面，老贵族们都成了公司的大股东，做生意对他们来说变得越来越重要，这意味着贵族的资产阶级化。

于是，英国出现了一种非常奇特的现象：资产阶级和贵族相互同化，最终变得你中有我、我中有你，难以分清。这种阶级构成使得资产阶级掌权时完全没必要血洗贵族，后来的革命也就没那么惨烈。

回到大航海时代，英国贵族和商人一起开公司，国王为公司颁发特许状，给予贸易特许权。国家通过这种玩法把航海事业、殖民主义和资本主义融为一体。在整个过程中，正是公司这一关键的制度发明使三者相互支持，这是西班牙人根本没有想到的。

■ 英国从重商主义到自由贸易的转变

实际上，西班牙和英国都实行过重商主义的国策，但最终只有英国摆脱了中世纪的思路，真正走向了与现代资本主义相匹配的自由贸易。

所谓重商主义，指的是追求贸易顺差最大化，把金银都留在本国，把货物都卖给别国。因为金银意味着战争实力，有了战争实力才有国家实力。

为什么英国人能摆脱这种思路呢？他们不需要战争实力吗？当然需要。但现代资本主义让英国人明白了一个道理：作为死钱的金银不是真正的财富，投入资本主义再生产的活钱才是真正源源不断的财富。

重商主义爱金银的财富观实际上非常老土，它认定世界的财富总量是大致恒定的，既然金银有限，自然只能是你多我少。但财富真的只是金银吗？亚当·斯密道出了其中的秘密：世界财富总量并非恒定，它是没有上限的。因为财富的根源不是金银，而是劳动。劳动创造财富，那么最关键的事情就是通过分工提高劳动效率，而分工的根本在于市场的规模。一句话，市场规模越大，分工就越细，劳动生产率就越高，创造的财富就越多。所以，紧守国门会限制自身的市场规模，国家发展最终只能和"劳动创造财富"的道理越走越远。[1]

英国人之所以突破重商主义，打开国门做生意，甚至能对全世界实行单边自由贸易政策，根本原因在于它的航海事业、殖民主义和资本主义连在了一起。资本主义一旦长大，亚当·斯密所讲的道理就会起作用。最终，贸易越来越自由，生产效率越来越高，创造的财富规模越来越大——正是这种逻辑成就了大英帝国。

---

[1] [英]亚当·斯密：《国民财富的性质和原因的研究》（上卷），郭大力等译，商务印书馆，1996年，第一篇；[英]亚当·斯密：《国民财富的性质和原因的研究》（下卷），郭大力等译，商务印书馆，1996年，第四篇。

相比之下，西班牙人守着抢劫来的死钱，资本主义没能得到充分滋养，制度也没有创新。西班牙最终停留在土财主阶段，很快就在大国竞争中掉队了。

英国公司取代西班牙强盗，证明全球化本身必须变得更加文明才能走得更远。毫无疑问，谁有能力，尤其是制度创新的能力，能够把更广阔的世界整合成（而不是用武力逼迫成）一个经济顺畅循环的体系，谁就有可能成为真正的强国，甚至是世界霸主。

五、宪章：自由和强国何以兼容？

英国在大航海中发展出了自己的成长模式，后来成为世界上第一个现代国家。但是，如果你觉得这一成长过程只是大航海起了助推作用，那就大错特错了。

现代国家的崛起其实是一个集中权力和理顺权力的过程。那么，国王要从哪里集中权力呢？答案是贵族和教会。现代国家的形成基本上就是国王从贵族和教会手里抢夺权力的过程。

不过，西方有很多国家，每个国家都有自己独特的历史，这本书当然不能每个国家都介绍，我挑选几个最重要的现代国家的形成过程来讲，它们是英国、荷兰、法国、美国、德国。同时，我也没法把这些国家几百年的发展足迹介绍得非常详细，而是站在文明的视野下，重点介绍它们的高光时刻或者至暗时刻，以此来解析现代西方文明的重要特征和演化逻辑。

如同之前的所有章节一样，史纲并不追求绝对连续的知识铺陈，而是追求从特定的历史截面中解析出硬道理。有了它们作支点，再通过其他方式补充具体的知识就是相对轻松的事情。

这一篇先从英国开始，我们一起看看，面对中世纪留下的政治资产，英国国王们是如何实现中央集权的。

■ 英国国王是如何实现中央集权的

对所有国王来说，要想从中世纪分散离心的格局中建立起统一的国家，就必须实现中央集权。

提起中央集权，很多人可能会想到秦始皇。实现了中央集权的秦王朝有统一的军队、统一的官僚和税收系统、统一的度量衡和文字，甚至有统一的交通和邮政系统，而这些硬件是中世纪的西方国王们做梦都不敢想的。

回想中世纪早期，政治权力的分散和经济、社会、文化的羸弱、分散高度一致。在这种状况下，中世纪的国王们根本没有资本像秦始皇那样完成伟业。那怎么办？在这里，英国代表的西方和中国之间出现了一个重大政治差别。

英国国王们是通过司法系统的集权来实现中央集权的。前文提过，中世纪的教皇正是通过司法权、立法权的统一，把教会变成最接近国家的组织，成为各国模仿的对象。这种司法集权的模式和秦始皇通过军队和行政实现中央集权大不相同。可以说，英国政治的底色是司法，中国政治的底色是行政，至今仍然如此。

这里补充一点英国的历史背景。1066年，来自法国的诺曼底公爵威廉跨过英吉利海峡征服英格兰，使英国成为西欧文化圈的成员。在此之前，英国和丹麦、瑞典、挪威一样，属于北欧文化圈，英国国王有很长一段时间是由丹麦国王兼任的。

威廉在黑斯廷斯战役中击败了英国本岛主力，令人难以置信的是，当时他手里只有五千人，甚至有历史学家说只有两千人。但即便以威廉有五千人马、他的对手哈罗德有七千人马来计算,其规模和现代战争或者中国古代战争相比也实在太小了。但这在11世纪可算得上是大规模战争了。在黑斯廷斯,威廉用新式的弓箭手为后盾的机动骑兵战胜了哈罗德老式的战斧加长矛步兵。即便取得了决定性的胜利,威廉也没有强大到直取伦敦的地步,只不过岛上再也组织不起正规的抵抗力量。哈罗德也已经战死,抵抗变得没有意义,贵族们就承认威廉成为英国国王。

仗是打赢了,但五千人怎么统治十三万平方公里的英格兰呢?别无他法,只有实行封建制,依靠封建领主。在欧洲大陆,封建的基本规则是"我的附庸的附庸不是我的附庸",封建契约的效力仅限于签约双方,大领主不能越级指挥。而威廉比其他国王更强势,他打破了这个规则——所有的附庸,哪怕是附庸的附庸,都是他的附庸。就这样,他拥有了比其他国王更大的权力。

即便如此,英国当时的基本格局仍然是领主附庸关系支撑起来的封建制,国王管理王国的基本方式是司法,大大小小的领主们通过司法这种被动的方式来管理自己的地盘。头号领主威廉手里没有统一的军队,也没有统一的官僚系统,其他领主就更不可能有了。[1]

到了亨利二世执政时期,集权的程度进一步加深。亨利二世是威廉的后代,他的母亲是威廉的孙女。1154年,亨利二世即位后发

---

[1] [美]罗伯茨等:《英国史》(上册),潘兴民等译,商务印书馆,2013年,第四章。

动司法改革，把英国的司法权整理成一个上下有序的系统。他具体是怎么加强中央集权的呢？

第一，建立王室法院系统。伦敦的王室法院变成了最高法院，并派出巡回法院去往各地，钦差以国王的名义审案，从制度上强化国王的司法权力。

第二，建立陪审团制度。请熟悉当地情况的普通百姓加入审判，百姓直接和钦差法官接触。这样既能巧妙地避开当地领主，又能发挥民主政治的作用，在政治上可以说是民主时代到来之前的民主。

第三，建立令状制度。积累司法经验，把同类案件类型化。令状是以英国国王的名义签发的命令，上面写着让接到令状的人做什么或者不做什么，大致可以分成调阅案卷令、人身保护令、禁止令和执行令。亨利二世明确了令状签发的条件和执行的方式，普通法就围绕着国王的令状运转起来，成为一个独特的系统。当时的令状内容主要是规定管辖权，当事人如果从王室法院拿到了令状，就可以不去领主法院，直接在王室法院起诉。

令状制度的政治意义在于它巧妙地破除了领主法院的权威。我们可以把令状看作国王吸引臣民的"优惠券"，其中的优惠就是公正。也就是说，国王用更公正的司法审判吸引臣民们"用脚投票"。而国王得到的是自身司法权力的强化，领主司法权力的削弱，以及臣民对他的忠诚。英国中央集权成功的标志就是国王成了王国的首席大法官。

实际上，亨利二世改革司法的过程正是英国国家权力得以集中和理顺的过程。权力一旦以司法而不是行政为基干整合为一个系统，它就有了体系性的威力，以至于对后来产生的立法权和行政权都构成了强大的威慑。

亨利二世的司法改革推动英国形成了一套独特的法律传统——普通法，也就是判例法。在这套传统下，法律规则不是法条，而是判例。现在的案子怎么判，要依据以前案子的判决。控辩双方律师要向法官证明，自己找到的那个先例和本案是最像的。[1]

通过司法改革，英国国王加强了集权。不过，集权程度越高就越好吗？不一定，我们可以把权力的成长分成两个维度看。一个维度是想办法生产权力，让权力变得更大、更多、更强，以便应对和处理各种事务。没有权力或者权力羸弱，社会就陷在混乱的泥潭中难以自拔。另外一个维度是想办法理顺权力，让权力变得合法、合规矩、合道义，以便正当和有效地处理各种事务。没有规矩或者不受约束的权力只会严重地伤害社会，最终摧毁自己。两个维度相互兼顾、相互支援，一个国家才能拥有真正强大的权力。

如果要把成长起来的权力理顺，就需要把它们搭建成一个合理的复合型结构。如果从拥有权力的主体之间的关系看，复合型权力结构就意味着什么样的人之间分享什么样的权力。在英国，做成这

---

[1] 关于亨利二世司法改革所引领的英国国家建构进程，详见李筠：《英国国家建构论纲》，载高全喜主编：《大观》（第7卷），法律出版社，2011年；第145—181页。参见泮伟江：《一个普通法的故事：英格兰政体的奥秘》，广西师范大学出版社，2015年，第二、三章；[美]埃特曼：《利维坦的诞生》，郭台辉译，上海世纪出版集团，2010年，第四章。

件事的关键是《大宪章》。众所周知,《大宪章》是英国宪政的基石,它的核心价值和主要目的是捍卫自由。但它最初捍卫的实际是贵族的自由。

■ 国王和贵族如何共享权力

《大宪章》是对"无地王"约翰暴政的矫正。约翰是亨利二世的幼子,他出生时父亲没有给他领地,后来就被叫作"无地王"。约翰没有权利继承王位,便联合神圣罗马皇帝对付自己的哥哥"狮心王"理查一世。哥哥最终赦免了他,并且把王位传给了他。但缺乏军事才能和政治支持的约翰为了和法国争夺大陆上的地盘,巧立名目,征收各种苛捐杂税,把英国贵族和民众都得罪光了。而且,为了任命自己人当坎特伯雷大主教,他还得罪了如日中天的教皇英诺森三世。终于,在大陆上经历惨败之后,英国的男爵们在新任坎特伯雷大主教兰顿的领导下联合起来,逼迫约翰做一个好国王。他们的办法就是签订一个文件,规定国王不能侵犯他们的权利。暂时无力剿灭男爵们的约翰无奈签署了这份文件:1215年6月15日,约翰在这份文件上加盖国玺,《大宪章》正式生效。

《大宪章》的主要内容是,约翰王必须尊重造反贵族的各种权利,这些权利是贵族们的特权。也就是说,它的原始状态是国王和贵族双方重申封建特权。这些权利大致包括四类:第一类,国王征税必须同贵族组成的"大会议"商量,确立起"没有代表不纳税"的原则;第二类,非经同级贵族法庭依法审判,任何贵族不受拘捕、监禁、没收财产、剥夺公权、放逐、伤害、搜查和逮捕等处罚，确立起人身保护的刑事正当程序原则；第三类，伦敦及其他各城市享有自治权，由此确立起伦敦的自治地位；第四类，由多名贵族组成一个委员会，监督《大宪章》的执行，国王若违反，可对其采取剥夺土地、没收财产等手段予以制裁。《大宪章》甚至申明了武力反抗的权利，确立起宪法监督的基本制度、机构和措施。[1]

既然《大宪章》的核心是捍卫自由，那拥有司法中央集权的英国国王们为什么不废掉它，继续强化自己的权力呢？答案依然是：办不到。

实际上，想赖账的国王不在少数，但他们没有绝对的武力制服诸侯。比如约翰，他签署完《大宪章》就后悔了，请求教皇宣布《大宪章》无效。还有不少国王一上台就重申自己尊重《大宪章》，他们当然不是天真，而是希望以此稳住贵族，稳住自己的统治。归根结底，《大宪章》没有被摧毁，反而越来越强大，这是国王无法除掉贵族的结果。[2]

需要注意的是，国王无法除掉贵族，使《大宪章》这块自由的基石逐渐长成了自由的大厦，但这绝不意味着贵族越强大，就越会

---

[1] [英]霍尔特：《大宪章》，毕竟悦等译，北京大学出版社，2010年，第二、三章。[英]梅特兰：《英格兰宪政史》，李红海译，中国政法大学出版社，2010年，第47—51页。

[2] [英]霍尔特：《大宪章》，毕竟悦等译，北京大学出版社，2010年，第六章。[美]罗伯茨等：《英国史》（上册），潘兴民等译，商务印书馆，2013年，第139—142、169—175、179—182、186—189页。

形成一个自由的国家。国王在那个时代代表中央集权，但他对面的贵族不一定就代表了自由。

曾经有个国家把贵族自由推到了极端，结果却是被列强瓜分——这个国家就是波兰。波兰的贵族太过强大，国王难有作为，中央集权自然无法实现。贵族组成的议会掌握了核心权力，却做不成任何事情，现代国家就建不成。因此，波兰始终停留在几个贵族合伙过日子的阶段。[1]

等周边的德国、俄国都成为武力超强的现代国家，波兰就只能承受待宰羔羊的命运，也就没有资格谈论自由了。所以，自由还要保障权力得到凝聚，贵族太自由就会毁了国家建设。在政治中，均衡非常重要，任何好东西一旦走向极端，都会带来极大的危害。

用这种均衡的眼光看英国的《大宪章》，我们就能清醒许多。它不是贵族一方对付国王的利器，而是贵族和国王团结在一起的平台。国王按照《大宪章》的规定尊重贵族的特权，其实很大程度上是国王和贵族们制度性地共享权力，这就带来了最好的结果——"王在议会"（King-in-Parliament），这是英国政治的第一公式。就是国王不能单独为王，必须通过议会来统治；议会也不是贵族的

---

[1] [美]埃特曼：《利维坦的诞生》，郭台辉译，上海世纪出版集团，2010年，第六章。[波兰]卢克瓦斯基、[波兰]扎瓦德斯基：《波兰史》，常程译，商务印书馆，2011年，第一至四章。

俱乐部，而是以国王为中心的国家最高政治机构。[1]

国王和贵族一面斗争，一面合作，谁也离不开谁。只有这样，才会形成复合型的权力结构，而《大宪章》正是在这个意义上成就了英国宪政。宪政就是一个由多种势力参与，各方在其中既斗争又合作，同时一起努力维护的政治平台。正因为这样，《大宪章》才成了英国的自由之源、强国之本。

■ 从特权到人权的过程

很多人可能会问，《大宪章》不是只维护贵族特权吗？如果只是少数人的权利得到保护，那算什么自由呢？

我们不妨想一想。签订《大宪章》的二十几位男爵最先得到了国王对特权的保证，没签订的贵族不想要吗？当然想，于是他们去争取。那么，大贵族争取到了，小贵族不想要吗？小贵族争取到了，新贵族不想要吗？新贵族争取到了，没得到贵族头衔的资产阶级不想要吗？以此类推，每个阶层都会依照先例去争取属于自己的权利。

从权利的角度看，现代化的过程就是一个从特权到普遍人权的过程。这个过程不是自动的，而是由一个个阶层陆续争取来的，一

---

[1] [英]梅特兰：《英格兰宪政史》，李红海译，中国政法大学出版社，2010年，第60—70、123—132、162—169页。[英]戴雪：《英宪精义》，雷宾南译，中国法制出版社，2001年，第一至三章。[英]白芝浩：《英国宪法》，夏彦才译，商务印书馆，2005年，第61—110页。

层一层向外扩展,组成一个同心圆结构。[1]

为什么权利的普及是以同心圆结构不断扩展,而不是,甚至不应该是一步到位完成的呢?因为权利意味着相互承认,它是双方的,而不是单方的。国王承认男爵有特权,相应地,男爵也承认国王的权威。双方必须达成默契,才能对未来看不见的事情做出基本的保证,并主动加以维护。贵族如此,资产阶级如此,各种弱势群体也是如此,权利都是争取来的。理解了这个逻辑,就能理解《大宪章》被看作自由基石的原因。[2]

如果说现代英国的成长是一个从特权到人权的同心圆结构,那么《大宪章》就是圆心。处在同心圆结构里的每个群体共同构成了一个整体,尽管加入有早有晚,但大家拥有相同的向心力。国家就这样通过权利把所有人团结了起来。

到这里,《大宪章》的秘密就完全揭开了:权力(power)的凝聚和权利(right)的扩展缠绕在一起,相互强化,形成了自由和强国之间相互强化的良性共生关系。复合型的权力结构有能力容纳更多阶层的权利,而更多阶层的加入,又使得复合型权力结构更加稳固。

---

[1] [英]梅因:《古代法》,沈景一译,商务印书馆,1997年,第96—97页。[德]耶林:《为权利而斗争》,胡宝海译,中国法制出版社,2004年。

[2] 比如,工人阶级在英国争取权利的过程可参见甘米奇《宪章运动史》(苏公隽译,商务印书馆,1996年),尤其是第七章。

六、蜕变：英国凭什么成了世界第一？

我们已经知道，《大宪章》中蕴含着英国同时拥有自由和强国的底层逻辑。但英国要成为现代国家，尤其是成为世界第一强国，还需要解决两个大问题：一个是贵族问题，另一个是宗教问题。

■ 建成现代国家的两个步骤

如前文所提，现代国家的崛起就是集中和理顺权力，它基本上是国王从贵族手里抢夺权力的过程。国王们一旦在集权的路上取得一定的成绩，"专制"的危险就出现了。很多人都听说过"封建专制"这个词，也听过这样的说法：英国革命、法国大革命都推翻了封建专制制度。

但只要想一想国王和贵族抢夺权力的关系，我们就能知道，"封建专制"这个词根本不成立。为什么？因为封建是多元的、分散的，如果一个国家是封建的，肯定无法做到专制；专制则意味着说一不二、高度集权，也绝对容忍不了封建。所以，封建和专制根本就不可能放在一起。"封建专制"这个词不仅无法概括西方中世纪和现代早期的政治制度，对中国宋元明清的政治制度也没有什么解释力。[1]

弄清楚封建和专制的对立关系,有助于看清现代国家的成长脚步。

现代国家的崛起意味着王权成为国家的主心骨,中央集权取得突破性进展,同时,贵族的权力被削弱,最终彻底出局。比如,最高法院、议会、常备军、官僚和税收系统都建立起来,意味着与贵族权力息息相关的封建制被彻底瓦解。也就是说,摧毁封建制的首要力量是国王。

但国王在削弱贵族的时候面临两难境地:贵族既是他依靠的基本力量,也是他削弱和打击的对象。如果打击得太厉害,会危及自己的统治;如果打击的力度不够,又会妨碍集权的建国大业。怎么办?

这时候,国王会从小贵族,甚至没有贵族身份的人之中寻找能人干将。这样一来,资产阶级就有进入贵族性质很重的上层政治的机会。最终,贵族被国王任命的能臣替换,国家权力完全集中于国王的麾下。

此时,西方的国王就有点像秦始皇了。如果说用"封建"这个词来概括秦始皇等中国皇帝的统治并不恰当,那么,对成功塑造西方各国的国王来说,用这个词形容同样不恰当,因为封建制恰恰是

---

[1] [法]布洛赫:《封建社会》(上卷),张绪山译,商务印书馆,2004年,第24—32页。[比利时]冈绍夫:《何谓封建主义》,张绪山等译,商务印书馆,2016年。冯天瑜:《"封建"考论》,武汉大学出版社,2006年。

被他们摧毁的。

要概括现代早期的西方政治,更恰当的词语是"绝对主义"(absolutism)。它是指现代早期以初步实现中央集权的官僚和军队为支柱(克服封建分散)、以君权神授为合法性来源(否认教会授权和人民授权)、以国家利益为目标(否认宗教使命)、以国家主权为最高权力(否认司法权、立法权、行政权具有同等地位)的君主统治。[1]这一点对我们连贯地理解现代西方文明至关重要。英国革命、法国革命所打击的是已经削弱了贵族权力、建立起中央集权的绝对主义国家,而不是多元、分散的封建制国家。

总的来说,现代国家的建成不是一步到位,而是分两步走的:第一步,从中世纪开始到现代早期,国王们完成中央集权,建成绝对主义国家;第二步,完成了中央集权的绝对主义国家对社会、人民压制得太厉害,它成了革命的对象。

我们不能把以上两步混为一谈,革命针对的已经不是典型的中世纪政治权力,而是已经初步现代化的政治权力。革命之后,中央集权的国家形态得以保留,国家成为人民自己的国家。

■ 英国如何处理贵族问题

明白了国家成长的基本步骤,接下来看看英国具体是如何处理第一个大问题——贵族问题的。

---

[1] [英]安德森:《绝对主义国家的系谱》,刘北成等译,上海人民出版社,2001年。

从力量对比来看，贵族越强大，国王要实现集权就越难。和其他国家相比，英国特别幸运，它很顺利地就把这个问题解决了。

这件事要从诺曼征服说起。前文提过诺曼底公爵威廉征服英格兰的历史。最初，诺曼底公爵是法国国王的附庸。他成为英国国王之后，法国国王认为，既然诺曼底公爵是我的附庸，英格兰自然就是法国的一部分。英国国王们当然不认账，他们反驳说英国和法国是平起平坐的，并且开始在欧洲大陆上抢地盘，搅得法国不得安宁。在封建主义的中世纪，领土的概念和规则还远没有成形。现在法国版图上的诺曼底、阿基坦、布列塔尼、勃艮第等地方当时并没有成为法国领土不可分割的一部分，而是一个个封建领地，很可能因为战争、继承、婚姻等原因在不同的封建王朝之间易手。长期以来，英国国王们就是法国国王们争夺大陆领地最大的对手。

到了1328年，法国卡佩王朝绝嗣，王位只能由其他家族继承。这时，英王爱德华三世站了出来，他宣称按照血统，自己最有资格继承法国王位。法国人不同意，英法之间的百年战争由此爆发，一打就是116年。

后来英军节节胜利。1346年，爱德华三世取得了克雷西战役的胜利。1356年，爱德华三世的长子"黑太子"取得普瓦捷战役的胜利，法军溃败，法王被俘，法国被迫以巨款赎回自己的国王。之后的战事变得旷日持久，英国王室和贵族的纷争、法国王室和贵族的纷争、黑死病的肆虐都让这场战争起起伏伏。

1415年，英国国王亨利五世卷土重来，取得了阿金库尔战役的胜利,以勃艮第为首的许多领地都归顺了英国。法国国王查理六世则丢掉了许多地盘,包括巴黎。万般无奈之下,他把女儿嫁给了亨利五世,并剥夺了自己儿子的继承权——只要查理六世一死,英法就可以合并了。没想到,在1431年,半路杀出了一个村姑,在奥尔良把英军打得落花流水,帮助落难的王太子(后来的查理七世)稳住了局面,法国的独立就此保住了。这个村姑就是贞德。虽然贞德最后被出卖,被当作巫女烧死,但英国吞并法国的图谋彻底泡汤了。[1]

更重要的是,英国节节失利,1453年的卡斯蒂荣战役之后,英国基本上完全输掉了在欧洲大陆占领的地盘,只得退回不列颠岛。此后,英国在政治和军事上正式成为一个岛国。这也是英国后来采取离岸平衡策略对付欧洲各国的起点。

输掉地盘后,英国人心浮动、王室分裂,很快就爆发了红白玫瑰战争。这一次,英国人自己打起了内战,两大贵族家族——约克家族和兰开斯特家族都声称自己是最正宗的王室血脉。这场战争一打又是30年。

要知道,打仗在封建时代是贵族的事情,贵族天生就是军人。因此,经历了百年战争和玫瑰战争之后,英国贵族死伤殆尽,没有实力和国王对抗了。最终,亨利·都铎终结了红白玫瑰战争,建立

---

[1] [美]罗伯茨等:《英国史》(上册),潘兴民等译,商务印书馆,2013年,第224—231页。[英]琼斯:《剑桥插图法国史》,杨保筠等译,世界知识出版社,2004年,第115—119页。

起都铎王朝，史称亨利七世。[1]

亨利七世即位后，汲取贵族争夺王位的教训，继续清除有可能染指王位的贵族。这样一来，英国有实力的大贵族所剩无几。亨利八世登基时，已经不需要再费力对付贵族了。在他执政期间，英国出现了第一个没有任何贵族血统的首席大臣，这个人正是写成了《乌托邦》的托马斯·莫尔。

亨利八世手下的能臣大多是没有贵族家世的人，布衣将相比比皆是。也就是说，亨利八世强化中央集权的阻力特别小，帮手又特别能干。这样一来，英国自然就比其他国家更快地建成了现代国家。

■ 英国的宗教改革

解决了贵族问题，再来看英国要解决的第二大问题宗教问题。关于宗教问题，英国也进行了一次宗教改革。但与路德发起的宗教改革不同，它是由国王发起的，主角还是亨利八世。

这究竟是怎么回事呢？简单来说，亨利八世为了和王后凯瑟琳离婚，不惜和罗马教廷翻脸，自己主动展开了宗教改革。这里的关键是亨利八世和凯瑟琳离婚的原因——凯瑟琳无法生下王子，这对亨利来说是天大的事情，因为这意味着都铎王朝即将绝嗣，王位眼

---

[1] 中世纪英国的玫瑰战争以及都铎王朝的建立已经成为通俗历史写作的热门题材，威尔的《玫瑰战争》（沈毅译，浙江大学出版社，2018年）和琼斯的《空王冠：玫瑰战争与都铎王朝的崛起》（陆大鹏译，社会科学文献出版社，2018年），都是佳作。

睁睁就要拱手送人。我们都知道，当年英法百年战争的祸根就是法国王室绝嗣。

王室绝嗣这件事在中国古代基本不可能出现，因为皇帝有三宫六院七十二妃，甚至宫女所生的皇子也能即位，但西方国王们完全没有这种待遇。按照基督教的规定，国王也必须严格遵循一夫一妻制。而且，母系血统的纯正也很重要。国王可以有私生子，但私生子没有王位继承权，只有王后所生的孩子才有王位继承权。

这时我们就能理解，亨利八世为什么要坚决和凯瑟琳离婚了。可是，凯瑟琳是西班牙国王的小姑，西班牙国王控制着当时的罗马教皇，就是不允许亨利八世离婚。亨利八世想了很多办法都没成功，最后和教皇翻了脸。

此外，还有一个原因促使亨利八世下定决心发动宗教改革，那就是钱。亨利八世好大喜功，很爱打仗，可打仗需要钱，这些钱从哪里来呢？宗教改革给了他一个好机会：没收教会的财产。因此，对亨利八世来说，宗教改革是一举两得的好买卖。

亨利八世在英国发起的宗教改革完全不像路德的宗教改革。它不是为了拯救基督教，而完全是出于政治考虑。所以，亨利八世改革之后的英国基督教，既不是罗马天主教，也不是路德新教，而是国教或者英国国教。

英国国教的教义有个最重要的特点：它既不承认罗马教皇，也不承认新教教会，而是规定英国国王是最高宗教领袖。国教的规矩一开始更像天主教，后来变得更偏向新教，但毫无疑问，英国国王是国教领袖这一点绝对不能动摇。[1]

英国的宗教改革看起来很轻松，实际上却十分复杂。因为英国国教既不是天主教也不是新教，它要同时对付天主教和新教，可谓腹背受敌。

在国际上，英国一方面要对付天主教的教皇和西班牙国王，另一方面不能和信新教的德国诸侯走得太近。国内的形势也很麻烦，因为国教的出现，英国被一分为三——天主教、新教和英国国教。

首先是天主教的反扑。亨利八世去世后，他的幼子爱德华六世即位，继续把国教往新教的方向推。可爱德华六世在位时间并不长，他去世后，长姐玛丽即位。要知道，玛丽的母亲是被废的凯瑟琳王后，她本人一直是虔诚的天主教徒，而且她选择和西班牙新任国王结婚。结果可想而知，她全力恢复天主教，残酷清算改革人士，该抓的抓，该杀的杀，最终落得"血腥玛丽"的骂名。但玛丽没有孩子，她去世后，二姐伊丽莎白即位。伊丽莎白恢复了父亲和弟弟的改革路线，把国教往新教的方向推动。至此，天主教的反扑宣告失败。

然后是清教徒的反抗。虽然英国国教离新教更近一些，但二者终究不是一回事。英国也有新教徒，他们主要来自苏格兰，英国的新教叫做清教。清教徒们要求自己的合法权利，于是和国王产生

---

[1] [美]罗伯茨等：《英国史》（上册），潘兴民等译，商务印书馆，2013年，第十章。[英]林赛：《宗教改革史》（下卷），孔祥民等译，商务印书馆，2016年，第四编；[英]埃尔顿：《新编剑桥世界近代史》（第2卷宗教改革），中国社会科学院世界历史研究所译，中国社会科学出版社，2003年，第七章。

了对抗。国王强调自己是最高权威,自然会对付这帮不服从的清教徒。亨利八世为了坐实自己国教领袖的地位,颁布了《至尊法案》。根据法案,人人都要宣誓向国王效忠,也就是直接让人否认对天主教(教皇)和新教的效忠。拒不宣誓者,一律以叛国罪论处。伊丽莎白继位之后又重申《至尊法案》。在清教徒看来,国王要求宣誓效忠和教皇通过天主教会来控制信徒一样邪恶。拒绝宣誓,自然就会被迫害。结果,受迫害的清教徒分成了两拨。

一拨清教徒选择逃亡,乘船去北美。其中最著名的一艘船是"五月花"号,船上的人签订了《五月花号公约》,正是这些人奠定了未来美国的基础。

另一拨清教徒积极反抗。当时的国王查理一世出兵平叛,英国议会觉得查理简直是错上加错,便成立了议会军和查理开战。查理一世本来就延续了父亲詹姆斯一世的亲天主教政策,这让英国议会很不放心。加上查理一世为了对付清教徒,既要打仗又要征税,议会终于代表英国人民选择和国王决裂。这就是英国革命的起因。[1]

后来,克伦威尔率领议会军打败了查理一世,建立了共和国。但克伦威尔死后,斯图亚特王朝复辟。斯图亚特王朝原本就带有天主教的性质,复辟的国王詹姆斯二世就是天主教徒,这又让英国人很不放心,最终引发了光荣革命。所谓光荣革命就是不流血的革

---

[1] [美]费舍尔:《阿尔比恩的种子:美国文化的源与流》(上),王剑鹰译,广西师范大学出版社,2018年,第26—65页。[法]基佐:《一六四〇年英国革命史》,伍光建译,商务印书馆,1997年。

命，结局是詹姆斯二世逃亡，英国人迎接信仰新教、尊奉国教的威廉和玛丽夫妇担任国王。

■ 英国崛起的经验

英国成为世界第一有偶然性，但绝不是出于侥幸。

在英国崛起的道路上，贵族问题幸运地得以解决，宗教也走出了一条独特的道路。虽然国教、天主教、清教搅成一团，但相比德国和法国惨烈的宗教战争，英国通过维护国王的权威保证了和平与统一。

英国崛起的经验表明，真正走得远的大国必须兼具软实力和硬实力。软实力最重要的表现是发明制度和创立规则的能力——制定解决问题的规则，使参与各方都能找到自己的经济利益和政治地位，并通过权利将它们固定下来，各方相互承认，皆大欢喜。这样一来，各方都会自动自觉地加入这场合作共赢的游戏。硬实力的表现则是，谁不遵守规则，国家就有办法惩治他。软硬兼备，才是真正的帝国气象。

七、生意：荷兰为什么输给了英国？

只讲英国还不足以把国家崛起完全说明白，因为国家崛起的路上有曲折、有挫败、有教训，英国道路并不是唯一有价值的参照系。下面我会通过荷兰、法国、美国、德国的成长来透视国家崛起的成败。

纵观英国崛起的过程，我们看到了自由贸易的巨大威力。但很多人可能会产生一个疑问：在英国之前，荷兰早就开展自由贸易了，并且一度成为海上霸主，它后来为什么没落了呢？

这个问题的本质在于，一个拥有自发市场经济和多元文化的美好国家，它的发展究竟有没有上限。答案是有上限，而且荷兰很快就被打败了。下面我们来分析这个令人沮丧的答案是怎么得出的。

■ 荷兰的成功之道

先看荷兰在辉煌顶峰时的样子。在17世纪80年代之前，荷兰被称为"海上马车夫"。它拥有一万五千艘商船，其吨位占当时欧洲商船总吨位的四分之三；它的舰队很强大，英、法两国的舰队加起来才抵得上它数量的一半。

如今的很多全球著名城市，比如纽约、雅加达，正是因为被荷兰人变成了殖民据点，才逐渐变成了重要的城市。当时，荷兰的势力遍布全球，甚至占据了全世界几乎所有的海上交通要道。[1]

想象一下，荷兰在当时只有四万平方公里，面积还不到英格兰的三分之一，却成了西班牙之后、英国之前的海上霸主。那么，小国荷兰究竟是如何走向成功的呢？主要有三大原因：独特的政治体系，以商业为主导的经济，独特的宗教和文化。

第一大原因，独特的政治体系。"海上马车夫"时代的荷兰政治很另类，当英国、法国、西班牙都在忙着建设现代民族国家的时候，荷兰完全没有围绕强大的君主去建立常备军、官僚队伍等现代国家的硬件，整个国家相当于一个松散的联盟。

1581年，荷兰七省联合起义摆脱西班牙的统治，共同成立了联省共和国。我们可以把这次革命看作西方历史上第一次资产阶级革命，它比英国光荣革命早了100多年。通过革命建立起的联省共和国不像当今美国那样，总统很强势，国会很厉害，它大概相当于美国独立战争时期的邦联。七个省联合在一起，有问题共同协商，只有七省一致同意才能做出决定。[2]

在如此低效的政治体制下，荷兰怎么还成了海上霸主呢？

先看外部原因，英国、西班牙、法国当时都特别忙。英国忙着对付教皇，对付西班牙、法国和苏格兰，还要忙着宗教改革、建立自己的国教。法国先是忙着收拾宗教内战，后来又忙着打三十年战争。西班牙忙着对付英国和法国，忙着拉拢教皇，还要为了神圣罗

---

[1] [美]胡克：《荷兰史》，黄毅翔译，商务印书馆，2009年，第八章。
[2] [美]胡克：《荷兰史》，黄毅翔译，商务印书馆，2009年，第六章。

马帝国皇帝的头衔四处灭火。在这种情况下，几乎处于四战之地的荷兰才没有受到威胁。它的外部政治压力不大，松散的体制还能撑得住，于是就赶紧闷声发大财。

再看内部原因。几百年来，荷兰的商业气息比较浓厚，宗教气氛相对淡漠，贵族豪门也不显赫。虽然联省共和国实行寡头政治，由上层精英主导，但他们都是生意人，不是靠打仗获得贵族身份的豪门。这些人就像管理公司一样共同管理国家，因此国家和商业非常合拍。[1]

第二大原因，荷兰发展出以商业为主导的经济。从荷兰的地理位置看，它附近有很多海洋——近处有大西洋、北海、波罗的海，远一点向南还有地中海，简直就是面向海洋而生。大航海时代一来，荷兰的地理位置优势就发挥出来了。

如果说"面向海洋而生"为荷兰的海上贸易提供了便利，那么国内的地理环境则"迫使"荷兰人去做生意。荷兰水系发达，河流、湖泊、沼泽太多，这就使得农牧业很难展开。于是，商业在中世纪早期就成了荷兰人的主要产业。他们开挖了大量运河，并将这些运河连在一起。可以说，在大航海时代之前，荷兰人已经是内河航运贸易的高手了。

大航海时代一来，荷兰人从葡萄牙人手中拿到了很多航海资料，他们根据资料把自己的商船改造成肚子大、外壳薄的样式，就能拉得多、跑得快。就这样，荷兰很快成为全球贸易的中介，成为

---

[1]〔美〕胡克：《荷兰史》，黄毅翔译，商务印书馆，2009年，第七章。

"海上马车夫"。

荷兰经济实力强大,不仅因为在贸易上称霸全球,还因为有一个行业格外领先——金融业。荷兰的银行业十分发达,这并不稀奇,贸易繁荣的地方自然特别需要资金周转。更厉害的是,荷兰的阿姆斯特丹在1602年建立了全世界第一个证券交易所,各种公司的股票可以在那里交易。后来,越来越多的外国公司在那里上市,阿姆斯特丹成了第一个世界意义上的金融中心。有了大规模的金融业,荷兰的海上生意简直如虎添翼。[1]

第三大原因,独特的宗教和文化。前文介绍过宗教改革,我们都知道,德国爆发了宗教战争,英国国王自己发起改革,和教皇翻了脸,法国也爆发了宗教内战——因为宗教,这些国家都快打散。而荷兰几乎没受影响。在天翻地覆的宗教冲突面前,荷兰人完全没有因为新旧教派的分歧划线站队,更没有大打出手。这大概可以归结为两个原因。

第一个原因是商业传统的影响。生意做久了,人们对与宗教有关的事情就没那么在乎,毕竟不同教派之间也要做生意,大家没必要打架。

第二个原因是伊拉斯谟的巨大影响。伊拉斯谟不仅是荷兰的圣人,也是北方文艺复兴的代表。在意大利兴起的文艺复兴影响到了北方,也就是意大利以北的英国、法国、荷兰,甚至瑞典、丹麦、

---

[1] [英]波特编:《新编剑桥世界近代史》(第1卷文艺复兴),中国社会科学院世界历史研究所译,中国社会科学出版社,1999年,第618—620页。

挪威，都掀起了北方文艺复兴的风潮。

不过，北方文艺复兴和意大利文艺复兴不太一样。意大利文艺复兴的精神是"人文主义"，北方文艺复兴的代名词是"基督教人文主义"。北方文艺复兴的核心与基督教紧密相连，认为人的光辉、美德、自信和基督教训导的爱上帝、爱邻人、谦卑、恭顺是完全一致的。[1]这种看法的代表就是荷兰人伊拉斯谟，还有他的好朋友——写了《乌托邦》、成为英国第一位布衣将相的莫尔。

有了基督教人文主义，人的光辉和上帝的教诲和谐共处，传统文化和新兴潮流和谐共处。这样一来，荷兰人就不走极端，性情朴素温和。这种性情使他们避开了宗教改革引起的混乱。在大国们深陷宗教战争之时，荷兰人潇洒地去海上赶起了马车。而且，荷兰人格劳秀斯开创了国际法，用自己丰厚的学识和卓越的远见把全世界用法律联系在一起。[2]

■ 荷兰为何丢了世界霸主地位

喜欢生意，不喜欢战争；喜欢和谐，不喜欢争斗；喜欢管理，不喜欢统治——很多人一定会感叹：荷兰是多么美好的国家啊！但它很快就衰落了。从1581年独立，到1678年与法国签订《奈梅亨条

---

[1] [英]斯金纳：《近代政治思想的基础》（上卷：文艺复兴），奚瑞森等译，商务印书馆，2002年，第七至九章。

[2] [荷兰]格劳秀斯：《战争与和平法》何勤华等译，上海人民出版社，2005年，"英文版导论"。

约》，荷兰只辉煌了近一百年。那么，荷兰究竟为什么，又是怎样让出了世界霸主的地位呢？

简单来说，一旦大国针对荷兰，荷兰的规模根本扛不住。17世纪中叶，英法两大强国同时针对荷兰。英国护国主克伦威尔和法国路易十四的财政大臣科贝尔都信奉重商主义，追求贸易顺差的最大化，他们都十分痛恨荷兰。英国四次发动对荷战争，法国基本上想要消灭荷兰。

大兵压境之时，荷兰的种种劣势就暴露出来了。下面就来看看荷兰的结局，以及我们可以从中获得哪些启示。

第一，把国家当作公司管理是一种弱政治，无法对抗强大的英国和法国。荷兰政府的决策效率很低，集权程度也非常低，它既没有强烈的民族主义可以动员全民，又非常厌恶陆军，甚至在抵抗法国军队的时候靠的是雇佣军。这个生意国家没有在战争中被效率高、集权程度高、动员充分、组织精良的法国彻底灭国，已经是万幸了。

英国对荷兰的打击更加全面而深刻。英荷战争总共打了四次，其中第三次是决定性的。第三次英荷战争与法荷战争同时发生，英国人从海上来，法国人从陆上来，结果荷兰在陆地上彻底被法国人打败了。如果不是路易十四顾忌德国战场，荷兰真的有可能被并入法国的版图。英国在海战中并没有讨到便宜，但它率先与荷兰签订和约，很实惠地拿走了许多贸易特权。此战之后，荷兰的国力无法再与英法联盟抗衡，在大国竞争（尤其是战争）中屡屡落败，逐渐从一流国家的行列中退出了。[1]

第二，国家规模大小决定商战的能力。这种规模不仅体现在领土和人口上，还体现在产业结构上。

从长远看，英国成功地拖垮了荷兰。荷兰不仅国力耗尽，而且每次战争都有断臂一样的重大损失。比如，第二次英荷战争后，英国虽然输了，但他们从荷兰手中抢到了北美的新阿姆斯特丹，并将其改名为纽约。如此严重的此消彼长，地位调换只是迟早的事。

如果说法国用陆战直接威胁了荷兰的存在，那么，前三次英荷战争就是把荷兰的全球贸易领袖地位彻底击垮。

和英国人一耗，荷兰经济模式的缺点就暴露出来了。首先，荷兰本身没有自己的农产品或手工业品，但英国有。战争一旦爆发，做中间商的荷兰就比自己有东西可卖的英国更吃亏。其次，荷兰的税制与商业主导的经济结构吻合，以消费税为主。战争一旦爆发，赋税加重，加之双方额外加征关税，这种压力直接传导到经济领域——人民要面对通货膨胀，商人要面对价格上涨，荷兰的商业竞争力就随之下降。再次，金融业很容易遭遇赖账。战争打得越厉害，赖账的人就越多。

从以上三层对比来看，比起英国，荷兰才是不折不扣的买卖国家。即便在纯经济领域，买卖国家也不是拥有制造业、农业等硬产业的国家的对手，政治上的弱点就更明显了。

第三，霸主没落，什么样的死法算是体面？"海上马车夫"的

---

[1] [美]胡克：《荷兰史》，黄毅翔译，商务印书馆，2009年，第100—102页。

结局很有意思，它相当于把自己的霸主地位禅让给了英国。

先来看荷兰的结局。1780年，第四次英荷战争爆发，这次战争完全是英国人欺负荷兰人，已经崛起的大英帝国要把残存的荷兰势力消灭干净。最终，荷兰战败，英国获得巨额赔款，阿姆斯特丹的金融中心地位被伦敦取代，荷兰最重要的海外殖民机构——荷属东印度公司——不久后宣告破产。荷兰彻底变成了一个不起眼的小国。

其实，荷兰在此之前就已经把霸权禅让给英国了。17世纪末，荷兰被英法两国夹击。荷兰的执政者威廉实在无力抵挡，于是选择与英国交好，娶了英国的玛丽公主。不承想，这个做法竟在不经意间为离间英法、保全荷兰做了准备。

1688年光荣革命，英国人把威廉和玛丽请回英国做了国王。威廉当然极力巩固英国和荷兰的联盟，就这样，荷兰的霸权通过威廉象征性地转移给了英国。全球性霸权的禅让制由此开始，英国的霸权后来禅让给了美国。意图抢夺霸主地位的德国、日本，则无一成功。

通过对长时段历史的观察，战略学家们发现，全球性霸权的转移只可能是由一个更高级、规模更大、体系更完备、实力更强大的"自由霸权国"取代原来的"自由霸权国"。反自由强国试图用武力夺取全球性霸权，甚至不惜发动世界大战，都不可能成功。因为比起反自由强国，自由霸权国在经济和贸易层面拥有更多的合作伙伴，经济和贸易体量远远超出本国的范围；它在国际政治层面拥有更多的国际法和国际组织，国际规范性和合法性通过合作和协调更容易获得真正的盟友；它在国内政治层面拥有更加民主的代表制政府，国内的民主性让它拥有更为真实可靠的国内支持，能够更加长久地实现整个国家的团结和战争动员。只有在这三个基本层面做得比老霸主更好，才能取代老霸主当上新霸主，否则，最终只会在争霸战争中落败。而争霸战争（比如两次世界大战）削弱了老霸主，提升了新霸主的实力，也就会成为霸权转移的关键节点。[1]

此时再回头反思荷兰，必须汲取它在全球性竞争中的教训：一个弱政治、强经济的国家在大国竞争中是无法成功的。全球化固然是以贸易为底色的过程，但其中充满了政治体制的竞争，甚至经常性地引发战争。生意并不必然承诺和平，没有强大的政治保护，再好的文明也无法存续下去。政治体制更有韧劲的国家才能在全球性竞争中把生意做下去。

---

[1] Mark R. Brawley, *Liberal Leadership: Great Powers and Their Challengers in Peace and War*, Ithaca: Cornell University Press, 1993.

八、假象：太阳王路易十四真的风光无限？

从这一篇开始，我会用三篇内容分析现代法国的成长。

本篇以太阳王路易十四的故事为线索，从中央集权、贵族问题和宗教问题的角度出发，分析中世纪法国的政治资产有哪些，以及法国在现代早期国家建设中取得了什么成就。

路易十四执政时期，是中世纪以来法国崛起这一漫长过程的顶峰。但实际上，表面辉煌无比的"太阳王"路易十四留下的却是一个烂摊子，他很像中国大清王朝的乾隆皇帝。

■ 法国如何解决贵族问题

先来看在路易十四之前开启现代化的法国是什么局面。总的来看，法国的中央集权开始得比英国晚，手法比英国硬，效果没有英国好。它更像中国古代的中央集权，基干是行政，而不是司法。"Administration"（行政）这个词来自法国，说明法国在这方面有自己独特的成就。

为什么法国的中央集权要依靠行政，而不像英国那样依靠司法呢？因为和英国相比，法国国王们面对的困难要大得多，司法集权这条路走不通。具体对比一下就容易理解了。

在英国，诺曼底公爵威廉征服英格兰之后，无论贵族多么不老实，地盘总体上是稳定的。而法国国王却连最基本的地盘都保不住，今天听命于他的领主，明天可能就成了西班牙国王或者英国国王的附庸。

另外，法国当时的地盘比英国小得多。公元987年，法国的休·卡佩从加洛林王室后裔手中接过王室正统地位，建立卡佩王朝，但他的地盘仅限于巴黎周围。卡佩王朝花了三百年时间，才勉强固定住如今为我们熟知的法国版图。[1]

反观英国的情况，以英国国王亨利二世为例。英国是他的，法国南部的诺曼底和阿基坦也是他的，英国的地盘要比同时期的法国大得多。而且，法国境内的诸侯不一定听法国国王的指挥。

但无论如何，面对强大的贵族，实力堪忧的卡佩王朝依然想办法强化王权，希望通过一系列努力把法国凝聚起来。

卡佩王朝在神化国王的地位、支持学术和艺术、控制诸侯的继承权等方面都取得了不错的效果，具体表现为：第一，法国王室宣称自己是神圣家族，是中世纪早期墨洛温王朝开创者克洛维的直系后裔；第二，十二世纪文艺复兴在法国取得了很大成就，其中最重要的是巴黎大学的建成，它是西方中世纪的学术中心；第三，国王给诸侯封地，封建关系通过契约建立起来，诸侯一旦绝嗣，封地就收归王室。

此外，还有三件大事促成了卡佩王朝把法国有力地凝聚起来。

---

[1] [英]琼斯：《剑桥插图法国史》，杨保筠等译，世界知识出版社，2004年，第72—77页。[法]杜比主编：《法国史》（上卷），吕一民等译，商务印书馆，2010年，第九章。

第一，经济大发展。中世纪的农业革命、商业革命、城市革命很大一部分发生在法国。经济向好，文化和政治就有了向好的基础。

第二，取得教皇支持。教皇的主要对手是神圣罗马皇帝，于是法国成为他拉拢的对象。在教皇支持下，法国国王取得了"在他自己的领地内就是皇帝"的独特地位，至少在名分上不畏惧神圣罗马皇帝。

第三，行政官僚系统迅速膨胀。国王主要依靠官僚来管理国家，这和英国国王选择建立法院系统，通过巡回法院管理国家大不相同。[1]

完成上述事情之后，卡佩王朝发展得不错，但好日子却在1328年走到尽头——国王绝嗣，支裔瓦卢瓦王朝的腓力六世继位。这就引来了英国国王对法国王位的争夺（英王爱德华三世以法王查理四世外甥的资格，与腓力六世争夺王位），百年战争由此爆发。结果我们都知道，圣女贞德挽救了法国，逃亡的"太子"查理七世把英国人赶出了法国。

然而，好不容易赶走了英国人的法国瓦卢瓦王朝又得从头对付强大的贵族。战争在法国境内打了一百多年，法国饱受摧残。更糟糕的是，被摧残最严重的恰恰是王室原来控制的地区，大贵族们反

---

[1] [英]琼斯：《剑桥插图法国史》，杨保筠等译，世界知识出版社，2004年，第83—90页。[法]杜比主编：《法国史》（上卷），吕一民等译，商务印书馆，2010年，第十一、十二章。

而没有遭到英国人的烧杀抢掠。[1]

为了对付强大的贵族，瓦卢瓦王朝继续神化王权、强化国家机构，渐渐控制住了局面。国王们最常用的办法是发动战争，因为战争最容易让分散的力量强制性地团结到统帅的周围。如果统帅是国王本人，战争就是让全国团结到他麾下的利器。这次瓦卢瓦王朝的国王们把战争引向了意大利，和教皇、西班牙国王、意大利城邦厮打在一起。法国围绕着战争凝聚起来了，而意大利文艺复兴却因此被毁了。但无论如何，法国国内欣欣向荣，显露出了大国气派。

■ 法国如何解决宗教问题

好景不长，宗教改革很快席卷法国，法国内部分成了两个对立的集团——天主教集团和新教集团，宗教战争就此开打，前后一共打了八次，持续三十多年（1562年—1598年）。由于法国的新教徒是胡格诺派，法国的宗教内战又被称为"胡格诺战争"。终于，在宗教内战中，瓦卢瓦王朝被拖垮了。大贵族们和国王之间的斗争与天主教和新教之间的斗争交织在一起，对平民信徒的屠杀和对大贵族的谋杀此起彼伏。最终，亨利三世谋杀了吉斯公爵兄弟之后，贵族们控制巴黎，意图"诛杀暴君"。亨利三世向纳瓦尔的亨利求援，后者不负所托，解巴黎之围。亨利三世随后驾崩，由于他没有

---

[1] [英]琼斯：《剑桥插图法国史》，杨保筠等译，世界知识出版社，2004年，第118—126页。[法]杜比主编：《法国史》（上卷），吕一民等译，商务印书馆，2010年，第十四章。

子嗣，便指定纳瓦尔的亨利继承王位。瓦卢瓦王朝就此结束，波旁王朝由此开启。

简要回顾法国的宗教问题。路德发动宗教改革之后，新教在法国传播得非常快，法国南部迅速建立起两千多所新教教堂，教徒人数很快超过百万。宗教战争停停打打，前后持续三十多年。总体而言，天主教占据上风，法国上层大部分都信天主教。

波旁王朝接手后，亨利四世坐上王位。他原本信仰新教，为了稳住贵族改信了天主教。不久，他发布《南特敕令》，规定新教徒在特定地区拥有宗教自主权。从长远看，《南特敕令》是个不错的办法，因为它使宗教自主和政治统一得以兼顾。[1]

这里的重点是"兼顾宗教自主和政治统一"这个现代国家必须处理的难题。即便不是基督教传统之下的西方国家，同样也会面对这个难题，因为现代化迟早会使思想、观念、生活、社会变得多元化。

前文讨论宗教改革时曾提及，德国人签订《奥格斯堡条约》结束了宗教战争，约定教随国定，即"谁的地盘、谁的宗教"。这个办法对法国适用吗？大方向是对的，但还没有把问题完全说清楚。因为诸侯之间的宗教纷争可以用教随国定来解决，那么，一国之内由谁来定呢？谁是可以决定一国之内所有人宗教信仰的最高权

---

[1] [英]琼斯：《剑桥插图法国史》，杨保筠等译，世界知识出版社，2004年，第131—139页。[法]杜比主编：《法国史》（上卷），吕一民等译，商务印书馆，2010年，第十五章。

威呢？

最终，法国理论家博丹提出了主权理论：主权高于一切。这正是针对宗教纷争而言的。任何人都不能因为宗教分歧而无视国王的存在。为此，博丹论证说，主权是上帝直接赐予国王的，是一个国家最高的、永久的、不可分割的权力。[1]我们现在熟悉的"国家主权"这个概念正是在博丹手里变成了系统的学说。正是有了"主权"，国家才和城邦、帝国、王朝这些古代政治共同体不一样。确切地说，"主权"是国家的主心骨，而这根主心骨是从欧洲各国（尤其是法国）的中央集权过程中锻造出来的。它的出现标志着现代国家的成熟，而成熟的现代国家的初级阶段就是绝对主义君主制。

前文已经提过，可以用一个新概念来概括现代早期的国家，叫做"绝对主义"，绝对主义的核心就是主权。主权至上和教随国定是现代国家得以成立的内核，它们是国家主权这枚硬币的两面：一面对内，主权享有最高权威，任何国内成员不得挑衅，当时主要针对的是贵族；一面对外，享有独立地位，任何其他国家不得干涉，当时针对的主要是教皇以及信仰不同宗教的邻国。有了主权，国家才拥有对内最高权威和对外独立地位，国家才真正合格，也才成为现代政治舞台上的主角。[2]

---

[1] [法]博丹：《主权论》，李卫海等译，北京大学出版社，2008年，第一书第八、十章。

[2] [美]摩根索：《国家间政治》，徐昕等译，北京大学出版社，2006年，第十九章。

最终，博丹的主权理论通过1648年签订的《威斯特伐利亚和约》得到确认，主权国家正式成为国际社会的基本单位，各国相互承认主权、领土完整和宗教选择。现代国际秩序的格局就此初步成型。

■ 路易十四的"三张好牌"

《威斯特伐利亚和约》是三十年战争的结果，但这份和约只在国家之间解决了宗教纷争，国内的宗教纷争还在发酵。法国赢得了三十年战争，这让王室和贵族的自我感觉非常良好。于是，亨利四世的子孙们越来越向天主教倾斜。

最终，路易十四在1685年废除《南特敕令》，也就是废除了新教的宗教自主权，[1]因为他确信自己手里有一把好牌。而他自鸣得意的好牌，其实都是让法国走向深渊的炸弹。

路易十四的第一张"好牌"是战争国家。在路易十四之前，红衣主教黎世留和马扎然基本完成了现代法国国家建设的第一步，建成了绝对主义国家，战争机器通过了三十年战争的检验。法国的打法很明确：一手建立强大的常备军，一手建立强大的税收和官僚

---

[1] [法]杜比主编：《法国史》（上卷），吕一民等译，商务印书馆，2010年，第728—729页。

系统。[1]

然而，这个国家也因此掉进一个恶性循环：收钱是为了养军队，养军队是为了打仗，打仗才能有理由收更多的钱……在这个循环里，最吃亏的是农民。他们承担的税赋越来越重，直至1789年法国大革命爆发。

西方在进入现代，尤其是宗教改革之后，教会权威扫地，世俗政权失去了最有力的约束。于是，世俗政权的权力飞速膨胀，人民深受其害。而革命就是对过度膨胀的世俗权力的矫正，其基本目的是让国家在战争的路上停下来，在收钱的路上停下来。路易十四直到去世都没有认识到，战争和收钱的恶性循环其实是个无底洞，甚至路易十五、路易十六都没能从这个恶性循环里逃出来。

路易十四的第二张"好牌"是光辉形象。路易十四恐怕是人类历史上最"臭美"的国王之一。他修广场、修大道、修天文台、修荣誉军人院，最重要的是修宫殿，宫殿中最具代表性的是凡尔赛宫。路易十四把所有事情都变成仪式，连起居饮食都有各种繁文缛节，他让所有贵族都认识到什么叫作讲究。

他欢迎各地贵族来凡尔赛宫和他一起生活，用这种高端、大气的时尚生活彻底征服了贵族们。如果一个人没有从凡尔赛宫学会这些讲究，出门都不好意思说自己是贵族。巴黎是世界时尚之都，就

---

[1] [法]杜比主编：《法国史》（上卷），吕一民等译，商务印书馆，2010年，第十六章。[英]琼斯：《剑桥插图法国史》，杨保筠等译，世界知识出版社，2004年，第159—160页。

是从这时候开始的。[1]

另外,路易十四还通过支持科学和艺术增添自己的光辉,《法兰西报》对他歌功颂德。相应地,法国的书报审查制度非常严格,笛卡尔、伏尔泰、孟德斯鸠的著作都上了禁书目录。就这样,一个充满了浮夸、虚伪的社会,一个上层和下层严重脱离的社会形成了。[2]

路易十四的第三张"好牌"是官僚队伍。太阳王用吸引加胁迫的办法,让好勇斗狠的贵族们离开自己的地盘,到凡尔赛宫享受风花雪月。这就相当于不费一兵一卒把贵族都软禁起来,路易十四还得到了贵族的狂热崇拜。最终,法国的贵族问题就这么消化了,因为贵族们都变成了只享受不做事的纨绔子弟。

虽然待在凡尔赛宫,但老贵族们的封地收入一分都不少拿,他们只是把地方的管理权交给了国王派去的亲信。结果,农民既要交租又要交税,再加上教会的什一税(基督教规定每个信徒要把收入的十分之一捐给教会),硬生生背上了"三座大山"。

代替老贵族们帮国王管理国家的是新官吏。新官吏当然比老贵族听话,但是,国王任用亲信导致整个国家陷入结构性腐败。这是什么意思?路易十四的名言是"朕即国家",他把国家当作自己的家产对待。新官吏们实际上和他一样,表面上忠君爱国,内心却想

---

[1] [法]伏尔泰:《路易十四时代》,吴模信等译,商务印书馆,1997年,第二十五至二十八章。

[2] [英]彼得·伯克:《制造路易十四》,郝名玮译,商务印书馆,2007年,第二章。

着"我的地盘我做主",把手里的权力当作家产来用。

国王让新官吏收五千,他们就敢大着胆子收一万。如果百姓抗议,他们就报告说百姓抗税,要国王派兵镇压。国王当然会怀疑新官吏们鱼肉乡里、中饱私囊、欺上瞒下,可是,如果国王派钦差大臣抓腐败分子,怎么保证钦差就不会腐败?就不会收贪官污吏的钱?就不会和贪官污吏达成攻守同盟?事实证明,都会。路易十六明确说过,他面对的是一个早已腐败透顶的官僚队伍,但他也清楚地知道,自己一点办法都没有。国王已经被腐败的官僚队伍绑架了。[1]

从长远来看,路易十四和他的前辈们建立官僚队伍是现代化的必然选择。但是,让官僚队伍保持廉洁高效是有条件的,只讲忠诚远远不够,更重要的是行政法、专业化、政治中立、职务稳定等一系列制度建设,后面这些条件显然是当时的法国无法具备的。

所以,建立官僚队伍取代贵族管理国家所导致的结构性腐败,恐怕不是清除一批腐败分子就能克服的,必须依靠系统化的制度建设。

路易十四以为自己拥有战争国家、光辉形象和官僚队伍就成了如日中天的太阳王,实际上,他留下的法国只是一个烂摊子。

---

[1] [法]伏尔泰:《路易十四时代》,吴模信等译,商务印书馆,1997年,第344—352、417—457页。[美]埃特曼:《利维坦的诞生》,郭台辉译,上海世纪出版集团,2010年,第138—164页。

九、启蒙：什么是经典的现代性？

从中世纪一路走来，法国看起来既强大又风光，实际上埋藏着重大隐患。结果我们都知道，法国发生了大革命。前文提过，法国人推翻的不是封建专制，而是君主集权的绝对主义国家。

不过，在分析法国大革命之前，必须先了解启蒙运动，它从路易十四晚年开始。可以说，正是启蒙运动让法国人为整个现代西方描绘出底色。启蒙运动是现代西方成长史上的核心文化事件。

■ 经典现代性的塑造

为什么要给启蒙运动如此重要的地位？因为它完成了经典现代性的塑造。也就是说，启蒙运动塑造了所谓现代的基本标准、基本格式和基本信条，它们分别是理性主义、进步主义和自由民主。

这三点加起来大概是这样一幅画面：人拥有理性，理性是人区别于其他动物的标志，也是人最重要的力量；每个人都拥有理性，也应该把理性运用到生活的方方面面，宗教、道德、政治、经济都得讲道理，不玩神秘。

启蒙就是让人有勇气运用自己的理性，进而走出蒙昧。"启蒙"这个词的英文是Enlightenment，其中的"light"是"光"的意思，这个"光"在构词法上被强化了好几层，整个英文单词最直接的意思就是"照亮"。也就是说,人要勇敢地让理性之光照亮自己。一旦用理性之光照亮了自己,人的前途自然一片光明,进步主义就产生了。进步主义意味着,人对自己的前途非常乐观,人可以运用理性实现自己和世界无止境的改善。[1]

在社会政治生活中,人拥有自然权利,也就是天赋人权。这种自由的权利是普遍的,每个人都平等地拥有,所以,人在政治上是自由的、平等的,必须依据人的自由和平等来建立政治秩序。

这些理念看起来是不是非常熟悉?实际上,经典现代性的塑造早就开始了,经过一系列重大的努力,在启蒙运动这里画上了圆满的句号。

回想前文的内容。最初,文艺复兴使大写的人站起来了,人是美的、善的、有力量的,充满了乐观积极。接着,宗教改革打破了教会的权威,让每一个人在灵魂安顿这个层次上直接对上帝负责,人就变得很勇敢,人在最深处变得更自由,人与人之间变得更平等。随后是科学革命,人运用理性发现了世界的规律,牛顿三大定律可以解释世间所有物体的运动,这就使人变得自信、自豪。

最后到了启蒙运动,前面的成就汇集到一起。这些重大文化事件的重点可能并不相同,但它们都是从不同方面把人解放出来,有着内在的相通之处,最后汇集成相互联通的信念:人有理性,因此前途光明;人要自由平等地管理自己;一个世俗的世界也可以很美

---

[1] [英]布朗主编:《劳特利奇哲学史》(第五卷英国哲学和启蒙时代),高新民等译,中国人民大学出版社,2009年,第九、十章。

好。这就是启蒙运动的主张。[1]

但是，今天的人可能会问，人一定是理性的吗？前途一定是美好的吗？政治一定是自由民主的吗？在现实中，恐怕不一定。哲学、伦理学、政治学、法学、经济学都对启蒙运动给出的答案提出了很多质疑。但是，无论有多少深刻的质疑，甚至反驳，理性主义、进步主义、自由民主都成了现代文明的基本标准、基本格式和基本信条。理性有很多种表现，进步有很多种步调，自由民主有很多种类型，但公开反对理性、反对进步、反对自由、反对民主的人其实是极少数。

所谓经典现代性不是不能质疑，也不是绝对清楚，更不是没有缺点，而是主流标准。一个人走的路无论有多独特，都不可能回避理性主义、进步主义、自由民主。一个人是这样，一个国家也是这样。

■ 法国和启蒙运动的关系

既然启蒙运动是整个现代西方历史上的核心文化事件，为什么要把"这笔账"记在法国人头上呢？大致有两方面原因。一方面，在启蒙运动中，很多大师都是法国人；另一方面，启蒙运动和法国大革命关系最直接。

---

[1] [德]康德："答复这个问题：'什么是启蒙运动？'"，载[德]康德：《历史理性批判文集》，何兆武译，商务印书馆，1997年，第22—31页。[法]福柯：《何为启蒙》，顾嘉琛译，载杜小真编：《福柯集》，上海远东出版社，1998年，第528—543页。

先看第一个方面。我们都知道，称得上启蒙运动大师的人物，至少有英国人霍布斯、洛克，法国人孟德斯鸠、伏尔泰、狄德罗、卢梭，德国人康德。他们从哲学、政治学、伦理学、法学、文学等方面推进了启蒙运动，共同树立起理性主义、进步主义和自由民主的信念。

而法国大师们受到英国大师们的启发，把启蒙的道理讲得更通俗。在他们手里，启蒙真正变成了一场声势浩大的运动，最后德国人康德替他们做了最好的总结。可以说，在启蒙运动中，英国人负责序曲，法国人负责高潮，德国人负责收尾。听一首乐曲时，人们总是最容易记住高潮部分，同样的道理，法国人的表现令人印象深刻。所以，启蒙运动"这笔账"就大致记到了法国人的头上。[1]

再看第二个方面。为什么说启蒙运动和法国大革命关系最直接？它们之间有什么关联？简言之，启蒙运动提供的理念对当时的法国展开了全面批判，与绝对主义国家产生了致命的冲突。

首先，启蒙运动带有非常明显的无神论色彩，而绝对主义君主制必须依靠有神论，依靠君权神授，因此它们之间存在根本冲突。也就是说，启蒙运动的展开，一定会摧毁波旁王朝的合法性，它在宗教观的层次上具有强烈的革命性。

回想上一篇提过的法国的宗教形势，波旁王朝一步步收紧宗教管制，后来废除《南特敕令》，也就是废除了宗教宽容。最终，天主教在王朝的支持下取得优势，自然也就成了王朝的帮手，这是一

---

[1] Ronald S. Love, *The Enlightenment*, Westport: Greenwood Press, 2008.

种政治和宗教联手的压制性态势。

而启蒙本身继承了文艺复兴以来对人的解放和推崇，人越来越高大，上帝越来越退居幕后。在波旁王朝的压制之下，思想家们的反抗越来越剧烈，开始宣扬无神论，要摧毁君主制的根基，摧毁君权神授。所以说，世俗化迟早要摧毁君主制，法国政局使这种冲突变得非常尖锐。[1]

其次，启蒙运动宣扬理性主义，路易十四却在宣扬太阳王的光辉形象，二者存在重大冲突。理性主义就是讲道理，而"太阳王"的光辉形象经不起道理的推敲。理性主义讲什么道理？讲科学的道理，当人们通过牛顿力学认识到，太阳只是茫茫宇宙中一颗非常普通的恒星，太阳王的形象必定大打折扣。

君权神授的逻辑是必须玩神秘。上帝怎么给了君主至高无上的权力，只有君主知道，一般人只要顶礼膜拜就可以了，不需要思考。理性却鼓励人独立思考，运用科学规律去思考，破除神秘、赶走愚昧。人越来越理性，就意味着君主神秘的光辉形象越来越不可信。[2]

孟德斯鸠已经开始思考君主制和专制是不是一回事；伏尔泰虽然赞美了"路易十四时代"，但他已经对路易十四冷嘲热讽、暗地批评；狄德罗编纂《百科全书》，想让人民知道所有的科学道理，

---

[1] [法]杜比主编：《法国史》（中卷），吕一民等译，商务印书馆，2010年，第745—770页。[法]勒菲弗尔：《法国革命史》，顾良等译，商务印书馆，2012年，第58—65、68—75页。

[2] [英]多伊尔：《法国大革命的起源》，张弛译，上海人民出版社，2009年，第七章。

并且对宗教和君权神授非常不客气；卢梭则对路易十四完全没有好感。[1]

法国人对太阳王的态度大致和这四位思想家立场的变化基本一致。一旦人觉得理性能够为自己带来自信和独立，君主的光辉形象其实很容易破灭。相应地，太阳王的光辉形象一旦受到质疑和挑战，他留下的种种问题，比如贵族纨绔、军队烧钱、腐败丛生等就很容易被人民意识到。

再次，启蒙运动想要实现的自由和民主，与波旁王朝的统治越来越针锋相对，存在巨大冲突。在孟德斯鸠、伏尔泰那里，君主制还是可以实现自由和民主的，英国的君主立宪制就做到了。但狄德罗、卢梭明确认为，实现自由民主的共和制一定和君主制势不两立。

越是迫害新教徒，越是对知识分子进行严格的书报审查，越是强化政治控制，越是收税像抢钱，君主制就变得越令人厌恶，自由民主的口号就喊得越高。你喊得越高，我就压制得越厉害。于是，双方越来越势不两立，政治形势越来越激进化。最终不仅酿成了法国大革命，甚至给世人留下一个偏颇的印象——君主制必然是邪

---

[1] [法]孟德斯鸠：《论法的精神》（上册），张雁深译，商务印书馆，1997年，第一卷。[法]伏尔泰：《路易十四时代》，吴模信等译，商务印书馆，1997年，导言。[法]狄德罗：《狄德罗哲学选集》，江天骥等译，商务印书馆，1997年，第3—51页。[法]卢梭：《社会契约论》，何兆武译，商务印书馆，2008年，第89—98页。

恶的。[1]

总之，宗教、社会、政治这三个最重要的方面都发出了启蒙运动和波旁王朝越来越无法共存的信号。可以说，启蒙运动为大革命准备了越来越充足的燃料，使整个国家变得很危险，说不定哪里擦枪走火就会引爆革命。事实的确如此，1789年，巴黎人民攻占巴士底狱，法国大革命就此爆发。

■ 启蒙运动的后果

启蒙运动完成了经典现代性的塑造——通过这个基本判断，我们可以感受到，启蒙运动的后果是深刻而复杂的。如果要用一句话概括它的后果，那就是把西方塑造成了一个世俗化的世界，人站在了世界的中心。

世俗化就是用日常、俗常的眼光看世界，与之相对的，是用上帝的、宗教的眼光看世界。理性是驱散神秘的法器，用马克斯·韦伯的话说，这个过程叫"祛魅"。[2]启蒙运动后，这个世界不再神秘，从前那些说不清道不明的崇高和伟大都被赶走了。现在的崇高和伟大必须说清楚，否则就是骗人，是别有用心。

---

[1] 以狄德罗为首的启蒙思想家们通过编写和出版《百科全书》反抗法国的旧制度，这是一个复杂的过程，也并非全然高尚和纯洁。达恩顿的《启蒙运动的生意》（叶桐等译，生活·读书·新知三联书店，2005年）非常有趣地描绘了这个过程。

[2] [德]马克斯·韦伯：《新教伦理与资本主义精神》，康乐等译，广西师范大学出版社，2007年，第84页。

那怎样才算说清楚呢？要符合科学原理，用铁一般的规律解释因果关系。牛顿发现了三大定律，于是整个世界的物体运动被说得清清楚楚。从知识发展的角度看，启蒙运动崇尚科学。科学是对人的理性最好的证明。

想一想，人变得理性、自信、乐观后，还会轻易接受其他人的统治吗？当然不会。这样的人要自己统治自己。理性是每个人都有的能力，所以人是自由的，人与人之间是平等的。在这样的基调和底色之下，政治开始向着自由民主的方向发展。

这样一来，理性主义、进步主义、自由民主连在一起，塑造了现代西方的世界观、价值观和人生观。从现代西方文明的成长历程看，我们可以把启蒙运动看作现代西方文明的成年礼。

但是，就像一个人成年之后还是会对自己的"三观"产生怀疑一样，现代西方文明同样会对启蒙信条产生怀疑。人是完全理性的吗？理性是万能的吗？科学能解释和解决所有问题吗？世界和人生都会越来越好，而且永无止境吗？政治一定要我自己来当家作主吗？每个人都愿意并且有能力当家作主吗？

西方不断地思考这些问题，产生了五花八门的答案。有的答案从不同角度继续支持和阐发理性主义、进步主义和自由民主，有的答案表示怀疑，有的甚至对它们予以彻底的否定。现代西方的兴衰最终将取决于对它们的调试或者更新是否成功。

十、革命：天地从此焕然一新了吗？

启蒙运动瓦解了波旁王朝，为大革命积攒了充足的火力，最后终于促使法国大革命在1789年爆发。下面我们就来看看，法国大革命如何广泛地传播了启蒙信条，深刻地改变了西方政治。

法国大革命的理想很崇高，作为革命第一文件的《人权宣言》把人权当作核心概念，勾勒出一幅美好的图景：公民有权利，国家有权力，而且国家的权力为公民的幸福服务；宪法既是国家和公民之间的契约，也是国家行使权力的规章制度。[1]

但是，很多人都知道，法国大革命中出现了很多血腥暴力的行为，特别是在雅各宾派执政期间，他们以镇压反革命为由，肆意抓捕、审讯、屠杀他人。

■ 法国大革命的理想和手段

其实，法国大革命手段并不清白，是很多有识之士批评法国大革命的一个要点。面对这种批评，我们要先从科学的角度去理解，为什么法国大革命过程中出现了如此多的暴力。

---

[1] [德]耶里内克：《〈人权与公民权利宣言〉——现代宪法史论》，李锦辉译，商务印书馆，2013年，第60—62页。

大革命中有暴徒，但他们并不是对错误行为一点道德良知都没有的野蛮人，而是一种心理机制在起作用：只要有崇高的理想，就不惜一切代价去实现，一切阻力都应该被消灭。很多人都带着近乎宗教狂热的心理状态去做坏事，他们不认为自己错了，因为崇高的理想超越了俗常的规矩。崇高的理想使他们舍生忘死、肆无忌惮。

这个过程中最重要的一点是，革命理想成了宗教的替代品。世俗化的不断前进意味着宗教的不断衰落，但人的精神必须有所寄托。既然宗教寄托不了，那就寄托在革命中，所以法国大革命才会超乎寻常地激烈。我们必须洞察到，暴力行为的背后是革命理想对传统宗教的替换，不能单纯地将其归结为革命队伍里有一小撮人实在太坏。[1]

不能杀人放火、偷盗抢劫、撒谎告密，这些是人类文明的基本准则，在所有古老文明的起点都可以找到明确的证据。那么，如果有了新的崇高理想，我们该如何处置这些古老准则呢？

不妨想想，远大抱负意味着我们可以对文明的规则无所顾忌吗？恰恰相反，如果你是一个成大事的人，就应该学会更巧妙、更周全、更妥当地选择自己的手段。即便不得已采取了不良手段，也要心存愧疚、勇于承认。

---

[1] ［法］托克维尔：《旧制度与大革命》，冯棠译，商务印书馆，1997年，第51—53页。［法］马迪厄：《法国革命史》，杨人楩译，商务印书馆，2011年，第123—134、201—240、451—491页。［法］杜比主编：《法国史》（中卷），吕一民等译，商务印书馆，2010年，第821—829页。朱学勤：《道德理想国的覆灭》，上海三联书店，1994年，第一章。

正因为法国人——比如托克维尔——认真反省了大革命中的污点，他们后来才能更加冷静地落实革命的理想，更加珍视对正义和传统的维护。敢于承认错误并不会抹杀理想的崇高，反而可以使一个国家、一个文明走得更稳、更远。[1]

所以，就算理想是崇高的，目的是正确的，也不能证明手段本身是正确的，这个逻辑并不成立。正确的做法应该是：手段必须配得上崇高的目的。

■ 法国大革命中不同的人

了解了法国大革命的"污点"和它背后的原因，再来看身处革命之中的人，他们是因为什么动机参加了革命。

法国大革命进行得如火如荼、激情澎湃，几乎要烧掉法国的一切。很多人可能会由此产生误解，认为法国大革命很纯粹，所有参加革命的人都是被崇高理想驱动的。真相并非如此，从人的动机看，法国大革命一点都不纯粹。革命队伍和反革命队伍都是鱼龙混杂，而且有些人立场并不坚定，一遇到事情就换队伍。

在革命队伍里，有热情的理想主义者，他们想要改天换地，建立新社会，罗伯斯庇尔和他的雅各宾派大致都是这种人；有天真的跟随者，他们被革命口号鼓舞，就跟着去了，至于革命到底为了什么、具体怎么进行革命，他们并不清楚，农民大多数是这种人；有

---

[1] [法]托克维尔：《旧制度与大革命》，冯棠译，商务印书馆，1997年，第59—61页。

自杀式表忠心的跟随者，比如教士阶级，他们是革命的对象，却热情地支持革命，比如教士在当时的法国原本是第一等级，结果他们居然开会宣布消灭教士阶级，教士全部加入第三等级；有投机分子，只要能在政治上夺权或在经济上赚钱，他们就支持革命；还有天生不安分的人，他们不知道革命理想，只要能打倒贵族、宣泄暴力、快意恩仇，就很过瘾。[1]

反革命的队伍也一样。在反革命队伍里，有国王、贵族、地主，他们是革命的对象，当然反对革命；有借钱给国王、贵族的银行家，因为一旦革命，借款就收不回来了；还有其他国家，比如奥地利、普鲁士、沙皇俄国，它们都指责革命是造反，无法无天，所以出兵干涉。其中，英国的做法很有意思，它在当时已经是资产阶级国家了，但也出来反对法国的资产阶级大革命，因为它认为法国大革命会打破欧洲大陆的均衡局面。[2]

这还不算最乱，随着形势的变化，人们会调整自己的立场。原本赞成革命的人，很可能因为革命变得恐怖而反对革命；原本反对革命的人，很可能因为形势大好或形势逼迫转而支持革命。

路易十六就是个典型例子。他不像路易十四那样雄才大略，而是有点懦弱、犹豫，立场一直不坚决。革命前，他没有采取高压政策对付革命气氛，而是听取了很多改革建议并付诸实施，结果让大

---

[1] [法]勒菲弗尔：《法国革命史》，顾良等译，商务印书馆，2012年，第一编第二章。[法]米涅：《法国革命史》，北京编译社译，商务印书馆，2010年，第九章。

[2] [法]勒菲弗尔：《法国革命史》，顾良等译，商务印书馆，2012年，第209—337页。[法]马迪厄：《法国革命史》，杨人楩译，商务印书馆，2011年，第552—564页。

多数人变得更加不满。比如,他放宽书报审查后,文人骚客们更加肆无忌惮地攻击政府的腐败和过失,政府威信遭到严重打击。

推动改革、放松管制的措施没有让人民觉得王朝变好了,而是让人觉得王朝原来可以改变。但它变得太慢了,为什么不能再快一些呢?

法国政府的改革速度跟不上民众预期上涨的速度,民众得到了实惠,反而觉得蒙受了损失,这种心理现象叫做"相对剥夺"。政府的改革反而惹来了民众的一肚子怨气,支持率迅速下降。[1]

等到法国大革命爆发,路易十六依然很懦弱。他没有拼死抵抗,和革命者血战到底,而是说:好吧,你们想怎么办?改宪法,改君主立宪制,都可以。结果,从1789年到1792年,他真的做了三年立宪君主。

可革命形势不断升级,国内的革命派认为君主立宪制没有实现革命理想,也解决不了国内乱糟糟的各种问题,更对付不了不友好的邻居们。路易十六听到风声,加上王后吹的枕边风——这位王后出嫁前是奥地利公主,肯定无法接受君主制被颠覆——他选择带着王后出逃避难,结果被抓住了。[2]

国王和王后竟然叛国,革命群众更加激奋,直接砍了他们的头,废除君主制,建立共和国。糊涂国王路易十六和他的断头王后

---

[1] [法]托克维尔:《旧制度与大革命》,冯棠译,商务印书馆,1997年,第三编。
[2] [法]勒菲弗尔:《法国革命史》,顾良等译,商务印书馆,2012年,第216—223页。[法]马迪厄:《法国革命史》,杨人楩译,商务印书馆,2011年,第135—151页。

就这样成了革命的祭品。这只是不断升级的革命中被当作祭品的一个案例，之后还出现过很多类似事件。革命的升级让有些人爱、有些人怕，在爱和怕的驱动下改变立场，其实很正常。

所以，不要把大革命看成一群动机纯粹、一致的人团结一心做的大事。革命过程很复杂，很重要的一个原因是人心复杂。

观察文明、探查人性、总结兴衰有一个重要的思维方式，就是敢于面对复杂性。所有大事情都是复杂的，不是简单纯洁的。如果你在了解一件事情之后，心里五味杂陈，很难简单做出是非分明的判断，这就对了。只有认真揣摩和思考，才能获得有意义的启发。

■ 法国大革命的影响

法国大革命的影响是爆炸性的，法国大革命的精神是启蒙运动，但如果由此得出结论，认为法国大革命就是启蒙信条的广泛传播，未免太过简单。一件复杂的大事，怎么可能只产生一个方向的后果呢？

换个方向看，如果说法国大革命把理性主义、进步主义、自由民主的口号喊得震天响，各国王室听了都瑟瑟发抖，未免有些夸张，但各国王室免不了坐立不安。那各国人民呢？当然受到了法国大革命的鼓舞——法国人民可以自己当家做主，我们为什么不可以？从信念传播的角度出发，评价法国大革命把经典现代性的核心标准普及到整个世界是可以成立的。但需要特别提醒一下，这还不是全部，法国大革命产生的影响其实非常复杂。

我会通过一个大人物,从两方面入手解释革命后果的复杂性,这个人就是拿破仑。

一方面,信念的传播除了依靠法国大革命一浪高过一浪的行动之外,还有看起来和热血沸腾的革命不那么吻合的东西,那就是制度。

制度是最好的示范。法国人民和各国人民在观察法国如何落实启蒙思想的时候,除了看他们砍国王的头、砍反动派的头以外,还要看他们建立了什么新制度来达成理想。在法国大革命中,最值得称道的制度成就是《拿破仑法典》,也就是《法国民法典》。

拿破仑戎马一生,在高度紧张的战争时期,尤其是深陷革命内战和外战焦头烂额的时候,他居然花大力气推动民法典的编制,而且把民法典看作自己一生最重要的成就,比当法兰西皇帝还自豪,这是为什么?因为民法是和所有人的日常生活联系最密切的法律,针对的是契约、婚姻、继承等重大事项。拿破仑用启蒙思想把民法典刷新一遍,启蒙的精神就融入到人们的日常生活中。可见,拿破仑对民法典的看重绝对有道理。[1]

另一方面,拿破仑发动的战争也传播了启蒙思想。随着拿破仑的军队横扫欧洲,革命的自信、乐观和豪迈就被带到了全欧洲。这时,各国王室就不只是瑟瑟发抖,而是屁滚尿流了。维系了近一千

---

[1]《拿破仑法典》,李浩培等译,商务印书馆,2006年,总则、第一编。[英]梅特兰:《欧陆法律史概览:事件、渊源、人物及运动》,屈文生等译,上海人民出版社,2008年,第221—239页。

年的神圣罗马帝国寿终正寝,西班牙国王、德国数百诸侯,包括普鲁士,全部对拿破仑俯首称臣。在摧毁其他国家旧制度这方面,拿破仑干得很漂亮,但他没有在那些国家建立新制度。[1]

到此,我们就可以了解法国大革命引起的两个应激性重要后果。一个是英国人柏克宣扬的保守主义,另一个是德国人费希特宣扬的民族主义。

英国人柏克认为,法国大革命太激进,理性主义、进步主义、自由民主都必须加以限定和调整。实践理性比理论理性更重要,进步必须以维护正义、保护传统为基础,自由民主必须强调法治和秩序。[2]因此,保守主义成了矫正经典现代性的第一股力量。

而德国人费希特宣扬,每个民族都有权利追求自己的政治自主。拿破仑再怎么代表崇高的理想,侵略就是侵略,每个民族应该自己团结起来,实现独立自主。民族主义提醒了所有人,人除了是公民,需要国家保护自己的人权,还是有文化、历史、语言甚至血缘联系的共同体成员,捍卫民族的生存和荣誉也是人的重要责

---

[1] [法]勒菲弗尔:《拿破仑时代》(下卷),中山大学《拿破仑时代》翻译组译,商务印书馆,1997年,第四编。[法]勒菲弗尔:《法国革命史》,顾良等译,商务印书馆,2012年,第653—658页。[法]杜比主编:《法国史》(中卷),吕一民等译,商务印书馆,2010年,第892—906页。[法]米涅:《法国革命史》,北京编译社译,商务印书馆,2010年,第356—381页。[英]布莱宁:《企鹅欧洲史》(第6卷追逐荣耀1648—1815),吴畋译,中信出版社,2018年,第810—817页。

[2] [英]柏克:《法国革命论》,何兆武译,商务印书馆,2003年。

任。[1]这为后来世界各国的独立自主提供了基本的思路和根据。

可见，法国大革命的影响确实深远，除了传播启蒙思想，它的影响还包括拿破仑法典、拿破仑战争，以及保守主义和民族主义的兴起等。

因此，在观察重大事件后果的时候，我们不能只是顺着叙述，有很多意外后果也很重要，只有把它们都算上，才能看得更全面。

---

[1] Johann Gottlieb Fichte, *Addresses to the German Nation*（1807—1808）, trans. by R. F. Jones and G. H. Turnbull. Westport, CT: Greenwood Press, 1979.

十一、独立：美国是从哪里冒出来的？

几乎在法国大革命发生的同时，大西洋另一边的美国也爆发了一场影响深远的革命，那就是独立战争。其实，发生在美国的这场革命得到了不少来自法国人的帮忙，路易十六给美国革命提供了钱和兵，法国统帅罗尚博给华盛顿提供了很重要的战略意见。可以说，没有法国人帮忙，美国的独立就算能实现，起码要迟十几、二十年。不过，美国革命在很多重要方面和法国革命不一样。

■ 美国社会的自治传统

要想理解美国革命的独特之处，得先看美国社会的特点。因为西方现代文明的重要特征之一是社会的崛起，美国的社会特征对美国政治的基本结构乃至现代西方文明的平衡都至关重要。

和欧洲大陆相比，美国社会有个天然的不同之处，它是天生的联邦制。很多人可能觉得，联邦制是美国国父们制定宪法的时候才发明的，怎么会是天生的呢？没错，联邦制是国父们在制宪时创造的制度，以此来平衡大州、小州的权利和利益。不过，联邦制并不是国父们在制宪会议上的神来之笔，它的基础在制宪会议之前就已经很深厚了，这个基础就来自美国的社会。

我们从最初的英国移民说起。最初跑到美国大陆的是英国的清教徒，他们受不了英国国教的迫害才逃往北美，其中最著名的事件是"五月花号公约"的签订。在"五月花"号轮船抵达北美之前，船上的人签署了一份文件，叫作《五月花号公约》，规定上岸之后的重大事宜，以此建立一个没有宗教和政治压迫的、自由平等的社会。它的全文如下：

> 以上帝的名义，阿门。
> 我们这些名字签署在这个文件上的人，我们令人敬畏的、至高无上的、蒙上帝恩典的君主詹姆斯王的忠顺臣民，大不列颠、法兰西及爱尔兰国王这些信仰保卫者们的忠顺臣民，为了上帝的荣耀，为了基督信仰和吾王荣誉的增进，进行了这次旨在前往弗吉尼亚北部地区开拓第一个殖民地的航行。为了使我们的生活井然有序，为了保持和推进我们的上述目的，在上帝和我们大家的见证下，依据此文件，我们庄严地、彼此信任地订立此约，自愿结为一个公民政治体。依据此文件，如若我们认为对殖民地的公共福利有益，我们将随时制定、实施有益于本殖民地总体利益的一应公正和平等法律、法规、条令、宪章与公职，并承诺遵守和服从它们。[1]

《五月花号公约》的内容几乎就是后来《独立宣言》第一段和

---

[1] 译文来自[美]布莱福特：《"五月花号公约"签订始末》，王军伟译，华东师范大学出版社，2006年。根据原文略有修改。

《宪法》第一段的预演,它们在价值观念、思维特征、行事方式上几乎如出一辙。

签订这种协约的人在很长一段时间里就是北美殖民地的主体人口,他们是从英国逃亡来的WASP:W代表white,就是白人;AS代表Anglo-Saxons,指的是盎格鲁-撒克逊人,也就是英国人;P代表Protestant,指的是新教徒(英国版的加尔文新教就是清教)。[1]

这个基本人口构成会对美国社会产生什么样的影响呢?首先,这些人曾经是英国人,几乎和英国共享全部的文化。其中最重要的就是普通法,所谓普通法系就是英美法系,在英国和美国最为典型。其次,这些人不愿意继续做英国人,因为宗教冲突。德国、英国、法国的宗教冲突,最后的解决办法基本上是教随国定。如果你是这个国家的少数派,那最好移民。因此,美国在原生意义上就是个移民国家。不过,早期移民存在着很明显的宗教、文化、法律共性,所以,美国这个移民国家并不是"文化中立"的,离它的文化底色比较远的人群如果移民到那里就很难融入,甚至会被打压。

最初这群受迫害的宗教逃亡者到了新大陆后,原来令人讨厌的天主教会、国教教会都没有了,作为国教教主的国王没有了,大大小小的贵族也没有了,客观上,老欧洲那套等级森严、贵族领

---

[1] [美]费舍尔:《阿尔比恩的种子:美国文化的源与流》(上),王剑鹰译,广西师范大学出版社,2018年,7—14页。[美]方纳:《美国自由的故事》,王希译,商务印书馆,2002年,第一章。[美]布林克利:《美国史(1492—1997)》,邵旭东译,海南出版社,2009年,第2章。[美]亨廷顿:《我们是谁?——美国国家特性面临的挑战》,程克雄译,新华出版社,2005年,第三至五章。

主、王权至上的规矩都没有了。那么，他们会选择什么样的公共生活呢？

回想一下新教的主张：《圣经》是信仰唯一的依据，天主教的教会法全部作废；教会是信徒的团契，不是压制性的权力机构；人人都是祭司，可以直接联系上帝；每种职业都能荣耀上帝，上帝会在任何地方召唤你。

既然这些人相信上帝面前人人平等，那平等的人遇到公共事务就会一起商量着办。自由平等的人一起管理公共事务的合理办法就是自治。

自治在美国遍地开花，多大的事情就由多大的自治团体来解决，搞得有声有色。法国人托克维尔在美国内战前夕访问美国，写下了传世名著《论美国的民主》，描写和分析的就是美国人已经习以为常的自治。

托克维尔在美国的乡镇发现了"美国民主的秘密"："在联邦的各州，乡镇和县并不是按照同一方式建立的。但也不难看出，在整个联邦，乡镇和县的建制，却差不多完全基于同样的原则。"[1]这段几乎像谜语一样的话道破了美国社会结构的秘密，各种社会政治组织建立的方式各不相同，但它们有一个统一的原则——自治。

而自治和我们熟悉的联邦制可以说是一回事。这是为什么？

---

[1] [法]托克维尔：《论美国的民主》（上卷），董果良译，商务印书馆，2004年，第67页。

自治是一种横向的社会组织方式，就是把平等的人组织起来一起商量怎么办事。小地方的小团体用自治的逻辑办事比较容易，比如，A村要修路，村民们商量怎么修就可以。如果往大了想，几个地方的小团体遇到了共同的事务，他们怎么办？比如，A村修的路想和B村修的路连起来，是不是得两个村委会商量着办才行呢？

如果要商量的事情越来越多，涉及的团体越来越大呢？就必须把小团体之间商量的机制固定下来，使其常规化。要怎么固定呢？用权利和义务固定。就像一群人成立小团体时会明确成员各自的权利和义务，小团体组成大团体也要明确各个团体的权力和责任。这样一种自下而上形成的组织结构，坚持用成员的权利和义务来确定组织的权力和责任，然后不断扩大。扩大到十三个州连在一起的规模，就是联邦制。所以说，自治这种横向的社会组织方式，和联邦制这种纵向的政治组织方式，在本质上是一回事。[1]

顺着这个思路，就可以用联邦制的视角来看美国。美国不仅国家结构形式是联邦制，所有社会组织基本上也都是联邦制，一层套一层。新教徒们在新大陆把自治的游戏玩到底，玩到国家都按照社会组织习以为常的办法来建构。

欧洲大陆国家和美国在这一点上很不一样，美国的国家崛起以

---

[1] [美]费舍尔：《阿尔比恩的种子：美国文化的源与流》（上），王剑鹰译，广西师范大学出版社，2018年，第259—280、545—559页；[美]费舍尔：《阿尔比恩的种子：美国文化的源与流》（下），王剑鹰译，广西师范大学出版社，2018年，第784—806、1032—1044页。[美]帕特南主编：《流动中的民主政体——当代社会中社会资本的演变》，李筠等译，社会科学文献出版社，2014年，第三章。

社会为依靠力量，欧洲大陆国家的崛起以社会为打击对象。当美国人用各式各样的自治和联邦支撑起新国家的时候，欧洲大陆国家的君主们正在忙着控制和消灭社会组织。在欧洲大陆，正是国家和社会之间产生了剧烈冲突，才直接引发了革命。

　　社会和国家都是组织，它们之间既存在合作关系，又存在针锋相对的关系。归根结底，二者的冲突在于，事情到底由社会组织来办还是由政府来办。民众通过自治的社会组织来办事，就在一定范围内拥有公共权力，这种权力是自下而上生成的。现代政府无论是君主制还是民主制，必然都有行政系统，它的权力天然是自上而下产生的。这两种权力一定会交战，每个国家都必须在它们之间取得均衡。

　　通常而言，国家比社会更强势。但是，如果国家故意压制社会，社会组织成长不起来，民众就没有自我管理的机会，也就锻炼不出自我管理的能力。时间长了，连自我管理的意愿都没有了。这样一来，大事小事民众都要依靠国家，国家会不堪重负。有一个关于法国的笑话，说的是巴黎著名的香榭丽舍大道上到处都是狗粪。有人问狗主人为什么不收拾，他很自然地回答，那是国家的事情。

　　如果民众没有能力把社会组织起来管好自己的事情，就只能等着国家来管；反之，如果民众有组织、有能力，就不需要国家来管。

■ **美国革命的实质**

法国人是被绝对主义君主逼得活不下去了才爆发了革命，而美国不是这样。英国人没有让美国人活不下去，只是拒绝给他们提供和英国人一样的待遇。美国革命虽然是反抗英国的统治，但它的实质不是对绝对主义国家的反抗和矫正，而是寻求资本主义经济地位和政治地位的匹配。

美国革命的第一文献《独立宣言》里就暗藏玄机。其中的名言几乎人尽皆知："我们认为下面的真理是不言自明的：人人生而平等，造物主赋予他们若干不可剥夺的权利，其中包括生命权、自由权和追求幸福的权利。"[1]但是，在这句话之后，《独立宣言》的大部分内容都是在控诉英国国王。不仅数落了他的二三十条罪状，还把他说得比法国的路易十四更坏，比路易十六更蠢。这样一来，美国独立的理由就很充分了：你（英国国王）待我们不好，我们就不跟你过，我们要独立成美利坚合众国。

但是，英国不是法国。英国国家崛起的道路和法国不一样，英国管理内政与殖民地的方式自然也和法国不同。杰斐逊在《独立宣言》里把英国国王写得又坏又蠢，目的是为独立运动做出辩护，要出师有名，显得革命是为了维护权利和正义，而不是暴徒造反。所

---

[1] [美]贝克尔：《论〈独立宣言〉》，彭刚译，商务印书馆，2017年，第4页。

以，我们在理解《独立宣言》的内容时，一定要打个折扣。[1]

另一份革命文件揭示了一般人不熟悉的革命状况。这份文件是美国第二届大陆会议召开之初，约翰·迪金森执笔代表北美十三州人民写给英国国王的《橄榄枝请愿书》（以下称《请愿书》）。

第一届大陆会议已经把十三州联合起来，表达了对英国统治的不满，但没有说要独立。《请愿书》用非常恭敬的口吻请求英国国王给北美殖民地公正——和英国本土一样——的贸易和税收待遇，但英国国王拒绝了。[2]

其实，《请愿书》中的请求完全是按照英国的政治逻辑提出的。北美选出代表去伦敦开会，有权商讨税收和贸易问题，北美和英国就能在政治上、经济上完全一体化。可英国人认为美国不适用英国的规矩，不仅拒绝了《请愿书》，还以强硬的手段对付北美，这才有了第二次大陆会议和后来的《独立宣言》。可见，在美国独立这件事上，英国良好的政治逻辑失灵了。

观察美国革命的时候，我们既要看到美国人对自己权利和正义的维护，又要看清楚它是用英国的好逻辑去对付英国的——这才是最重要的，看清这一点可以帮助我们认识革命成功后的美国会怎么做。

---

[1] [美]贝克尔：《论〈独立宣言〉》，彭刚译，商务印书馆，2017年，第一、三章。
[美]比尔德：《美国文明的兴起》（上卷），许亚芬译，商务印书馆，2016年，第六章。
[2] [美]珀金等：《美国史》（上册），葛腾飞等译，东方出版中心，2013年，第248—250页。

■ 美国制宪

革命的结果我们都很清楚,西方从此多了一个美利坚合众国。但是,革命之后怎么办?国家怎么管?国家怎么发展呢?这些问题对所有革命者来说都很棘手,美国国父们也不例外。独立战争打完的时候,美国简直一团糟,完全没有革命胜利的喜气洋洋,反而到处都是混乱和不满,其中有两个问题格外严重。

第一,英国人苛刻的税收没有了,但贸易问题更严重了。原来的北美只是要承受英国制造的贸易不公,仗一打,跟谁做生意都成问题了。北美只有在英国搭建的三角贸易框架里面才是资本主义大循环的一个环节。现在循环转不动了,混乱和不满自然就来了。

第二,大陆军的军饷发不出来,发生了谢司起义,老兵成了动乱的主力。大陆会议成立的邦联只是个松散的联盟,对十三州没有多少约束力,连军饷都凑不齐。大陆军的装备和英军相比,简直就是天上和地下。如果不是大陆军斗志高昂,战略得当,还有法国人帮忙,真是很难打败英军的。

领导革命的国父们觉察情况有异,便倡议一起修改邦联条例,对邦联进行修补,克服革命后的乱局。结果,他们开会后的最终决定是不再修补邦联,而是成立联邦。抛开《邦联条例》,起草美国宪法。[1]

---

[1] [美]伍德:《美利坚共和国的缔造:1776—1787》,朱妍兰译,译林出版社,2014年,第十章。[美]珀金等:《美国史》(上册),葛腾飞等译,东方出版中心,2013年,第七章。[美]布林克利:《美国史(1492—1997)》,邵旭东译,海南出版社,2009年,第6章。

关于美国制宪的研究很多，好故事也多。如果你想体验国父参加制宪会议的真实过程，可以仔细阅读麦迪逊的《制宪会议记录》；如果你想了解一个传奇故事，可以去看鲍恩写的《民主的奇迹：美国宪法制定的127天》。[1]我要带你看的，不是"民主的细节"，也不是"民主的奇迹"，而是从西方文明的现代化进程来看：革命后怎么办？

革命必然是火热的，没有排山倒海之势就摧毁不了旧世界。问题是，革命的对象被打倒了——比如，法国人把国王的头砍了，美国人把英国人赶走了——排山倒海之势就会自动停下来吗？不会。从法国的雅各宾派恐怖统治和美国的谢司起义来看，激情澎湃的人们不会打完仗就自动解甲归田。

革命扫荡了旧世界，并不必然带来新世界，新世界必须主动去建造。宪法的诞生意味着，就算英国人不带美国人好好过，美国人自己也可以好好过。美国人通过整理殖民地时代的政治传统、社会传统，完成了十三州的顶层制度设计。

美国宪法带来的重大启示是对革命成果的安顿：没有革命，不会有宪法，也就没有新国家、新社会。但问题的后半截是：没有宪法，革命就停不下来，就没有办法落实理想，只能永远在摧毁一切的道路上狂奔，没有办法把革命的人民带入建设新国家、新社会的

---

[1] [美]麦迪逊：《辩论：美国制宪会议记录》，尹瑄译，译林出版社，2014年。[美]鲍恩：《民主的奇迹：美国宪法制定的127天》，郑明萱译，新星出版社，2016年。

节奏。[1]

西方有句名言叫作"宪法是国家的准生证",这不只是在口头上抬高宪法的地位,其中蕴藏着新国家、新社会如何从革命中诞生的道理。

---

[1] [美]阿克曼:《我们人民:宪法的根基》,孙力等译,法律出版社,第七至九章。高全喜:《政治宪法学纲要》,中央编译出版社,2014年,第312—333页。

十二、扩展：美国凭什么成为世界霸主？

美国脱离英国独立，在18世纪末确实是惊天动地的大事，但独立并不理所当然地意味着强大，更不意味着变成世界霸主。美国独立的时候英国已经是世界霸主，虽然美国也拥有英国的好基因，但只有这些是不够的。成功，尤其是顶级成功，不可能被模仿。所以，美国必定有自己独到的特质，才能成为后来的世界霸主。下面两篇我就来分析美国成为世界霸主的原因。

■ 岛国的地理优势

美国成为世界霸主的第一个原因是岛国的地理优势，这是它成为霸主的自然条件。

美国怎么会是个岛国呢？它明明是北美洲的一半，只有夏威夷是几个小岛。但如果把世界地图放远一点，再结合邻国情况来看，北美洲的一半就是个巨型岛屿——西邻太平洋，东邻大西洋，北边的加拿大和南边的墨西哥都没有实力和美国在任何领域展开竞争，只能合作，美国在北美洲一家独大。

其实，美国国父们在立宪的时候思路就很明确，绝不能把新大陆搞成老欧洲那种多国并存的状态，那样只会带来无休止的战争和混乱。[1]后来的总统们很明白这个道理，甚至处心积虑地发动战争，非常积极地把美国变成一个岛国。

原来，十三州都在大西洋岸边，美国通过购买、策反、战争等一系列手段，把自己的地盘扩张到加利福尼亚，到了太平洋岸边。比如，1803年的"路易斯安那购地案"使美国的领土规模扩张了一倍。随后，美国先出兵、后购买，得到了佛罗里达，又通过美墨战争和一系列策反得到了得克萨斯和新墨西哥，途中顺路夺取了俄勒冈。后来，又从俄国手里买下阿拉斯加。[2]经过一系列的鲸吞蚕食，美国的版图才变成我们今天熟悉的样子，成了一个巨型岛屿。

那岛国和霸主有什么关系呢？

首先，岛国天然在军事上比较安全。征服岛国很难，征服之后要统治岛国也很难。如果要征服岛国，就必须有强大的海军；征服之后想要统治如此大规模的领土，则需要强大的陆军。但在那个时代，没有一个国家强大到同时拥有无敌的海军和无敌的陆军。所以，美国天然很安全。

其次，岛国安全方便美国闷声发大财。新生的美国不介入欧洲国家的烂事儿，不管是拿破仑战争，还是1848年革命，又或者是普

---

[1] [美]汉密尔顿、杰伊、麦迪逊：《联邦党人文集》，程逢如等译，商务印书馆，1997年，第六至八篇。

[2] [美]布林克利：《美国史（1492—1997）》，邵旭东译，海南出版社，2009年，第222—227页。[美]纳什等：《美国人民：创建一个国家和一种社会》（上卷1492—1877），刘德斌等译，北京大学出版社，2008年，第13章。

法战争，美国统统不管，只管埋头搞好自己的经济。就这样，在欧洲老大哥们乱作一团的时候，美国悄无声息地把自己的经济规模做成了世界第一（1894年）。

再次，岛国安全使美国不必养陆军。这样既能省钱，又能保证军事力量不会对国内实行强硬统治。美军变成世界第一是很晚才发生的事情，以前美国陆军的孱弱，从林肯招募军队的例子中就能看出来。林肯总统为了对付脱离联邦的南方各州，选择了战争，但林肯是宣战之后才发布的征兵令，而不是手里握着几十万精锐等待对付分离的各州。可以说，宣战之前，林肯没有准备，也没有家底。[1]

最后，岛国使美国对欧洲和世界事务天然具有离岸平衡的优势。不管外面怎么打、打成什么样子，反正都不在美国本土打。那么，因为什么事情介入、什么时候介入、介入得多深、什么时候撤退，这些主动权完全掌握在美国手里。如此宽广的政治战略纵深，是陆地邻国之间根本不可想象的。

比如，德国为了统一，打败了丹麦、奥地利之后，还进军法国，这是为什么？自己要统一，为什么要牵连其他国家？要知道，在俾斯麦这种大政治家手里，国内政治事务和国际政治事务是无缝

---

[1] 林肯：《第一次就职演说》，载《林肯选集》，朱曾汶译，商务印书馆，2010年，第178—188页。[美]布林克利：《美国史（1492—1997）》，邵旭东译，海南出版社，2009年，第391—403页。

切换的。[1]邻国在无缘由的情况下被拖入精心策划的政治进程，被当成棋子，在欧洲大陆国家之间实在是太正常了。所以这些国家都养好陆军，枕戈待旦。

在古希腊那一章，我提过一个理论：陆军天然和专制是一伙的，海军天然和民主是一伙的。这从地缘政治的角度看是有道理的。陆地接壤的国家之间必然以陆军相互防备，而陆军天然倾向于金字塔式的集权结构，国内政治结构必须与之相匹配。否则，就必须建立更大规模、更复杂的制度系统把军队结构和政治结构统一起来。这种复杂的大制度超出了古代和现代早期各国的制度创新能力，即便是美国，也是在20世纪初才逐步磨合出来的。而且，陆军很容易被用来压制国内的不满。

相应地，海军天然是外向型的，如果要平定国内动乱，海军就很难起作用。所以，发展海军的国家必须是外向型的，而且内政修明，不太需要平定国内动乱。否则，同时负担海军和陆军对一个国家来说实在太过沉重。[2]

美国天然具备自治传统，人民自己解决了很多公共问题，也限制政府的权力，所以美国政府管理国内的压力不大。这一点恰好和岛国优势相配合，二者相辅相成，有利于美国发展成一个外向型的国家。

---

[1] [英]泰勒：《俾斯麦：凡人与政治家》，陈丹等译，中国法制出版社，2011年，第三至五章。

[2] [美]黑尔：《海上霸主：雅典海军的壮丽史诗及民主的诞生》，史晓洁译，广西师范大学出版社，2012年。

■ 可扩展性

除了地理上的优势，美国成为世界霸主的第二个原因在于可扩展性。所谓可扩展性就是美国有一种可以不断向外扩展的能力，用经济学术语来说，就是美国把外部力量内部化的能力很强。内部化的意思是一致化，也就是说，只把东西吃进来是不够的，还得消化、融为一体。

可扩展性强就可以把规模做得很大，而且，它不只能拓展经济规模、人口规模、军事规模，更重要的是那些看不见的力量都能够为它所用。规模效应在美国身上得到了最明显的发挥，我们可以从最重要的四个方面感受到，那就是政治、经济、人力、法律。

从政治上看，美国其实不是一个国家，而是一个超级同盟。United States of America里的"states"指的是组成美国的各州，"states"并不是美国的实质，"united"才是。

前文提过，国父们看到邦联解决不了独立战争之后的问题，就放下了松散的邦联，成立了联邦。林肯总统打内战，就是告诉各州，他们没有退出联邦的权利。这样看来，美国似乎是往"把联邦捆得越来越紧"的方向走。

但是，不要忘记美国宪法的基本结构。宪法规定联邦和州各有各的权力，它们之间不是上下级关系。美国的州不是中国的省，州长不由总统任命，只在法律规定的范围内执行总统的命令。州可以增加，成为美国这个超级联盟的一员。[1]组成超级联盟的成员一开始是十三个，现在变成了五十个。从联邦制来定性美国，它就是一个具有无限扩展可能性的超级联盟，而不只是一个单纯的民族国家。

从经济上看，美国是最典型的开放市场经济。在硬件条件上，美国的经济规模是一个大洲的规模，和整个欧洲一样大。世界上规模这样大的国家屈指可数，除了美国还有中国、俄国、印度、巴西、澳大利亚、加拿大。加上美国天生就是市场经济，它很早就形成了大洲规模的国内市场。这么大规模的领土，靠市场经济连接起来，分工和效率非常可观。

亚当·斯密在《国富论》一开篇就讲，效率来自分工，分工来自规模。[2]拥有庞大的规模意味着，当美国市场经济发展起来以后，其经济效率将是欧洲难以匹敌的，其他没有进入现代市场经济的国家就更难以望其项背了。再进一步，市场会被国界切断吗？当然不会，美国从殖民地时代开始就是和欧洲连在一起的。等美国实力雄厚了，它的主导性就是百十来万平方公里的民族国家无法抗衡的。

所以，美国能从无限拓展的市场经济中获取各种支配性的利益。比如，美元成了世界货币，美国自然就可以对全世界征收铸币

---

[1] 美国宪法第四条第三款规定：国会得准许新州加入本联邦……。（《美国宪法及其修正案》，朱曾汶译，商务印书馆，2014年，第12页。）

[2] [英]亚当·斯密：《国民财富的性质和原因的研究》（上卷），郭大力等译，商务印书馆，1996年，第一篇。

税；美国的资本市场最发达，阿里巴巴、新浪就去美国上市……这样的好处数不胜数，其根源都是市场经济的可扩展性。[1]

从人力资源上看，美国的可扩展性使它占尽了全世界的便宜。美国是移民国家，美国梦就是谁都可以凭借自己的奋斗成就一番事业。那里老规矩少，市场化程度高，个人实现梦想的可能性就大，所以美国最爱讲个人英雄主义的故事。个人英雄的经典形象，早年是独闯西部、主持正义的牛仔，到了IT时代则变成了"车库男"乔布斯、从哈佛退学的比尔·盖茨和扎克伯格。好莱坞电影变着花样地宣扬个人英雄主义，讲的就是美国的核心价值观。

所以，美国文化里有一股社会达尔文主义的味道——你成了，你厉害，你没成，是因为你不行。相应地，美国文化不太支持福利制度，每个人都要靠自己的奋斗去生活，纳税人的钱不能拿来养懒汉。

这样一种积极拼杀的氛围使美国成了一个巨大的磁铁，全世界的人力资源都很容易为它所用。比如：清华最聪明的学生去美国念完博士就留在美国的实验室工作了；丰收时节一到，墨西哥的农民就跑到加州打短工采摘水果……宝贵的人力加入美国方方面面的事业。可以说，美国在人力上制造了全世界最大的扩展秩序，全世界培养的人都很容易被美国摘了果子拿去用，而且这些人还是主动的、自愿的。

---

[1] [美]恩格尔曼、[美]高尔曼主编：《剑桥美国经济史》（第三卷），蔡挺等译，中国人民大学出版社，2010年，第9、10、13章。

从法律上看，美国的可扩展性最为可观，可以说，这是美国最可怕的地方。因为政治的扩展性靠宪法，经济和人力的扩展性也要靠法律，法律的扩展性是所有方面扩展性的支撑，是把外部力量内部化的法宝。

美国采用的是普通法，从静态角度看，它和大陆法差别不大；但从动态演化角度看，普通法的可扩展性具备巨大的优势。

大陆法的思维模式是三段论，法条是大前提，事实是小前提，判决就是结论。可万一法条没有规定呢？世界经济变化得越来越快，法条没有规定的事情越来越多，三段论的大前提总是跟不上，新事物就没有办法纳入法律体系，也就没有办法和已有的规范一致化。

而普通法是判例法，有先例就遵循先例，没有先例就根据法律的精神和事物的规律创造先例。吃螃蟹的做法得到鼓励和保护，就容易和已有的规范一致化，融合在一起。这样一来，事情和规矩的同步性就高，事情做到哪里，规矩就能迅速跟进到哪里。事情的扩张始终伴随规矩的扩张，再新、再大的事情都有章可循。[1]

阿里巴巴上市就体现了美国法律的灵活性。它原本计划去香港上市，但港交所不接受阿里巴巴以小控大的股权结构，最后美国接受了这种互联网时代更有效率的股权结构。要知道，香港也是普通

---

[1] ［德］茨威格特、［德］克茨：《比较法总论》，潘汉典等译，法律出版社，2003年，第五、十九、二十章。［美］弗里德曼：《美国法律史》，苏彦新等译，中国社会科学出版社，2007年，前言、尾论。［美］霍姆斯：《普通法》，冉昊等译，中国政法大学出版社，2006年，第七、八讲。

法体系中的一员，它充当国际金融中心已经有几十年时间了，扩展性尚且不如美国，其他国家就可想而知了。

不过，只有岛国优势和可扩展性，美国充其量只是个大块头的荷兰。面对高强度的国内纷争和国际竞争时，它很难胜出。这样一个超大规模的共同体要登上世界霸主的地位，还有一个秘密——政治的左右平衡。

十三、左右：美国政治的秘密何在？

美国成为世界霸主的前两个秘密是岛国优势和可扩展性，我在前一篇已经详细解释过。这一篇，我们剖析美国的第三个秘密——政治上的左右平衡。

美国是一个超大规模共同体。规模是优势，但前提是秩序优良，尤其是政治秩序要安排妥当。否则，就会像老欧洲那样，要么分裂，要么变得乱糟糟，无法形成一个大洲规模的共同体。

那么，美国政治是如何塑造超大规模共同体的呢？具体的办法当然有很多，包括前一篇提过的市场经济和法律，但最重要的是第三点——左右平衡。

■ 什么是"左右"

"左右"是什么意思？很多人会往意识形态方面想，民主党是左派，共和党是右派，驴和象坐跷跷板，今天你当权，明天我执政，保持了政治的稳定。[1]

但这只是问题的表面，完全没有切中要害。"左"和"右"在美国不只是政党，也不只是意识形态，而是两套相生相克的武器

---

[1] 李道揆：《美国政府和美国政治》（上册），商务印书馆，2004年，第四章。

库，它们甚至不能简单地用自由主义和保守主义来概括。[1]

美国的很多做法，尤其是国际行动，总是很容易让人产生分歧。比如伊拉克战争，到底是为正义，还是为石油？到底是国际主义的道义帮忙，还是帝国主义的蛮横干涉？无论站在哪一边，都是对美国脸谱化的理解。只有看清"左"和"右"的相生相克，才能透彻地理解美国。

美国"左"和"右"这两个武器库，各有一个代表人物，他们俩都是美国的国父——杰斐逊代表"左"这个武器库，汉密尔顿代表"右"这个武器库，这两个人刚好也是死对头。正是这两位国父所代表的思想和武器库相互博弈，相克相生，维护着美国政治秩序的平衡。

■ "左"的武器库

先看"左"这个武器库。在美国，"左"代表道义，通常打着"自由"的名号，美国就常说自己是自由国家。古希腊也是这样定义自己的，但自由的内涵实在太宽广、太复杂了，对自由的理解不同是会让人打起来的。雅典和斯巴达是这样，美国联邦和南部邦联之间发生的内战也是这样。在美国内战中，南北两方的分歧，从自由的角度理解就是：到底是工业的、金融的、平等的、维护联邦统

---

[1] [美]亨廷顿：《美国政治：激荡于理想与现实之间》，先萌奇等译，新华出版社，2017年，第八章。

一的自由重要，还是农业的、贵族式的、奴隶主的、随意撒伙的自由更重要。[1]

即便在理论上能分辨出对错，在政治中还是得靠实力来证明。也就是说，自由必须用力量来证明自己是对的，不是说说就算了。这让美国有了在道义上使自己无限扩展的可能。

我们已经知道，美国不是一个民族国家，而是一个超级联盟，它并不在意国界。自由的道义驱动着美国推广自己的价值，而且让它在重大事务上超级自信，当仁不让，甚至在遇到危险或者阻力的时候选择动武。因为自由是美国的立国之本，失去了这一点，美国的精气神就没了，更别谈扩展了。所以，哪怕是强说、硬说，美国也要把自由的故事讲到底，把自由贯彻到底。

美国这个道义的武器库是由国父们共同铸造的，代表人物是杰斐逊，代表作品就是他执笔写成的《独立宣言》。

杰斐逊和他的遗产对美国非常重要。杰斐逊热爱平等，他理解的自由是平等意味非常重的自由，所以他支持民主，相信人民有能力把国家治理好；相应地，他反对寡头政治，反对寡头控制国家、欺压人民。他甚至认为在每代人之间都要实现公平，所以主张宪法每二十年就要改一次，让活着的人决定自己的政治框架。

---

[1] [美]雅法：《分裂之家危机——对林肯-道格拉斯论辩中诸问题的解释》，韩锐译，华东师范大学出版社，2007年。[美]雅法：《自由的新生：林肯与内战的来临》，谭安奎译，华东师范大学出版社，2008年。

杰斐逊很喜欢法国，他曾在独立战争时期出任驻法大使。加上法国人在美国独立上帮了很大的忙，杰斐逊和法国交情不浅，他当然会认同法国的价值观——理性主义、进步主义、自由平等。在美国对外政策的选择中，他极力主张亲善法国，对付英国。杰斐逊的这些主张在他的文集里都有体现，无论是从《独立宣言》《国情咨文》，还是公务或私人信件中，我们都可以看出，他一生孜孜不倦地追求带有强烈平等意味的自由。[1]

杰斐逊这一套理论是美国政治的阳面，和启蒙运动带来的积极、乐观、进步、阳光的形象是高度吻合的，美国也特别爱宣扬这种形象。

■ "右"的武器库

不过，杰斐逊这一套并不是美国的全部，美国还有代表实力的"右"。在美国，实力通常是以联邦为名义的，也就是强化联邦的权力。强政治是美国的基本价值，但它并不意味着政治可以为所欲为，恰恰相反，为所欲为的政治是纸老虎。任性的政治会伤害人民、伤害自己，让所有人失去可预期性和稳定性，秩序自然也会被瓦解。

---

[1] [美]杰斐逊：《杰斐逊选集》，朱曾汶译，商务印书馆，1999年，第304—314、321—327页。[美]霍夫施塔特：《美国政治传统及其缔造者》，崔永禄等译，商务印书馆，2010年，第二章。[美]比尔德：《美国文明的兴起》（上卷），许亚芬译，商务印书馆，2016年，第十章。

真正的强政治是要搞清楚什么必须抓住，什么不能伸手，把当为的做强，把不当为的管住。从这个道理看，强政治的前提恰恰是管住自己，不做不该做的事情。但是，国家能干什么、不能干什么，并不是天然明确的，需要不断探索。

美国这个实力的武器库也是由国父们共同铸造的，代表人物是汉密尔顿，代表作品是《宪法》和《联邦党人文集》。

汉密尔顿是美国第一任财政部长，他协助华盛顿解决了革命后的各种麻烦，建立了常备军、大银行、海关、美元这些美国制度的基础设施。没有这些，就没有我们现在熟悉的美国。[1]美国就只能像原来一样，种烟叶卖给英国人。

为什么这么说？道理很简单——要用实力说话，就得仔细算计各种利弊得失，可行性、效果、手段、策略、法律和制度安排都必须加以落实。实力当然要讲实用性，它很多时候显得很俗、很市侩也是在所难免。

汉密尔顿是杰斐逊的死对头，我们可以把他看作美国建国初期掌握实权的马基雅维利。他认为，美国要强大，必须有实力，国家建设就是必须的。精英之间确实会形成肮脏的政治，但比暴民统治好得多。精英掌握住集中的权力，国家才有主心骨，才有资格谈稳定、谈繁荣昌盛。

要塑造强大的美国，对内就要强化联邦的权力。汉密尔顿甚至

---

[1] [美]布林克利：《美国史（1492—1997）》，邵旭东译，海南出版社，2009年，第168—172页。

提议让华盛顿做国王，不过共和的大势在北美已经不可阻挡，于是他迅速转变策略，极力推动强总统制成为美国制度的核心。

在经济上，美国必须用工商业立国，朝着现代经济的方向迈进。对外，汉密尔顿极力主张亲善英国，疏远法国。在他看来，杰斐逊那套法国想法过于天真无知，空有美好愿望，却不知道实际治国之道。[1]

汉密尔顿这一套是美国政治的阴面，和切实、稳健、审慎、精明、狠辣的马基雅维利是一致的。但美国的这一套从来只做不说。

■ 两套武器库的平衡

凡是武器，必有缺点。越厉害的武器，缺点越明显，"左""右"两个武器库都是如此。如果"道义"这个武器库太充足，人就会变得傲慢，眼高手低，好心办坏事，容易被指责成虚伪；如果"实力"这个武器库太充足，人就会变得蛮横，心狠手辣，霸王硬上弓，容易被指责成霸道。因此，美国必须在这一左一右之间求得平衡。《易经》里讲，一阴一阳谓之道。阴阳相生相克，一个体系才有了最内在的成长机理。

在美国政治中，道义为实力提供目标，实力才不会堕落；实力为道义保驾护航，道义才不会沦为空话。现实中的美国既不是纯粹

---

[1] ［美］彻诺：《汉密尔顿传》，张向玲译，浙江大学出版社，2018年，第十二至十九章。

的道义，也不是纯粹的实力，而是一直处于道义和实力不断拉锯的状态。民主党和共和党的选战只是最显而易见的拉锯，其实美国所有政治事件都是左右成分皆有，阴阳两面俱全。如果只抓住其中一面，得出简单结论，就很难看清美国的实质。只有用左右平衡、阴阳协调的思路打开看美国的思路，听取不同的声音，才能拼接出完整的真相。

之前我去华盛顿的时候，特意参观了华盛顿中心的国家建筑群，深刻地感受到了美国这种左右平衡的特点。从地图上看，这个国家建筑群的中心好像是独立纪念碑，它的北边是白宫，南边是杰斐逊纪念堂，西边是林肯纪念堂，东边是国会山。

等我参观完后才发现，最佳观景点其实是林肯纪念堂的大台阶。林肯纪念堂修得像帕特农神庙一样宏伟庄严，林肯端坐中央，用深邃的目光守护着他再造的共和国——这个地方才是凝聚爱国情感的焦点。站在林肯纪念堂的大台阶上，我的左手边是白宫，这是汉密尔顿极力塑造的权力中枢，我的右手边是杰斐逊纪念堂，这是民主的灯塔。而林肯处于中心，独享国家祭祀中的最高供奉，因为他通过战争的形式，把自由和联邦这两套价值重新合二为一。

最后，我想用一句政治学的名言来概括美国的"左"和"右"带来的重大启示："政治应该是现实主义的，政治也应该是理想主义的。这两条原则相互补充时为真，相互分离时为假。"[1]兼得理想主义和现实主义，才是好政治，单顾一头、单讲一头，都是坏政治。

---

[1] 博兰切利语，引自[美]萨托利：《民主新论》，冯克利等译，东方出版社，1998年，第43页。[美]亨廷顿：《美国政治：激荡于理想与现实之间》，先萌奇等译，新华出版社，2017年，第八章。

十四、赶超：德国为什么走上了邪路？

在现代国家崛起的过程中，德国可以算是一个异类。旁边的英国、法国已经变成现代国家了，德国仍然停留在中世纪的格局里面。这种特殊性，既有历史原因，也有政治原因。总之，这影响了德国后来的发展方向，把德国推上了军国主义的道路。

德国的历史很长，至少可以追溯到中世纪神圣罗马帝国的建立。这一篇的目的是通过解析千年德国史中的关键节点，来看1871年获得统一的德国为什么是异类，它带给我们什么样的教训。当然，德国也有辉煌的成就，比如路德的宗教改革，康德、黑格尔的哲学，莫扎特、贝多芬的音乐，萨维尼的法学。在文化上，德国从来都是一块巨人辈出的土地。但是，在政治上，德国的巨人太少了，以至于这样一个庞大的国家总是国运不顺。

■ 德国的历史包袱

使德国成为异类的历史原因是德国对老大的位子特别在乎，自己硬要背上沉重的历史包袱，怨不得别人。

其中的线索要追溯到中世纪早期。查理曼帝国后来被查理曼的三个孙子用《凡尔登条约》一分为三，东法兰克王国认为自己地位比较高，继承了帝国的正统，顶下了皇帝的头衔，然后一步步把它发展成神圣罗马帝国。这个神圣罗马帝国就包括了今天德国的大部分地区，它被德国人追认为德意志第一帝国。

既然帝国只有一个，皇帝也只有一个，顶着"皇帝"头衔的就是天下共主。但是，顶着皇帝头衔的神圣罗马帝国，几乎从来没有拥有过和名号相匹配的实力。名号不仅没给德国带来好处，反而惹了无数麻烦，最大的麻烦就是和教皇的斗争。[1]

在中世纪，教权和政权的斗争最先表现为教会和帝国的斗争，也就是教皇和皇帝的斗争。教皇攻击世俗政权的一个思路是，只要把名号最大的皇帝拿下，其他国王肯定俯首称臣，教皇格里高利七世、英诺森三世都是这样做的。教皇和皇帝斗争的结局是，皇帝亨利四世在卡诺莎城堡向教皇下跪求饶——这就是之后五六百年德国国运的缩影。

此前，神圣罗马帝国的皇帝们当然也欺负过教皇们，帝国军队攻占罗马，让教皇仓皇逃跑的事情也不少。但是，总体来说，德国由于被教皇牵制得很厉害，政治发展一塌糊涂。当英国、法国已经开始建立现代国家，通过最高司法权、最高立法权、常备军、官僚队伍实现中央集权的时候，德国却失去了国家建设的发动机——皇帝被架空了。

这个历史过程长达七八百年时间，这里无法讨论所有细节。我想用一个关键制度来证明为什么皇帝被架空了，这个制度就是"选帝侯制度"，也就是由诸侯选出皇帝。这个坏制度来自教皇的险恶

---

[1] [英]布赖斯：《神圣罗马帝国》，孙秉莹等译，商务印书馆，2000年，第7章。

用心，是教皇为了维持德国诸侯对皇帝的有效牵制想出来的主意。

神圣罗马帝国早期经历过一场近百年没有皇帝的乱局，后来教皇跳出来扮好人，促成七个大诸侯一起选出皇帝。这七个诸侯是谁不重要，重要的是，一旦皇帝强大了，诸侯们就凶多吉少。于是，这帮负责选皇帝的诸侯就把选皇帝变成一个选笨蛋、选怂人的游戏。只有这样，皇帝才没法吃掉诸侯。[1]就这样，从1200年到1800年，英国、法国有作为的国王隔三差五就会出一个，而有作为的神圣罗马皇帝简直屈指可数。

没有强大的皇权，现代国家的建设就没有发动机、没有设计师、没有主心骨，德国成为现代国家的政治进程就异常缓慢。

■ 德国的政治战略

除了历史包袱特别重，德国选择的政治战略也大有问题。简单概括，这种战略就是"四面出击"。

有一定政治谋略的人都知道，四面出击是非常不明智的，但对德国来说，这却是家常便饭。理由很简单：第一，顶着皇帝的名号就要把很多别人的事当成自己的事去管；第二，德国位于欧洲大陆中部，东南西北四面都有邻居，这些邻居还都很强悍；第三，德国

---

[1] [英]布赖斯：《神圣罗马帝国》，孙秉莹等译，商务印书馆，2000年，第8—12章。[加拿大]基钦：《剑桥插图德国史》，赵辉等译，世界知识出版社，2005年，第54—58页。[德]贝特根等：《德意志史》（第一卷·下册），张载扬等译，商务印书馆，1999年，第五章。

各诸侯和周边大国都有千丝万缕的联系，不存在国内政治和国际政治的明确边界。

如果阅读千年德国史，会发现德国总是要管各种事情，无论事情发生在哪里，和哪个国家、哪个诸侯有关。神圣罗马皇帝无数次进军罗马有时是为了对付教皇，有时是为了对付意大利贵族、保护自己控制的教皇；十字军东征，神圣罗马皇帝要从法国国王手里抢过来做；拜占庭被突厥灭亡之后，神圣罗马皇帝必须要保卫西方的东部边界；路德的宗教改革在德国境内引发了闵采尔起义。后来德国又卷入三十年宗教战争、西班牙王位继承战、七年战争，反正每次大战都少不了它。法国大革命爆发之后，奥地利、普鲁士这些德国大诸侯们还组织反法同盟对付法国革命，等等。[1]

参与了这么多战争，德国却几乎没捞到太多好处，白白把自己的国力和人命搭进去不少。当英国、法国已经成为主体明确、目标明确、战略明确的现代国家时，德国似乎还沉醉在诸侯相互征讨的中世纪格局中。四面出击的活法充分说明德国的政治世界观比英国、法国落后了一个时代。

如果对比德国和美国，就会更清楚"岛国"的战略优势。它不只意味着一个国家把主要精力放在陆地上还是海洋里，甚至意味着一个国家怎样看待政治。岛国天生就容易把世界看成立体的，知道

---

[1] [加拿大]基钦：《剑桥插图德国史》，赵辉等译，世界知识出版社，2005年，第67—115页。[德]奥茨门特：《德国史》，常县宾等译，中国大百科全书出版社，2009年，第三、四章。

除了本岛之外，还有更广阔的天地；陆地国家天生就容易把世界看成平面的，坚持认为除了自己这个平面之外，其他的都不重要。德国诸侯和其他各国搅和在一起，没有国际政治和国内政治的界限，他们只在欧洲这个平面大舞台上忙得不亦乐乎，对海上的新世界完全视而不见。

俾斯麦算是最精明的德国领袖了，他深知德国即便统一，世界秩序还是由大英帝国规定的，所以从不四面出击，在每个回合中都严格掌握外交和军事力量的平衡。但视野如此开阔的铁血宰相竟然理直气壮地说："只要我当一天宰相，德国就不会有海外殖民政策。"[1]俾斯麦这句名言最典型地反映出，德国哪怕快要进入20世纪，其政治格局仍然带有深深的中世纪味道。

把皇帝名号带来的历史包袱和四面出击的政治战略加在一起，我们可以得出一个非常重要的结论：传统帝国转变成现代民族国家的步调特别慢。传统帝国就是天下，皇帝是天下共主，帝国天然具有多元性，帝国统治的成功状态就是协和万邦。当然，前提是皇帝至少掌握相对武力优势，能制服各地诸侯。

但在德国这里，帝国的多元性反而成了麻烦，各个诸侯都为帝国招惹麻烦。就这样，当英国、法国已经打造出英吉利民族、法兰西民族，把国家变成统一民族支撑的民族国家，可以用爱国精神动员战争了，德国却还是一个大拼盘。

---

[1] [英]泰勒：《俾斯麦：凡人与政治家》，陈丹等译，中国法制出版社，2011年，第186—192页。

后来，德国统一的方案有两种，一个是奥地利主导的大德国方案，另一个是普鲁士主导的小德国方案。

奥地利麾下统治着600多万日耳曼人，还有1500万斯拉夫人、400多万匈牙利人、400多万意大利人和150万罗马尼亚人。如果按照"一个民族、一个国家"的思路来建立高效动员的民族国家，德意志帝国只会分崩离析。[1]

加上周边大国和德国诸侯们的关系密切，皇帝很难保证对诸侯有相对武力优势。传统帝国的动员能力无法和民族国家相比，皇帝的武力又不足以荡平诸侯，帝国就成了有名无实的空壳。法国哲学家伏尔泰就曾嘲笑神圣罗马帝国，说它既不神圣，也不在罗马，更不是个帝国。[2]

■ 普鲁士的军国崛起

这样一个虚胖的德意志帝国，出路在哪里？答案是：偏执狭隘。德国最终走上了由普鲁士主导的崛起之路，而普鲁士的基因决定了这就是一条邪路。普鲁士的立国之本是军队，成长逻辑是军国主义，整个德国被它统一后，就一起走上了不归路。

在拿破仑战争之前，普鲁士以武立国，国王自称"士兵国

---

[1] [美]贝莱尔：《奥地利史》，黄艳红译，中国大百科全书出版社，2009年，第三、四章。

[2] [法]伏尔泰：《风俗论》（中册），梁守锵译，商务印书馆，2003年，第150页。

王",一步一步坐大。周边小国都不是普鲁士的对手,它还欺负了奥地利,自我感觉非常良好。但是,等拿破仑一来,普鲁士输得落花流水,一半以上的领土和人口都割让了出去。[1]

痛定思痛的普鲁士奋起改革,在政治、军事、教育等各方面都迅速迈向现代国家。普鲁士改革行政,利用新式大学培养的人才建立起廉洁高效的官僚队伍,从一开始就避免了法国式的结构性腐败。但是,普鲁士拒不接受现代政治的顶层设计,完全拒绝复合型的权力结构,国王基本上就像路易十四一样,乾纲独断。

此外,国王依靠的是贵族阶级,而不是资产阶级。国王不仅规定贵族必须当兵打仗,还规定资产阶级不能当贵族。相比之下,英国主动让贵族和资产阶级变成一个阶级,缓解了从中世纪过渡到现代的阶级矛盾。普鲁士不仅故意强化阶级界限,更过分的是,普鲁士国王和贵族们成功地压制了资产阶级,让资产阶级一直难以成长,无法在顶层制度层面推进政治现代化。[2]

一元的、独裁的、军国主义的顶层制度,效率很高;加上新式官僚队伍,效率更高;还有被拿破仑战争激发出来的民族主义,简直如虎添翼;最后加上19世纪下半叶德国的经济一体化和工业革

---

[1] [加拿大]基钦:《剑桥插图德国史》,赵辉等译,世界知识出版社,2005年,第140—143页。[德]奥茨门特:《德国史》,常县宾等译,中国大百科全书出版社,2009年,第140—149页。

[2] [加拿大]基钦:《剑桥插图德国史》,赵辉等译,世界知识出版社,2005年,第144—150页。[美]托马斯·埃特曼:《利维坦的诞生:中世纪及现代早期欧洲的国家与政权建设》,郭台辉译,上海世纪出版集团,2010年,第五章。

命,日耳曼战车飞速前进。不过半个世纪的时间,德国就在普法战争中碾压了老牌强国法国,实现了统一。

至此,德国成了一辆只有油门、没有方向盘的保时捷跑车,完全是闭着眼睛一条道走到黑。

胜利是独裁权力的迷幻药,大获全胜的德国不仅完全没有意识到自己的致命伤,反而觉得自己又可以做皇帝梦了,赶超英国似乎近在眼前。对内,俾斯麦没有对顶层制度进行改革,反而变本加厉,对付各种试图进入政治中枢的政治集团。天主教也好,社会民主党也罢,全部被打压下去。对外,俾斯麦尽力维持大国之间的平衡,但他很快就被新皇帝推翻了。新皇帝威廉二世上台,迫使俾斯麦辞职,他制定的新国策是"争夺日光下的地盘",和英法这些老牌殖民大国在全世界展开对殖民地的争夺。[1]

虽然威廉二世狂傲、偏执、浅薄的个人风格把德国推向了一战,但是,威廉二世的愚蠢做派只不过是普鲁士带领德国崛起的一个缩影。几乎所有德国人在德国统一之后都开始膨胀,相信德国和大英帝国的决战不可避免。偏执和狭隘是19世纪整个德国的共同心理。也就是说,一个国家政治上的缺点会变成国民性格的缺点。[2]

希特勒之所以从街头流氓迅速成为帝国元首,利用的正是这种

---

[1] [加拿大]基钦:《剑桥插图德国史》,赵辉等译,世界知识出版社,2005年,第205—219页。[德]奥茨门特:《德国史》,常昺宾等译,中国大百科全书出版社,2009年,第226—239页。

[2] [德]蒙森:《马克斯·韦伯与德国政治:1890—1920》,阎克文译,中信出版集团,2016年。

大国梦的偏执和狭隘心理。经过一战的惨败和《凡尔赛条约》的不公平对待，再加上之后的大萧条，被严重压抑的偏执和狭隘以疯狂的方式爆发出来，也就不难理解了。这一切，都可以追溯到德国中世纪帝国梦碎和普鲁士的军国崛起。

十五、巨变：工业革命带来了什么？

前面我们花了很多篇幅来谈国家的崛起，英国、荷兰、法国、美国、德国走上了不同的道路，它们为整个世界带来了独特的经验，也提供了令人深思的教训。接下来分析整个现代西方文明的三个大趋势——工业革命、代表制民主和个人主义。一方面，我们需要超越国别来认识现代西方的整体面貌；另一方面，我们需要从社会崛起的维度来认识现代西方的"国家–社会"二元结构如何达成均衡。

这一篇先谈工业革命，不过并不是从经济史的角度来分析，而是想透视工业革命如何深刻地改变了西方文明。

■ 工业革命的进程

提起现代化，很多人会有这种印象：现代化的关键步骤是工业化，发达国家自然是先成为工业国家，然后发展服务业，变成后工业国家。这种印象会带来两个错误认知：第一，工业化似乎只用二三十年就能完成；第二，全世界似乎只有英、法、美、德、俄、中这么几个国家。

这两个错误认知会使人觉得，工业化只有一条路，而且很简单，很快就能完成。后来者只要把前人的课补上就行，全世界各国都能殊途同归。如果真是这样，那现代化不就成了西化吗？中国跟着西方学不就可以了吗？

实际上，事情没那么简单。这两个错误认知使我们严重低估了工业革命的复杂性和伟大意义。西方自身的现代文明进程就证明了经济现代化非常复杂，绝不是各国在不同时间走了同一条路。工业革命带来的第一点重大启示是：任何重大的历史转变都不是一个简单的、匀质的过程。

从时间上看，西方列强之间的差距不小。英国在1760年左右率先启动工业化；欧洲大陆国家，比如法国、德国，在1830年以后才启动；美国还要再晚10年。从空间上看，我们可以说，未来已来，只不过分布得不均匀。有三个重要事实需要我们注意。

第一，西方各国工业化所依靠的主要产业并不完全相同。英国主要靠棉纺业，德国主要靠化学和军工，美国主要靠铁路。也就是说，很多东西可能各国都有，但它们在各国工业化进程中的作用和地位并不相同。比如铁路，看起来是运输业的事情，但它在英国和美国拉动了钢铁、煤炭等许多产业，最终还成了金融工具，成为资本家，甚至是平民的投资理财手段。

第二，西方各国工业化所依靠的科学进展并不完全相同。英国主要靠手工业的技术经验积累，没有太多科学成分。但等到内燃机革命、电动机革命发生时，只有技术是绝对不够的。科学引领技术，技术创造市场。后来的国家就越来越重视科学研究对工业革命的引领作用。

第三，西方各国工业化所依靠的国家力量并不完全相同。英国和美国工业化的自发性比较强,但国家并非没有帮忙。世界上最早的专利法规体系就出现在英美法中,专利法规为技术创新转化、创造市场利润提供了强大的法律保护。德国则是国家推进工业化的典型,国家成了工业化的发动机和指挥部。后来,越是后发现代化国家,就越想要急迫地完成工业化进程,就会学习德国,甚至干得比德国还狠。[1]

这三个事实给我们一个重要提醒:回看历史大事的时候,我们总是很容易把它当成一个点来看,不知不觉就把它压缩了,里面丰富的内容也就流失了。纵观工业革命在西方各国发展的进程,它不是一个匀质的过程,这意味着,走赶超路线其实很难成功。

这就涉及第二点,社会和经济的独立性和自主性。认识到这一点,才能对工业革命的复杂性有更深刻的理解,也才能对现代西方的"国家—社会"二元结构有全面的理解。

■ 国家和社会的新二元结构

亚当·斯密有一个很著名的观点——看不见的手。[2]站在文明的高度上,亚当·斯密这只"看不见的手"实际上是在提醒,一个

---

[1] [美]勒纳等:《西方文明史》(II),王觉非等译,中国青年出版社,2005年,第二十章。[美]斯塔夫里阿诺斯:《全球通史:1500年以后的世界》,吴象婴等译,上海社会科学院出版社,1999年,第十一章。

[2] [英]亚当·斯密:《国民财富的性质和原因的研究》(下卷),郭大力等译,商务印书馆,1996年,第27页。

文明需要达成一个均衡的结构。

西方在中世纪晚期和现代早期陷入了结构性失衡。教会堕落，宗教变成各国的内政；国家独大，为所欲为。战火连连、结构性腐败、苛捐杂税、民不聊生都是这种失衡带来的恶果。

要想恢复整个文明的均衡，阻止绝对主义国家的飞速膨胀，有短线和长线两种办法。短线的办法就是革命，直接从政治上加以矫正；长线的办法是使具有独立性和自主性的社会和经济成长起来。如果长线成长始终成问题，短线的革命就很难成功，即便暂时成功了，也会很快把胜利的果实还回去。由此可见，强社会、强经济是现代文明实现结构性均衡的基本条件。

用这个思路重新理解"看不见的手"，我们就会明白，亚当·斯密不是说经济和政治没关系，经济绝对不许政治插手，而是说，必须维持文明的结构性均衡。要实现社会和经济的独立性和自主性，亚当·斯密提供了关于这个问题的文明想象——先树立起国家和市场的概念，在理念上就认识到它们是不同的，各有各的规律、各有各的功能、各有各的任务，不能混为一谈，更不能当成一件事来办。

不过，要把这种想象变成现实，还得靠工业革命。

工业革命带来的财富增长是指数级的，是挑战人的想象力的。以英国为例，1760年，英国出口的棉花制品不足25万镑，到了1800年，超过了500万镑，增长了20倍；1814年，英国出口了57万吨铁，1852年，超过103万吨，超过全世界其他所有国家的铁产量总和。再以铁路为例，1830年，全世界的铁路加一起不过几十里长；到了

1840年，已经超过了7200公里。其中以美国最为疯狂，半个世纪修了40万公里，连起来可以绕地球10圈。[1]

棉布、钢铁、铁路只是工业革命时代的三种典型产品，工业革命使整个西方经济的规模大为增长，就像我们熟悉的中国四十多年来的改革开放。这样的宏观经济增长一旦出现，就意味着经济规模空前膨胀，复杂性大大提升。在这种情况下，国家权力就不可能再像路易十四那样完全控制经济。

这个时候的西方，建立起新的二元结构不仅成为可能，而且势不可挡。现代西方文明在工业革命的推动下沿着亚当·斯密的指引，走向了国家和社会（这里的"社会"是广义的，包括经济）的二元均衡结构。那些尝试用政治控制经济的做法，也就是计划经济，都失败了。德国失败了，苏联失败了。中国走出了计划经济，才有了今天的经济成就。

工业革命的文明后果是，国家和社会的二元结构正式取代中世纪的政权和教会的二元结构。二者的差别在于，新结构是高度世俗化的、理性化的。工业革命带来的第二个重大启示是，一个现代文明、一个现代国家必须严肃审视工业化带来的社会变革，必须主动地协调国家与社会的关系，使它们形成均衡的二元结构。

---

[1] [美]罗伯茨等：《英国史》（下册），潘兴民等译，商务印书馆，2013年，第十八章。[美]勒纳等：《西方文明史》（II），王觉非等译，中国青年出版社，2005年，第693—694、200—705页。

■ 工业革命带来的新问题

工业革命带来了新气象、新面貌，从长期来看自然是不错的，但从短期来看，它引发了很多社会问题。

工业革命之前的社会是以农业、农村、农民为主体的社会。如果现代化意味着工业化，或者至少某些国家的现代化意味着工业化，那么，现代化就意味着淘汰农业、淘汰农村、淘汰农民，这是一个非常残酷的过程。

马克思在《资本论》里讲过一个"羊吃人"的故事：英国在资本主义发展初期，为了实现农业资本主义化，把土地拿来养羊，而后制造羊毛制品，因为这比种田更划算。于是，农业朝着资本主义工商业的方向发展，农村逐渐凋零，农民的生活就成了问题。[1]

在工业革命过程中，资本主义进一步发展，比羊吃人有过之而无不及。其中最明显的现象是城市化进程加速，因为工业生产必须将各种生产要素集中到同一空间加工制造。

原来的城市，要么是权力中心，要么是商贸中心。而新的由工业化驱动建立起来的城市往往会建在以下两种地点，一种是原材料产地，比如有煤矿、铁矿的地方，就容易形成以钢铁为支柱产业的城市，如英国的伯明翰、德国的鲁尔区；另一种是产品销售地或交通枢纽，如英国的利物浦、曼彻斯特，德国的汉堡。

---

[1] [德]马克思：《资本论》（第一卷），载《马克思恩格斯文集》（第5卷），人民出版社，2009年，第二十四章，尤其第845页注释。

除了煤炭、钢铁这些原材料需要在空间上集中起来，作为人力资本的人也需要集中。西方的现代化进程大致是工业化带动城市化。那么，集中到大城市里的人从哪里来？绝大部分是从农村来，农民变成市民。一方面，农业的资本主义化使很多人没活可干；另一方面，去城市打工可以带来更多收入。可是，围绕工业建造的城市并没有提前给进城的农民准备好各种条件。农民进城变成了工人，生存条件非常差。他们每天工作十五六个小时，收入却只能勉强维持最基本的吃住需求。[1]

现代城市最初可不像现在的北京西单、上海外滩，且不说新兴工业城市，就连巴黎、伦敦这种几百年的大城市都是脏乱差的。1850年，巴黎是全欧洲供水最好的城市，但也只能保证每人每年洗两次澡；伦敦连公共污水处理系统都没有，当时的伦敦简直就是个粪坑，伦敦甚至因为糟糕的环境付出了惨痛的代价——霍乱大流行。

人口高度集中，城市公共设施跟不上，中下阶层几乎就是生活在垃圾堆里。加上工作强度大，工资低，工人在不成熟的城市里过着非常糟糕的生活。工人运动自然而然就形成了，再加上马克思主义的指导。于是，对付城市工人运动就成了各国维护政治稳定的重要任务。

总体来看，这是西方现代文明发展不平衡带来的麻烦。工业革

---

[1] [英]波斯坦等主编：《剑桥欧洲经济史》（第七卷工业经济：资本、劳动力和企业·上册），徐强等译，经济科学出版社，2004年，第三章。

命带来了巨额财富,也带来了巨大的麻烦,谁也没有料到工人会如此大规模地集中,城市难以负荷,社会矛盾变得尖锐。怎么办?

改善工人待遇——包括经济待遇和政治待遇——是必须的,其实就是给进城的农民以市民的权利;建设城市公共设施系统也是必须的,大规模人口集中,要求用复杂的系统性方案来安排这些人的工作和生活。但这些还不够,从西方近一百五十年的经验来看,最根本的解决方法是不断调整阶级结构,使中产阶级成为社会的主力。

■ 中产阶级成为社会支柱

中产阶级在19世纪下半叶的英国和美国发展壮大。以英国为例,在维多利亚女王时代,中产阶级逐渐成为社会的中坚力量。他们虽然很难变成贵族,仍然为他人提供服务,但他们生活得不错,有自己的房屋和资产、有余钱投资、有奋斗就能成功的资本主义精神、有家庭观念和责任感、重视子女的教育,而且他们想出人头地。一旦他们成为了社会的主要力量,一个社会就有可能逐渐化解工业革命带来的各种副作用。[1]

中产阶级成为社会支柱意味着整个社会都发生了天翻地覆的变化,阶级阶层的构成、社会风尚、价值观、政治制度、经济结构都

---

[1] [美]罗伯茨等:《英国史》(下册),潘兴民等译,商务印书馆,2013年,第二十四章。

先顺着工业革命的步调往前冲,然后朝着化解工业革命副作用的方向调。只有这样,工业革命带来的巨大不平衡才可能被整个社会平稳地吸收。

西方现代文明中,工业革命带来的最大启示是,高速的经济发展必然带来人口的迅速聚集,也就是农民进城,这会带来一系列前所未有的新问题,必须用系统化的方案加以解决,包括城市建设、产业调整、权利平等、开放包容。最终,中产阶级占据社会支柱地位,经济高速增长的好结果才算是落袋为安。

十六、代表：现代民主究竟怎么搞？

工业革命不仅带来了爆炸性的财富增长，还带来了两个重要结果：一个是国家与社会并立的结构稳定下来；另一个是工业化、城市化改变了社会结构，大量农民和市民变成了产业工人，他们活得很差，因此产生了重大的社会隐患。这种隐患要怎么解决？答案是民主。可以说，西方现代民主的实现和工业革命引发的社会结构大变化直接相关。

其实，古希腊就已经有民主了，公民平等、抽签或者多数决定、爱国奉献就是古希腊民主运转的基本规则。但柏拉图和亚里士多德批评它是坏东西。民主作为暴民政治、反面教材被西方提防了两千年。

到了19世纪，民主逐渐变成了好东西，还变成现代西方政治的标准格式，这一转变堪称西方文明中最华丽的转身。那么，民主是如何实现这个转身，得以翻盘的呢？

■ 平等的新思潮

民主得以翻盘的第一个基本条件是新潮流的出现，这个潮流就是平等。平等是民主的核心价值，只要平等的潮流足够强大，民主就会成为合理合法的政治统治。其中的逻辑很简单，如果人和人在政治上是平等的，政治就是大家一起来统治；反之，如果人和人在政治上不平等，政治就应该交由处于高位的人来统治。

人和人不平等，这在古代社会是常态。柏拉图就认为人天生就分成铜质、银质和金质，金质的人应该做哲学王，银质的人就应该做护卫者，铜质的人就应该做生产者。这种"人与人不平等"的信念使社会基本制度按照等级划分，上层等级的人拥有统治的权力。各大古老文明里，都为不平等找了很多理由。当然，各大古老文明里，也都为平等找了一些理由。总体而言，在古代文明里，不平等是主流。

西方文明非常独特的地方就在于，它为平等找了很多理由，而且是持续不断地找，人们逐渐扭转了信念。平等不只是对老传统提出抗议，而是真的变成了新潮流。在西方走向现代的过程中，有以下几股力量把平等大潮越推越高。[1]

第一股力量当然是古希腊的公民平等，它是现代民主遥远的灯塔。它告诉所有人，平等的人一起参与政治不仅是可能的，而且效果还不错。[2]

第二股力量是古罗马的斯多葛哲学。斯多葛哲学认为人都拥

---

[1] 丛日云、王志泉、李筠：《传统政治文化与现代政治文明》，社会科学文献出版社，2014年，第238—245页。

[2] [英]芬利：《古代世界的政治》，晏绍祥等译，商务印书馆，2013年，第四章。[英]芬利主编：《希腊的遗产》，张强等译，上海人民出版社，2004年，第二章。[美]达尔：《民主及其批评者》，曹海军等译，吉林人民出版社，2006年，第一章。[美]萨托利：《民主新论》，冯克利等译，东方出版社，1998年，第10章。

有理性，所以是平等的。所有平等、理性的人构成了同一个类，叫做人类。罗马人信奉这套哲学，还把这种平等精神写进了罗马法，于是，法律面前人人平等就有了强大的哲学基础。西塞罗的《论法律》、奥勒留的《沉思录》都是斯多葛平等精神的绝佳体现。[1]

第三股力量是基督教。基督教是草根宗教，它认定的一条基本规则就是：上帝面前人人平等。也就是说，主导西方人基本价值信念和思维方式的基督教告诉所有人，人与人在最根本的层次上是平等的。[2]

这种由"上帝面前人人平等"支撑起来的人格平等，叫做弱势平等原则。为什么叫"弱势平等"呢？就是因为这个原则只提供了思想和信念，并没有解决实际问题。这个时候，把它变得强势就很关键。

现代西方发生的很多重大事件，虽然各自的出发点和目的不完全一样，但都推动了把弱势平等变成强势平等的过程。比如文艺复兴，它使人变得世俗化，使人把眼光投向此岸世界。这样一来，人们就不容易相信君权神授，就不容易服从那些用神秘理由支持的等级制了。既然大家都是俗人，人和人就不会差太多。再比如宗教改革，提倡因信称义，认为每个人都可以和上帝单独联系，不需要依

---

[1] [英]林托特：《罗马共和国政制》，晏绍祥译，商务印书馆，2016年，第五、十二章。[英]詹金斯主编：《罗马的遗产》，晏绍祥等译，上海人民出版社，2002年，第一、十四章。[美]达尔：《民主及其批评者》，曹海军等译，吉林人民出版社，2006年，第一章。

[2] 丛日云：《在上帝与恺撒之间——基督教二元政治观与近代自由主义》，生活·读书·新知三联书店，2003年，第53—82页。

靠等级制的教会。上帝面前人人平等就被发挥到了极致。

第四股重要力量是启蒙运动。人要有勇气运用自己的理智,每个人天生就有理智,天生就有自然权利,从内到外都是平等的。人与人在拥有自然权利的层次上是平等的,相应地,人与人在拥有政治权利的层次上也应该是平等的。政治权利人人平等,就是强势平等原则。[1]

至此,西方现代民主的地基就打好了。政治权利平等有多强势无需多言,法国大革命就要兑现这个原则,它要把强势平等原则推向整个西方,甚至推向整个世界。也就是说,强势平等原则不再像原来"上帝面前人人平等"那种弱势平等原则一样,只是嘴上说说而已。强势之所以强势,是因为它变成了声势浩大的行动,甚至变成把西方搞得天翻地覆的社会运动。

民主的浪潮就这样被推得越来越高,成为不可阻挡的潮流。最终,民主被落实成一个不容反驳的定位:一切权力属于人民。人民登上了政治的王座。

■ 西方如何改造民主制

民主得以翻盘的第二个条件是它克服了原来的旧毛病。两千年来,西方做了很多工作去改造民主,把它变成好民主。我把这些改造工作分成四个方面:顶层框架、核心机制、团体竞争和多元主义。

---

[1] [美]达尔:《民主及其批评者》,曹海军等译,吉林人民出版社,2006年,第七章。

第一个方面是顶层框架。人民拥有全部权力，那这些属于人民的权力要怎么安排才妥当？阿克顿勋爵曾有名言：权力导致腐败，绝对权力导致绝对腐败。无论权力属于谁，都必须面对这个问题。克服暴民政治的根本，是把所有权力都设定成有边界的状态，人民的权力也不例外。要想有边界，只有规定远远不够，还必须使不同的权力既相互牵制又相互配合。

这个时候，西方积累了两千年的复合型权力框架就变得非常重要了。无论什么样的机构设置，是总统、国会、最高法院，还是首相、议会、枢密院，每一个机构都只在某个方面代表人民，没有哪个机构能够完全代表人民，它们之间是一种既竞争又合作的关系。在这样的框架内，所有机构的权力都是有限的，它们必须容忍不同意见，必须以保护公民权利和人民福利为目的。[1]

第二个方面是核心机制。人民拥有全部权力，但人民不能直接行使权力，那就必须使用代表制——这是现代民主和古希腊民主最根本的差别。小国寡民可以让每个公民直接参与国家决策，但是地大人多的时候，就没法保证每个人直接参与，只能让代表替公民决定国家大事。

其实，不只议员是人民的代表，总统也是，甚至从广义来说，所有拥有权力的公职人员都是。如何让众多代表忠实且有效

---

[1] [英]阿克顿：《自由与权力》，侯健等译，商务印书馆，第342—344、330—340页。[英]哈耶克：《自由秩序原理》，邓正来译，生活·读书·新知三联书店，1997年，第九至十二章。[美]萨托利：《民主新论》，冯克利等译，东方出版社，1998年，第2章。

地代表人民就成了现代民主必须解决的大问题。西方用来解决这个问题的基本手段就是竞争性选举,当然,还需要其他办法加以补充。[1]

第三个方面是团体竞争。人民拥有权力,又必须让人代表,有志于政治的人就会对代表人民行使权力的职位展开竞争,最典型的例子就是总统选举。参与政治竞争不可能单枪匹马,一个人背后一定有一个团队,刘邦背后有,特朗普背后也有。但是,现代和古代的政治竞争有一个很大的不同——支撑民主竞争团队的目标是有限的。就算赢得选举,总统的位子也只能坐四年。

目标被缩小了,竞争就没有必要像古代那么惨烈,竞争者们自然更守规矩。当然,只要有政治竞争,任何选手都不会清清白白。这种承担现代政治竞争的团体就叫做政党。西方现代民主的政治竞争主要是通过政党政治完成的。[2]

第四个方面是多元主义。人民拥有权力,但谁是人民呢?政治职位、政治资源都是有限的,一个政策不可能满足所有人,当所有人、所有政党或者所有团体都说自己是人民的时候怎么办?那就让各种各样的声音、各种各样的利益、各种各样的目的都展示出来,相互驳斥,相互监督,一步一步地、一件事一件事地、一部分人一

---

[1] [英]密尔:《代议制政府》,汪瑄译,商务印书馆,1984年,第一至七章。[美]达尔:《民主及其批评者》,曹海军等译,吉林人民出版社,2006年,第八、十四章。
[2] [美]熊彼特:《资本主义、社会主义与民主》,吴良健译,商务印书馆,2000年,第395—400页。[美]亨廷顿:《第三波——20世纪后期民主化浪潮》,刘军宁译,上海三联书店,第4—11页。

部分人地逐步实现人民的福利。所以，多元的声音如何表达、如何协调、最终如何决策就变得很重要。

如果任何一个机构都不能垄断对人民的代表，那么，任何一个社会团体也不能这么做。各式各样的代表人民的团体在争吵，就不容易出现那种表面上政治正确，实际上被煽动家操纵的暴民。[1]

■ 民主解决的大问题

经过上述四个方面的改造，民主已经是好民主了，而且成为社会大潮流。那么，当时的西方到底是怎么运用民主的，或者说西方用民主解决了什么问题呢？概括起来，民主制度被用来解决西方现代文明里的三个大问题。

第一，民主解决了世俗化世界里谁来掌握政治权力的问题。现代化的潮流是世俗化，宗教不再支配人的生活，鬼神不再是人解释事件和行为的理由，人们要么讲理性的道理，要么讲利益的算计。在这样的世界里，谁来掌握政治权力、保证秩序的稳定呢？只有人民自己。

治好了旧民主的坏毛病，权力也安排得更妥当，人民当家做主就可行了。一句话，民主解决了世俗世界中秩序和权力的根本安排问题，它找到的答案是人民自己管理自己。更明确地说，人民能够

---

[1] [美]萨托利：《民主新论》，冯克利等译，东方出版社，1998年，第16章。[美]达尔：《多元主义民主的困境》，尤正明译，求实出版社，1989年，第二、三章。

通过可靠的制度安排来管理自己了。

第二，民主解决了地大人多的国家如何管理的问题。现代世界是以国家为基本单元组成的，城邦、帝国、王朝都已经是过去时。而国家进行治理和管理的逻辑和城邦、帝国、王朝是不同的，既不能用直接民主，又不能用君权神授。那人民怎么管理自己呢？选代表。代表制有效化解了国家规模庞大和人民当家作主的冲突，虽然不完美，但最可行。

第三，民主解决了工业革命引起的社会巨变的问题。工业革命带来了大规模的农民进城、人口聚集，传统等级制秩序急剧萎缩，城市产生了新阶级、新结构、新矛盾。

民主让更多人拥有政治权利，让他们在解决自身问题和社会问题的过程中有政治发言权，他们就不再是被人蹂躏的弱势群体，而变成有政治机会改变自身悲惨状况的国家主人。比如，英国靠拓展权利的同心圆，把更多的人拉进圈子里一起想办法解决社会问题。虽然工业革命造就了一大批带来社会隐患的人，他们来势汹汹，但是权利可以把他们变成自己人，大家一起面对问题、解决问题。

顺着这个逻辑就知道了，工业革命带来的巨大压力直接导致代表制民主成为现代国家的基本政治框架。

简要来说，民主在19世纪咸鱼翻身，变成了好东西，变成了社会潮流。西方在顶层框架、核心机制、团体竞争、多元主义几个方面改造了民主。被改造好了的民主，顺利解决了西方现代文明里的大问题，于是，它就成了现代西方政治通行的基本框架。

十七、个人：现代西方文明到底是怎么构成的？

要想理解现代西方文明到底是什么样子，最好先从微观层面出发。因为只有从最微观的层面看清事物，才能对其最宏观的情况有深刻的把握。这个道理我们在学物理的时候就接触过，世界是由原子构成的，万事万物都是原子的组合。当我们了解了原子的性质、运动规律、组成物质的规律之后，整个世界的运转规则就不难理解了。

■ 个人和群体

物理世界的微观基础是原子，那现代西方文明的微观基础是什么？答案是个人。需要注意的是，传统文明的基本单位并不是个人，只有现代西方形成了以个人为基础的文明。

任何古代文明的基本单位都不是个人。比如，古罗马和古代中国的基本单位是家庭，更准确地说是家族。

古罗马和古代中国的家长制都特别兴盛。在古代家族里，对内，家长就是权威；对外，家长代表家族，只有家长具有法律人格。[1]除了家长之外，其他人只是家族的一分子，必须服从家族的

---

[1]　周枏：《罗马法原论》（上册），商务印书馆，2004年，第三至五章。

规矩和命令。一切个人的事情都是家族事务的细小环节，读书还是种地、娶邻家女孩还是远房表妹、什么时候分家、分家之后对大家族承担什么义务，这些事都不由个人自己说了算。

我们现在看这些事情会觉得是封建礼教，但人是一种社会动物，必须群居才能活下去。群先于人，群优于人，这是人的基本生存逻辑逼出来的。家族是群最基本的形式，所以它总是充当社会的基本单位。

但只有家族还不够，人还制造了很多群，比如村社、城邦、帝国、王朝、国家。所有群都和家族一样，对个人有压制性。如果要把个人融入群里，就必须有一套大道理使人心悦诚服。这些道理可以是上帝造人或女娲造人的神话，也可以是从神话和宗教里演化出来的尊奉上帝或天道的伦理道德，总之，它们看起来天经地义。

那么，现代社会就不需要群了吗？当然需要，但是其中的逻辑关系被颠倒了。在现代社会，个人先于集体，甚至优于集体。任何集体只是实现个人幸福的手段，而失去了对个人提要求的资格。所谓个人主义，最关键的不在于一个人是不是很潇洒、不管不顾、无法无天，而在于个人对群体的优先性——个人是目的，群体是手段。[1]

那么，西方社会究竟是如何发展出个人主义的观念和做法的呢？为什么西方会率先进入这个新世界？

---

[1] [捷克]沙拉汉：《个人主义的谱系》，储智勇译，吉林出版集团，2009年，第一章。[英]卢克斯：《个人主义》，阎克文译，江苏人民出版社，2001年，第1—40页。

■ 支撑个人主义的四根支柱

只要人有了思考，就会有最低程度的自我认识，有自我认识的标志就是会问"我是谁""我从哪里来""我要到哪里去"。古代的宗教和哲学都会对这些问题提供答案，把人放进一个大框架中，人的意义就安稳了，生活就有规矩了，人和人就可以变成一个个群体好好生活了。

但是，古老的哲学和文学总要接着追问，我这个人在宇宙洪荒中到底是什么？中国古代的庄子用《逍遥游》做出回答，一个人可以不顾忌群体带来的条条框框，完全自由自在；古希腊著名悲剧作家索福克勒斯用《安提戈涅》这部杰作不断地拷问：一个人背后的命运是什么。

不过，现代西方彻底的个人主义文明不是在哲学或文学的拷问下就能产生的。中世纪和现代早期酝酿出了四大支柱，支撑起西方走向个人主义，这四根支柱在其他古老文明中几乎完全找不到。

第一根支柱是新教，尤其是加尔文派，带来了宗教上的个人主义。宗教改革倡导"因信称义"，每个人只要相信《圣经》就可以，无须教会也能单独和上帝沟通，用自己的事业荣耀上帝。这种信仰同时意味着：单个的人是孤独的、孤立的，甚至只能孤苦地面对上帝。"灵魂得救"这件最重要的事情，没有人可以帮忙，只有自己硬扛。[1]

第二根支柱是唯名论哲学,尤其是霍布斯的世俗版,带来了哲学和政治哲学上的个人主义。唯名论是中世纪最重要的哲学成就之一,它的现代继承人很多,其中最有名的是霍布斯,他有一部名著叫《利维坦》。

简单地说,唯名论认为世间万事万物只有个体是真实的,集体都是虚假的。集体不过是个名词而已,没有真实的东西与之对应。霍布斯的《利维坦》把唯名论的道理推广到社会和政治领域,坚决主张只有一个个的人是真实的,国家之所以成立是因为每个人交出自然权利。[2]

第三根支柱是法权。各种权利得以成立的前提是法律主体存在,也就是有血有肉的生物人被法律认定为法律人格。比如,人要到18岁才有民事行为能力,指的就是人到了18岁就在法律上成年了,独立了,有法律人格了。法律越是围绕各种权利建立起来,人在法律主体这个层次上就越丰满。

各大古老文明里的法律基本上都是以义务为本位,只有西方从古罗马、中世纪一路走来,发展出以权利为本位的法律体系。权利一旦成为法律的主旋律,人的独立自主就会得到现实规则体系最好的保护。

---

[1] 加尔文的《基督教要义》(钱曜诚等译,生活·读书·新知三联书店,2010年)用了巨大的篇幅讲新教徒应该如何自我定位、如何与他人相处,其中典型的有第三卷第二、三、八、十一、十八、十九章。

[2] [英]霍布斯:《利维坦》,黎思复等译,商务印书馆,1985年。

第四根支柱是市场经济。市场是天生的平等派，自然倾向于每个人的市场主体资格是一样的。这并不是说做生意的人天生喜欢锄强扶弱，而是说做生意的人如果死守上下尊卑的传统，吃亏的是自己。比如，一个杂货店老板，明知买糖的孩子未满18岁，会因为孩子没有民事行为能力拒绝卖给他吗？不会。只要交易不存在可预期的重大风险，生意人不会在乎那么多条条框框。

在市场经济中，一个人的身份、地位都不重要，关键是把利益计算清楚，每个人都是自身利益的最佳和最终判断者。于是，市场经济越发达，人在其中就越是匿名的，人的身份就越没用，人的独立性就越高。

把以上四根支柱连起来，我们就能看到现代西方文明的全景画面：宗教上的个人主义塑造了每个人人格上的独立和平等；哲学和政治哲学上的个人主义塑造了每个人的自然权利是独立和平等的，是优先于国家的；法律上的个人主义塑造了陌生人根据规则就可以有序且公平地交往；经济上的个人主义塑造了陌生人之间互通有无——主观上独立自主，客观上互相帮助——的交易行为。

从最内在的灵魂到最外在的交易行为，以个人为基本单位的世界就这样建成了。

■ 个人主义：强者成为标准格式

这样一个以个人为基本单位的文明究竟好不好？有好的地方，也有不好的地方。但评判一个文明的好与不好，必须从它自身的演化逻辑来看。宗教、哲学、政治、法律、经济各方面的个人主义，归根结底可以概括成一句话：自己选择，自己负责。个人主义一旦成为一个世界的微观基础，我们对它的评价就不是爱恨好恶这么简单了。

以现代人的婚姻为例。自由恋爱就一定比包办婚姻幸福吗？不一定，自由恋爱并不保证幸福美满。相反，古时候因为人口流动性低和家族有意安排，婚姻都是包办的。一个人娶了邻家女孩或远房表妹，一辈子就生活在熟人成堆的村子里，方方面面的力量都是婚姻的约束，除了找到相濡以沫的感情，个人很难有别的选择。

而如今，婚姻已经无法包办了。一个人如果到了三十岁还没结婚，家里基本上会不断催促，甚至安排相亲。即便这个人没有任何逆反心理地相了亲，结果还得是自己做主。所以，自己选择已经成了默认选项，甚至是规定动作，要想打破它，代价会高到让人付不起。

很多现代人都陷入了和婚姻问题同样烦人的各种尴尬，既回不到熟人社会的包办婚姻，又很难在茫茫人海中找到真爱。其实，只要是自己选择、自己负责，所有事情都会出现这样的尴尬。

自己独立地寻找上帝就能得到灵魂的安顿吗？很可能是旷野呼告，无人理睬。自己独立地参与政治就能实现抱负、登上庙堂吗？很可能是出师未捷身先死，长使英雄泪满襟。自己独立地赚钱养家就能富足安乐、稳赚不赔吗？很可能是市场有风险，投资须谨慎。

个人成为自己的主人，并不保证结果都是好的，只能保证人可以主动地去实现自己的意愿，结果是好是坏，都得自己承担。真正成熟的个人主义,不是潇洒不羁、不管不顾,而是意识到生命的沉重——在这个世界上,谁都帮不了你,你只能靠自己。

个人主义一旦成为一个社会的微观基础,它自然会对人格提出强势的要求:你必须是一个强者,不断追求自己的事业,背负得起整个世界。[1]

把强者作为社会标准格式当然有它的好处,最明显的就是"奋斗就能成功"的资本主义精神。现代西方在资本主义精神的强势人格推动下,把人心里的力量源源不绝地释放出来,这是现代西方能迅速崛起、打败所有古老文明的重要内因。

但是,把强者作为社会标准格式也有不好的地方。首先,每个人都很累,而且是心累。越是强者,心累得越深刻、越厉害。其次,不想做强者就很容易被淘汰。逆水行舟,不进则退。这滚滚洪流不是别的,就是所有人都争做强者的心。最后,标新立异,甚至歪门邪道会层出不穷。既然每个人都可以自由选择走强者的道路,人们走上不同的路就很正常。于是,每个人都要容忍自己看不惯的很多东西。

总之,"自己选择、自己负责"成了每个人躲不开的活法,强者成了每个人必须追求的目标,个人主义带来的利和弊都非常明显。现代西方文明就是这样一个以个人主义作为微观基础的文明。

---

[1] [英]卢克斯:《个人主义》,阎克文译,江苏人民出版社,2001年,第63—112页。

十八、网络：独立平等的个人组建起什么样的秩序？

个人构成了现代西方文明的微观基础，但人不能独活，也离不开群。也就是说，无论个人如何对自己的选择负责，都需要一定的秩序。那么，既能维护个人主义，又能让群体有序活动的机制是什么呢？现代西方文明如何实现这种机制呢？

■ 文明的秩序

古代文明，无论中西，都是用整体主义的框架把人装进去。上帝也好，老天也罢，都是用来罩住所有人的。从外在的行为到内在的心灵，无数人都被安顿在一个上下相安的金字塔里面，上帝或老天就是这座秩序金字塔的拱顶石。

但是，进入现代之后，尼采说上帝死了。[1]这意味着世俗化摧毁了上帝的金字塔，古代的秩序坍塌了。此后，大写的人站了起来，人要建立属于自己的世界。独立而平等的人你看看我，我看看你，我们还能一起好好生活下去吗？用于独立而平等的无数人一起生活的秩序是什么样子的？最终，现代西方找到了哲学、政治、法律、经济这四根支柱，建立起新的秩序。

---

[1] [德]尼采：《苏鲁支语录》，徐梵澄译，商务印书馆，1997年，第76页。

■ 康德提供的哲学支柱

第一根支柱是哲学。既然上帝死了，大写的人站起来了，哲学就必须解决两大问题，才能让人和人好好生活在一起。一个是我们还能认识真理吗？另一个是我们还能分清善恶吗？以前这两个问题都由上帝包办，现在得靠人自己解决。

康德哲学是现代西方哲学的枢纽，尽管哲学家们在不断地改动这两个问题的答案，但康德建立的基本框架在总体上没有动摇，也不能动摇。他在《纯粹理性批判》《实践理性批判》和《判断力批判》中所讲的道理至今仍然是现代西方文明最底层的逻辑。

关于第一个问题，人离开了上帝还能认识真理吗？答案必须是肯定的。如果答案是否定的，不仅意味着人走不出中世纪，更意味着上帝死后人间将是一片混乱，万劫不复，文明在最根本的层次上就无法成立。

康德给出的答案是：我们之所以能够正确地认识世界是因为所有人共享了先天综合判断。"先天综合判断"这个哲学术语特别复杂，我打个通俗的比方来解释。"先天综合判断"相当于我们每个人心里装了尺子，所有人的尺子规格完全一样，所以每个人量出来的结果都一样。这就保证了人不仅有能力认识真理，而且保证了不同的人认识到的真理是可以沟通、可以共享的。

康德认为这种尺子不止一把，有时间、空间、因果等一系列尺子，它们保证人在离开上帝之后仍然可以找到真理，为秩序提供了世俗的哲学基础。[1]

关于第二个问题，人离开了上帝还能分清善恶吗？答案也必须是肯定的。康德的解法分为三层，标准、设准和做法。

标准指的是，一个人凭什么判断自己做的对不对，道德不道德，是善还是恶呢？答案很简单，就是他的做法能不能为所有人"立法"。如果一个人用了A做法，其他所有人照做后反馈都很好，那这种做法就是善的。反之，如果一个人用了B做法，但其他人不能这么做，否则社会就乱了，那这种做法就是恶的。一个人做事的时候，要从标准的层面上想一想，自己的做法能不能经得起普遍性考验。

设准是道德成立所必须承认的标准，简单地说，是道德能够存在的底线。有了底线，上面的标准才成立。这些底线无法从科学上得到证实，也无法被证伪，但是，如果一个人不承认它，道德对他来说就烟消云散了。

康德公布了三条设准：上帝存在、灵魂不灭、自由意志。[2]有人可能会说，这不是基督教吗？不信基督教的人是不是就没有道德底线了？其实，这三个设准可以世俗化，也可以跨文化。康德非常明白这个道理，只不过在当时的政治和宗教环境下，他只能用基督教的话语来阐述。

---

[1] [德]康德：《纯粹理性批判》，邓晓芒译，人民出版社，2004年，第11—18、27—50、69—78页。

[2] [德]康德：《实践理性批判》，邓晓芒译，人民出版社，2003年，第二卷第二章。

把三条设准翻译一下，就变成这三个问题：你相信冥冥之中有强大的力量必须要尊重和敬畏吗？你相信自己生命的意义不止于肉身的生老病死吗？你相信你的心灵属于自己，而不是被神秘力量操纵吗？如果你的答案都是肯定的，你就是一个有道德底线，有自己道德世界的人。

康德实际上想表达的意思是，离开了上帝的人必须有敬畏、有持守、有担当。而这一切最后归结成一种做法，叫做自律。"大写的人"头上没了管束自己的各种传统力量，要想和别人一起好好生活，形成秩序，道德上的最基本要求就是自律。所以，个人主义不仅没有摧毁西方，还使西方很兴旺，因为它的最底层要求是讲规矩、有秩序。

尽管每个人的认识不能凭康德的尺子就绝对正确，每个人的做法也不能凭康德的教导就绝对善良，而且，总会有不管不顾的人，但是，康德的尺子和自律是主流。只要一个社会走向世俗化，步入每个人"自己选择、自己负责"的轨道，沿着康德的教导，都可以建立起美好而强大的秩序。这是现代人可以走得通，而且必须走通的路。

■ 霍布斯提供的政治支柱

有了康德的哲学支柱就很容易理解第二根支柱——霍布斯的政治契约论。现代政治基本的解法就是社会契约论。

如果每个人都是自己选择、自己负责，任何人对其他人都无权发号施令，大家在一起就会乱作一团，这就是霍布斯讲的自然状态。霍布斯认为，这种自然状态就是一切人反对一切人的战争状态。要摆脱这种野蛮状态，就要订立一个社会契约，一起结成国家，承认它的权力，服从它的统治。

霍布斯其实根本不是在讲历史，而是在讲逻辑。如果每个人成为自己的主人后，没有规矩，社会只有一种局面：大家一起互相伤害。如果不想互相伤害，想一起好好过日子，就得立规矩。规矩要想得到执行，就必须靠权力来维护。于是，人们就同意制造出"权力"这种东西，秩序就诞生了。在个人优先的逻辑里，每一种组织都是个人同意的产物，国家也不例外。

有了霍布斯的这种逻辑，国家的目的就只能是人民的幸福，其他任何团体的目的也只能是实现团体成员的幸福，同时，团体之间也不能互相伤害。这样一来，政治的格局就变了，国家这个最高团体就成了其他团体的中间人，而不是像从前那样要实现上帝的使命。

既然国家和大多数团体一样，都是世俗化的管理机构，它的本质就是做分蛋糕这件事而已。当然，这件事很重要，对世俗化的世界来说尤其重要。[1]

总之，所谓现代西方文明的政治支柱就是用霍布斯契约论的套路把政治变成俗人之间分蛋糕的俗事。比起传统社会，政治的神圣

---

[1] [英]霍布斯：《利维坦》，黎思复等译，商务印书馆，1985年。现代人对政治的理解可参见包刚升：《政治学通识》，北京大学出版社，2015年，第19—21页。

性大打折扣，利益的分配成为政治的常规事务，分配的公平成为政治合法性最直接的标准。

■ 法律提供的支柱

除了哲学和政治，西方社会秩序还需要第三根支柱，那就是法律。和政治的走势不同，比起传统社会，法律在现代社会的重要性大大提高。因为法律超越了宗教和道德，成为调节人的行为的主导规范。中世纪时，每个人都离不开牧师；到了现代社会，每个人都离不开律师。

为什么现代社会必然会走向以法律为主导规则的社会呢？宗教变成每个人自己的事情，统一的教会已经不再享有权威，规则就只能管人的行为，不能管人的内心。而法律恰好最擅长管行为，也就是说，其他规则让出的地盘全部由法律规则接管。不仅如此，现代社会里出现大量的新事务都需要法律提供规则来协调。就这样，法律规则没有上限地疯长，其他规则无可奈何地萎缩，法律占据了主导地位。

那么，法律凭什么在现代社会有这种涨势呢？现代社会是一个流动性很大、结构很复杂的陌生人社会。伴随着工业革命发展，海量的陌生人集中到城市里一起工作、一起生活，这些来自四面八方的人，不可能以某个村的习俗为标准，只能找到对所有人都适用的标准，这正是法律最擅长的。

法律处理问题的手法天生带有匿名化倾向，它只管做什么事一定会有特定的法律后果，而不管做这件事的人是谁。这种匿名化的手法和现代人拥有的独立、平等的人格高度吻合，它们之间就相互推动，相互成全。社会越复杂、规模越庞大，人与人之间就越陌生，个人就越独立、越强调平等，也就越需要法律成为共同的规则。[1]

■ 市场经济提供的支柱

维持西方现代社会秩序的第四根支柱，是亚当·斯密的市场经济。工业革命带来的指数级经济增长使得经济规模迅速膨胀，自主性飞速加强。经济已经自成系统，能够支撑起社会和国家形成二元并立的格局。而市场经济背后有一只看不见的手，它是无数匿名的人通过交易形成的庞大网络。

于是，市场经济的匿名特性和法治的匿名特性汇合到一起。一方面，市场经济和法治都喜欢又擅长处理无数匿名陌生人的关系；另一方面，市场经济内在地需要法治，它就是法治经济。所以，市场经济和法治必然会形成一种共生共荣的关系。这样一来，无数独立而平等的人就在有规则的市场经济中，不知不觉地一起用行为构造出一个自生自发的秩序。[2]

---

[1] [德]卢曼：《法社会学》，宾凯等译，上海世纪出版集团，2013年，第五章。
[2] [英]哈耶克：《自由秩序原理》（上），邓正来译，生活·读书·新知三联书店，1997年，第十五章。

四根支柱立起来，无数独立和平等的个人无须被装进神秘莫测、等级森严的金字塔，也能够形成自己的网络型秩序。

现代秩序和古代秩序的根本差别在于，前者是网络结构，后者是上下等级结构。

古代秩序的基本结构原则上是金字塔式的上下等级。即便在分散羸弱的中世纪早期，只要有了最低程度的秩序——封建制，上下等级就出来了。越是强大的秩序，等级越森严。

现代秩序的基本结构原则上是平铺的网络，没有绝对的中心。网络结构最大的优势在于，它是可扩展的，可以无限延伸。所有现代秩序的阶段性进展都在朝这个方向演化，大英帝国主导的海洋秩序也好，全球化的市场经济也好，席卷所有人的互联网时代也好，逐渐汇集成一张巨大的网络。从社会结构的变化趋势来看，各种网络的不断升级和不同领域网络的相互融合，是现代西方文明成长的基本特征。

但是，这样的网络结构有没有问题，有没有危险呢？它会不会走下坡路呢？我会在下一篇带你从文明的高度分析现代西方的走势。

十九、未来：西方正在衰败？

很多人都在说西方已经走向衰败，或者正在走向衰败。说这种话的首先是西方的文化名流，把不明就里的粉丝们说得热血沸腾，越说越像真的。但是，无论他们的说法是不是正确，这种说法会出现就代表现代西方文明很可能出了问题。其实，问题就出在前两篇讨论过的个人主义。

■ 个人主义和传统

从文艺复兴和宗教改革开始，世俗化的个人主义突飞猛进，批评者就像潮水一拨接一拨地扑来，并在法国大革命之后达到第一个高潮。因为法国大革命把世俗的、理性的、拥有自然权利的个人推到了极端，扫荡了整个西方。

西方有一种很重要的思想潮流就是在这一拨反扑现代化的高潮里诞生的，叫做保守主义。形形色色的保守主义严厉批评个人主义无法无天，人变成了寡廉鲜耻的野兽，文明就濒临崩溃了。比如尼采说上帝死了，这个宣判实际上是下了一个很有代表性的判断：西方以基督教为底色的传统文化已经土崩瓦解。

西方的文化人说得越来越危言耸听，各种清算现代性、清算个人主义的文化人越来越活跃。历史学家斯宾格勒写了一部名著，叫作《西方的没落》，书里把文化人内部的讨论引向了全社会乃至全世界。[1]总之，在西方，批判是文化人的天职，唱衰西方的话题是西方文化人的家常便饭。

保守主义说的有道理吗？从现代西方文明五百年的发展来看，个人主义确实有问题，但不致命，最关键的是它有解决问题的结构性力量。

其实，从保卫传统的保守主义立场对个人主义展开道德指控并没有太大意义。这并不是说传统完全不值得珍视，而是说，并不是所有传统都值得珍视，个人主义也不是绝对地摧毁传统。

一方面，很多传统在古代的作用很大、地位很高，但并不值得珍视。比如君权神授、贵族特权、神秘主义，再比如君为臣纲、父为子纲、夫为妻纲，毁了并不可惜。

另一方面，个人主义不是天生就和传统势不两立、水火不容，它会保持好传统，因为独立而平等的个人必须妥当地选择自己生活的规则。比如作为团契存在的教会、"五常"（仁、义、礼、智、信），它们仍然可以和现代社会相容，也对个人生活有益，就会被无数匿名的个人自动自觉地保存下来。

因此，传统并不必然好，得有所区分；个人并不必然无法无天，会自主而自律地选择和现代生活相容的美好的传统价值，去保存和发扬它们。

---

[1] [德]斯宾格勒：《西方的没落》，吴琼译，上海三联书店，2006年。

■ 个人主义带来的大麻烦

这样看来，西方是否会衰败并不取决于传统是不是被摧毁了，而取决于自主的人能否保持自律，自律的人能否选择好价值。答案是不一定。既然是选择，就有可能选好，也可能选坏。个人主义只保证选择是你自己做出的，结果由你自己承担，但绝对不保证你选择的结果一定就是好的。

所以，"自己选择、自己负责"带来的独立、平等、自由是非常沉重的，很多人并没有勇气面对个人主义带来的不确定结果。很多人看到了现代社会的纷繁复杂，看到了人的形形色色，结果到哪里都感觉自己像一个异乡人，心底没有安全感和稳定感，就觉得文化上整齐划一最好，甚至愿意放弃自己的选择权。心理学家弗洛姆把这种心理称作"逃避自由"。[1]

但是，即便你不喜欢却也逃不掉，这是现代人的宿命。就像你想让父母替你包办婚姻，他们现在也做不到了。

从文明的高度看个人主义自身的逻辑，它最大的麻烦在于，它仍然会保护逃避自由的人、放弃选择权的人，甚至选择反对它的人的选择权，它容忍异己，也容忍敌人的存在。这就是西方反对个人主义的文化人层出不穷的原因。

于是，西方最底层的文化危机出现了。这个危机不是西方传统文化被摧毁或者传统道德的沦丧，而是异质文化、反西方文化堂而

---

[1] [美]弗洛姆：《逃避自由》，刘林海译，上海译文出版社，2015年。

皇之地利用西方文化的多样性渗透到其中，就像特洛伊木马，从内部把它攻占。

最典型的例子就是伊斯兰文化对西方的渗透。西方自己不是强调个人选择、多元文化、开放包容吗？那伊斯兰文化就来唱对台戏。如果只是在文化上有争议也无妨，但异质文化的碰撞从来都不只是文化事件，首先是政治事件。当法国的穆斯林坚持尊奉自己的伊斯兰教法，拒绝遵守法国的宪法和法律时，文明的冲突就在西方国家内部展开，最先把西方国家撕裂。

■ 西方的三大支柱

虽然现代西方文明目前没找到特别好的方法对微观上的个人主义和宏观上的多元文化主义划定妥当的底线，以此保卫自己的文明，但现代西方文明还有政治、法律、经济这三大支柱，它们的存在保证西方还不至于因为文明冲突内部化就迅速被木马摧毁，西方的没落其实远没有到来。

对一个文明来说，政治、法律、经济所拥有的结构性力量，以及无数匿名的个人用行动织成的网络，比夺人眼球的文化论战更重要，更具有底层的意义。因此，要评判西方文明是否衰败了，必须先看现代西方的代表制民主、法治、市场经济有没有崩溃的迹象。

首先要承认的是，它们确实存在一堆问题。比如，代表制民主始终面临着代表性不足的质疑，尤其到了后工业社会、互联网时代，社会的分化越来越厉害，一个人怎样才能令人信服地代表别人呢？再比如，法治已经成为一个封闭的系统，离日常生活越来越远，越来越多的人搞不清楚法律的规定，社会要花很高的成本养活律师和司法系统。

还有经济，一边是市场经济突飞猛进必然带来的贫富分化，它不仅在一国之内展开，还在国与国之间展开；另一边是福利国家调节贫富差距的手段带来了更多麻烦，人变得不思进取，福利开支让政府入不敷出，分配的公平始终是问题，经济的效率和政治的合法性都受影响。总之，要找问题的话，西方的问题真不少。

但就此判断西方在没落，结论下得未免快了一些。多样性本来就是西方的底色，找出一两个问题就笼而统之地说西方没落了，实在太草率。我的看法是，西方尽管存在许多问题，有些还很严重，但至今还没走上没落的下坡路。

从政治上看，在以个人主义为微观基础的现代文明中，代表制民主仍然是最可行的基本政治框架。英国脱欧也好，特朗普当选也罢，都没有挑战代表制民主。也就是说，西方在这一点上并未动摇。

围绕代表制民主及其支柱制度展开的修补和完善也没有停止，一直在如火如荼地展开。比如选举制度、政党制度、利益集团制度、财政制度、福利制度、社区自治，等等。

以特朗普为例，他一上台就把奥巴马执政八年最大的成就——医保法案、巴黎气候协议、伊朗核协议——全部废除，这是在摧毁美国政治吗？为什么不能反过来把这些举动看成矫正美国政治的错误呢？为什么不能把这些举动看成在猛烈地做减法呢？特朗普给全世界造成的种种不适应，要等待历史做出公正的评价。但现在可以得出非常明确的结论，特朗普之所以让全世界不适应，说明全世界，包括西方自己，包括美国很多人，严重低估了西方政治自我调试的幅度。

判断政治是否在走下坡路，不是看有没有人反对，而是看政治本身有没有足够的自我调试能力和空间。只要有，扩展性就存在，改正错误、抵御危机就有可能，甚至大有希望。就算看上去走得跌跌撞撞，其实是有方向的。

政治如此，法律和经济也是如此，它们都具有强大自我调试的可扩展秩序。秩序内部的自主性决定了它们有足够强大的力量对付外部冲击，应对内部变化。

西方的法律和经济秩序至今仍然是最完整、最强悍的。要知道，西方的法律可以管住绝大多数政治事务。政治都被法治化了，这在整个人类历史上，在绝大多数地方，都是不可思议的事情。法治为西方提供了最强大的制度化能力，可以把无数未来看不见的东西都纳入权利体系，变得可定义、可理解、可操作、可和平裁决争端，它才是对新事物最具有控制力的网络。

如果说西方的法治带来了把新事物制度化、规范化的力量，那么，西方的市场经济则动力十足地制造着新事物。市场经济虽然没有国籍，但一定有优势的占有者，因为市场竞争从来都会分出强者和弱者。个人之间、公司之间是这样，国家之间、文明之间也是这样。西方的市场经济仍然是新事物的主要产出地，这一点甚至比西方经济规模大于中国更为重要。

从新事物诞生这个角度来看国家之间、文明之间经济发展的不平衡，可以借用一句互联网行业的时髦话来形容：未来已来，只是分布得不均匀。未来属于谁，得靠创新型经济去争夺，它不会自动掉进中国的口袋。

所以，作为对手和竞争者，中国不能只盯着西方的毛病，必须深刻地理解西方的长处。不理解人家的长处，不理解人家强劲的竞争力，就谈不上在战略上重视对手。西方还没有没落，中国和西方的竞争与合作是长期的。只有放平心态理解西方，并把它当成一件持久的事情来做，以清明的理智面对西方，才是正确的姿态。

后记

《西方史纲》终于和大家见面了，和"得到"的合作终于跑完了第一圈，真是不容易！

2017年底，施展把我介绍给罗胖和脱不花的时候，我给出的课程提纲是《基督教文明史》，他们仨都觉得，既然讲西方，就讲全了吧，给"得到"用户建立起西方历史的入门框架。我没有太多犹豫就答应了。现在想起来，我还是觉得有点莽撞。虽然我在中国政法大学已经给研究生讲了近十年的《西方政治传统和政治现代化》这门课，但我深知有些重要环节还需要深入研究。不过这样也好，框架的完整性强迫我把从前的积累和思考的问题做一个系统的整理，也尽快弥补自己的短板。现在虽然还不能算得上面面俱到，但许多重要的问题已经被攻克，我对于西方的认识更加完整和健全了。所以，我很感谢三位的信任和激励。好朋友就是这样，关键时候推一把，人生就能上一个大台阶。

进入课程写作的时候，局面就不那么"其乐融融"了。"得到"有自己独特的品控标准，我有自己坚持的学术准则，我们经历了长时间的磨合。前三篇试验稿的打磨简直就是一场令人绝望的拉锯战。在这里，我要特别感谢锲而不舍地磨砺我的小伙伴们。让我细数一下他们的"罪状":陶然是课程主编,负责跟我磨稿子,每一篇课程稿都要经历她的严酷摧残,她手艺精良,善于沟通,总是能提出建设性的意见。而且,在录音棚里,她大部分时间还充当了导演的角色,我训练有素之后,只要一看她的眼神就知道这一段得重来。飞扬是课程经理,负责代表用户提问题、提要求,让我接地气、说人话,按照用户想到的问题和容易接受的方式来讲课。邵恒、蔡钰、雨思、玛顶都是思维活跃的战斗天使,通过头脑风暴会议帮我进入"得到"用户的世界。白丽丽、丁丛丛、战轶都是严谨认真的小蜜蜂,在课程稿变成本书的过程中,她们帮助我调试好了通俗写作的工作标准和工作状态。

和"得到"小伙伴们彼此折磨的改稿过程中,我学会了先确定授课对象的形象,再根据这种形象去设计授课的思路和内容。但做得是不是够好,还得听众和读者来评判。我在这儿只想谈谈艰辛成长后的收获。我们老师在学院里上课,天然自带权威,学生要是没听懂,一句"回去好好看书"就震慑住了。无论是考试的压力还是传统的师生关系,都让老师处于优势、学生处于劣势,一句话,听不懂是因为你没用功。但在"得到"就不是这样了。我倒是没有把我和用户的关系完全倒转成服务者和顾客的纯商业关系,"顾客就是上帝",怎么"伺候"舒服了怎么来。相信"得到"也不是这样定位自己和用户的关系。但是,在"得到"里面,怎么让用户容易听懂不仅是必须实现的目标,而且有一整套品控标准来评价。对用户友好是必须的,这种友好甚至不允许我在学院里对待学生的严肃面孔存在。

光友好是远远不够的。也就是说，光是把知识简单地交代清楚是远远不够的。如果只是知识点的介绍，用户完全可以自行搜索百度百科（我还是坚持维基百科英文版更靠谱一点儿）。"得到"课程的核心难点不是通俗化，不是绘声绘色，不是会讲段子、抖包袱，而是用现在大部分人可接受的思维方式去重构已经高度专业化、体系化甚至封闭化的学院知识。往轻了说，"得到"的老师必须能够在学院和大众之间灵活穿梭，自如地翻译；往重了说，"得到"的老师必须建立起同时穿透学院和大众的知识框架。

我们在给"得到"准备课程的过程中，在对既有教育体系的反思中，在对既有知识体系如何在我们这一代学者手中存活的努力中，找到了一个基本框架，这是一套新的"知识观"。我和施展、刘擎、翟志勇、刘玮、张笑宇、徐弃郁、李永晶、雷博、李林、泮伟江这些亲爱的兄弟们一起加入了"爱道思人文学社"。我们开了三次"元问题会议"之后，终于讨论出了一个基本框架，明确了我们的"知识观"，我们把它叫作"三个yuan问题"：元问题、源问题、原问题！现在我就把这套思路完整地告诉你。

第一层是"元问题"，它是人类面临的根本问题，比如人是什么，人为什么而活，人为什么需要秩序，资源为什么永远是稀缺的……

这些问题归根结底都是在问"我们人为什么是这个样子的"。它们永远不会被回答清楚，柏拉图和孔子给出了答案，但你还是会不断地问。因为只要我们是人，"我是谁"这个问题就永远回答不完，我们就会不断地翻箱倒柜，不断地灵魂逼问，不断地花样翻新……

对这些问题的回答逐渐形成了套路，就是学术，学术有了自己的纪律，就是学科。每个大的学科抓住一个（兼顾多个）元问题穷追猛打，就搭建成了知识树。元问题是学科成长的原动力。

知识成了一棵棵参天大树，黑压压的森林就盖过来了，就遮住了我们头上的天，让我们喘不过气。所以就有了第二层，我们把它叫作"源问题"，它是学者面对的学术史问题。

历史上哪个大学者在什么地方说了什么关键的话、提供了什么思考方法和解决方案、后世的学者怎么继承、怎么修改、怎么反驳，总之，做学问就是把源流搞清楚。所以，写论文必须有文献综述，不搞清楚前人都说了什么，要么是做无用功，因为别人已经干过了，而且干得很好，只不过你不知道，要么就是抄袭剽窃，把别人干的说成是自己干的。

所以，学术是个迷宫，越往里趟水越深。来，我试着问你几个学术问题：柏拉图的理念论对亚里士多德哲学和奥古斯丁神学存在着什么样的结构性影响？马基雅维利的国家概念究竟有没有完成现代国家概念的塑造？康德的先天综合判断在哲学史上究竟占据着什么样的重要地位？……晕吧？对！它们是必须经过长期的学院式刻苦学习才能掌握的，必须下功夫。

但是，我们普通人没那么多功夫。他们学院派会不会凭借自己的知识优势糊弄我们呢？他们那些专业术语简直就是学术上种族歧视的隔离墙。

所以，我们必须追究第三层，"原问题"，它是普通人面对生活的直觉问题。小区保安都会问"你是谁""你从哪里来""你要到哪里去"。其实我们每个人对生活都会有直觉式的追问，其实你会发现充满好奇心的小孩子问出来的问题最像哲学家，其实有一个你天天都在问的问题就是在帮你和这个世界紧密地联系在一起，那就是"跟我有什么关系"。

你之所以会这么问，就是因为你的生活让你有了朴素的这个第三层，它的方向是指向了第一层，也就是人类共同的大问题却被第二层，也就是恐怖的学术森林给挡住了。你不是没有问题，你只是被吓住了。一看施展的《枢纽》有700页那么厚，写得又那么难懂，翻三页就犯困，算了，还是洗洗睡吧。

我们的"元问题研究"就是要解决你犯困的问题。

人类经久不息的元问题不会消失，我们生活的原问题永远不会停止，问题出在第二层，恐怖的学术森林。我们的做法是，抓住第一层的元问题，聆听第三层的原问题，改造——记住，我们只改造，不是摧毁——学术森林！

也就是说，我们要把学院知识变成对大众、对生活、对时代友好、可理解、可接受、可思考、可使用的状态。拨去那些学术森林的迷雾，把所有学术成就都当作对人类根本大（元）问题的回答，看看大学问家们的方案究竟高明在哪里，更重要的是，怎么和今天我们每个人生活中的小（原）问题连得上。

我们要站在人类面对的永恒问题的高度，真诚地面对你生活中出现的问题，从根本上整理好知识的森林，把它变成我们的资产而不是负担，变成我们的工具而不是障碍，把它变成我们的爱而不是怕，让它为我们的大众、我们的生活、我们的时代所用。

我们这些意气相投的兄弟们正是带着这样一种理解、信念和使命感去努力的，因为我们坚信：我们为这个时代重新探索知识的新格式这件事情很有意义，而你，不仅是见证者，也是同路人，你的问题、你的好奇、你的不满、你的怀疑、你的点赞、你的参与，都将让我们共同的事业变得鲜活，变得光荣，变得充满激情！

李筠

2019.07.07于爱道思小院

图书在版编目（CIP）数据

西方史纲：文明纵横 3000 年 / 李筠著. -- 长沙：岳麓书社，2020.6（2023.10 重印）
ISBN 978-7-5538-1307-3

Ⅰ.①西… Ⅱ.①李… Ⅲ.①西方国家—历史—通俗读物 Ⅳ.①K109

中国版本图书馆 CIP 数据核字（2020）第 052670 号

XIFANGSHI GANG：WENMING ZONGHENG 3000 NIAN

西方史纲：文明纵横 3000 年

作　　者：李　筠
责任编辑：奉懿梓
监　　制：秦　青
统筹策划：白丽丽
统筹编辑：丁丛丛　战　轶
特约策划：张　卉
特约编辑：停　云
营销编辑：吴　思　李　帅
装帧设计：利　锐
岳麓书社出版
地址：湖南省长沙市爱民路 47 号
直销电话：0731-88804152　88885616
邮编：410006
2020 年 6 月第 1 版　2023 年 10 月第 4 次印刷
开本：875×1270　1/32
印张：13.25
字数：279 千字
书号：ISBN 978-7-5538-1307-3
定价：58.00 元
承印：三河市鑫金马印装有限公司

若有质量问题，请致电质量监督电话：010-59096394
团购电话：010-59320018